Horst Marburger

# SGG

# Das neue Sozial-

# gerichtsgesetz

Soziale Leistungsansprüche gerichtlich durchsetzen

Mit den Vorschriften zur Zwangsvollstreckung

Textausgabe mit Kommentierung

D1730470

WALHALLA
FACHVERLAG

**Bibliografische Information der Deutschen Bibliothek**

Die Deutsche Bibliothek verzeichnet diese Publikation in der Deutschen Nationalbibliografie; detaillierte bibliografische Daten sind im Internet über http://dnb.dbb.de abrufbar.

Zitiervorschlag:
Horst Marburger, SGG – Das neue Sozialgerichtsgesetz
Walhalla Fachverlag, Regensburg 2008

**Hinweis:** Unsere Fachratgeber informieren Sie nach bestem Wissen. Die vorliegende Ausgabe beruht auf dem Stand von Mai 2008. Die Änderungen, die zum 1. Juli 2008 in Kraft treten, sind bereits berücksichtigt. Verbindliche Rechtsauskünfte holen Sie gegebenenfalls bei Ihrem Fachanwalt für Sozialrecht ein.

   Produktion: Walhalla Fachverlag, 93042 Regensburg
   Umschlaggestaltung: grubergrafik, Augsburg
   Druck und Bindung: Westermann Druck Zwickau GmbH
   Printed in Germany
   ISBN: 978-3-8029-7408-3

# Ansprüche rechtssicher durchsetzen

Das Sozialrecht ist eines der kompliziertesten deutschen Rechtsgebiete. Daher verwundert es nicht, dass die Anzahl der Klagen vor den zuständigen Gerichten – den Sozialgerichten – unaufhörlich steigt. Das Gleiche gilt auch für die Verfahren in der zweiten und dritten Instanz – vor den Landessozialgerichten beziehungsweise dem Bundessozialgericht.

Erschwerend kommt hinzu, dass mit Wirkung zum 1.1.2005 der Zuständigkeitsbereich der Sozialgerichte auf die Angelegenheiten der Grundsicherung für Arbeitsuchende nach dem Zweiten Buch Sozialgesetzbuch (SGB II) ausgedehnt wurde. Gleichzeitig ist die Zuständigkeit für Angelegenheiten der Sozialhilfe (Zwölftes Buch Sozialgesetzbuch – SGB XII) sowie des Asylbewerberleistungsrechts von den Verwaltungsgerichten auf die Sozialgerichte übergegangen. Dies führte zu einer erheblichen Mehrbelastung der Sozialgerichte.

Im Laufe der Zeit entstanden verschiedene Lösungsansätze, um die große Anzahl von Klagebegehren in den Griff zu bekommen. Dazu gehört insbesondere der Vorschlag, die Kostenfreiheit im Bereich der Sozialgerichtsbarkeit abzuschaffen. Die jüngsten Änderungen des Sozialgerichtsgesetzes (SGG), das die Grundlage für die Sozialgerichtsbarkeit bildet, sehen eine Abschaffung der Gebührenfreiheit jedoch nicht vor. Im Vordergrund stehen andere Instrumente, die zu einer Entlastung der Gerichte führen sollen. Dazu gehört beispielsweise die Neuordnung des Rechts der Klagebegründung.

Die Sozialgerichte stellen für viele Bürger nach wie vor die letzte Möglichkeit dar, zu ihrem Recht zu gelangen. Deshalb ist es für die Betroffenen von großem Vorteil, die gesetzlichen Regelungen in diesem Bereich zu kennen.

Mit dem vorliegenden Kurzkommentar lässt sich das Recht der Sozialgerichtsbarkeit leicht erschließen. Dieser erläutert die wesentlichen Regelungen ausführlich und enthält zudem den aktuellen Gesetzestext.

*Horst Marburger*

# Abkürzungen

| | |
|---|---|
| Abs. | Absatz |
| BEEG | Bundeselterngeld- und Elternzeitgesetz |
| BErzG | Bundeserziehungsgeldgesetz |
| BSG | Bundessozialgericht |
| BVerfG | Bundesverfassungsgericht |
| BVG | Bundesversorgungsgesetz |
| ff. | und folgende |
| HHG | Häftlingshilfegesetz |
| IfSG | Infektionsschutzgesetz |
| KSVG | Künstlersozialversicherungsgesetz |
| LSG | Landessozialgericht |
| PKV | Private Krankenversicherung |
| SG | Sozialgericht |
| SGB | Sozialgesetzbuch |
| SGB I | Sozialgesetzbuch – Erstes Buch (Allgemeiner Teil) |
| SGB II | Sozialgesetzbuch – Zweites Buch (Grundsicherung für Arbeitsuchende) |
| SGB VI | Sozialgesetzbuch – Sechstes Buch (Gesetzliche Rentenversicherung) |
| SGB IX | Sozialgesetzbuch – Neuntes Buch (Rehabilitation und Teilhabe behinderter Menschen) |
| SGB XII | Sozialgesetzbuch – Zwölftes Buch (Sozialhilfe) |
| SGG | Sozialgerichtsgesetz |
| SVG | Soldatenversorgungsgesetz |
| ZPO | Zivilprozessordnung |

# Schnellübersicht

# 1 Kommentierung: Das neue Sozialgerichtsgesetz

# Kommentierung: Das neue Sozialgerichtsgesetz

**1**

## Grundsätze

Rechtsstreite in sozialrechtlichen Angelegenheiten werden im Rahmen der Sozialgerichtsbarkeit durchgeführt. Eine Entscheidung treffen hier unabhängige, von den Verwaltungsbehörden getrennte, besondere Verwaltungsgerichte.

Deren Rechtsgrundlage bildet das SGG, welches zuletzt durch das Gesetz zur Änderung des Sozialgerichtsgesetzes und des Arbeitsgerichtsgesetzes geändert wurde.

Die Sozialgerichtsbarkeit besteht aus drei Instanzen:

- Sozialgerichte
- Landessozialgerichte
- Bundessozialgericht.

Die Sozialgerichte entscheiden in der ersten Instanz, die Landessozialgerichte in der zweiten und das Bundessozialgericht in der dritten. Dabei geht es in der zweiten Instanz insbesondere um die Berufung gegen die Urteile der Sozialgerichte. Das Bundessozialgericht (BSG) entscheidet dagegen über die Revision und die Sprungrevision.

## Das Verfahren beginnt mit dem Verwaltungsakt

Die Träger des öffentlichen Rechts, beispielsweise die gesetzlichen Krankenkassen oder die Rentenversicherungsträger, äußern ihren Willen in Einzelfällen in Form von Verwaltungsakten.

Der Begriff „Verwaltungsakt" stammt aus dem allgemeinen Verwaltungsrecht. Eine gesetzliche Definition dieses Begriffes existiert allerdings nicht. Nach allgemeiner Ansicht ist der Verwaltungsakt eine rechtlich erhebliche

- Anordnung,
- Verfügung,
- Entscheidung oder
- sonstige Maßnahme

einer Verwaltungsbehörde (hierunter fällt auch eine Körperschaft des öffentlichen Rechts wie ein gesetzlicher Unfallversicherungsträger oder die Bundesagentur für Arbeit).

Der Erlass eines Verwaltungsaktes setzt ein Über- und Unterordnungsverhältnis zwischen der erlassenden Stelle und dem Empfänger voraus.

**Beispiel:**

Ein gesetzlich krankenversicherter Arbeitnehmer stellt einen Antrag auf Krankengeld, obwohl er noch Anspruch auf Entgeltfortzahlung gegen seinen Arbeitgeber hat. Die Krankenkasse lehnt den Antrag mit der Begründung ab, dass während des Anspruchs auf Entgeltfortzahlung der Anspruch auf Krankengeld ruht. Bei der Ablehnung handelt es sich um einen Verwaltungsakt. Ist der Arbeitnehmer der Auffassung, dass der Arbeitgeber keine Entgeltfortzahlung leistet und somit auch kein Ruhen des Krankengeldanspruches eintreten kann, muss er gegen diesen Verwaltungsakt vorgehen.

Sofern die Voraussetzungen für einen Verwaltungsakt grundsätzlich vorliegen, aber nicht eine einzelne Person, sondern eine Mehrheit von Personen angesprochen wird, handelt es sich um eine Allgemeinverfügung und nicht um einen Verwaltungsakt. Allerdings wirkt die Allgemeinverfügung wie ein Verwaltungsakt.

Wird der Erlass eines Verwaltungsaktes lediglich angedroht, so handelt es sich um eine Absichtsmitteilung, nicht aber um einen Verwaltungsakt.

In der Regel besteht für den Verwaltungsakt Formfreiheit. Dieser wird aber nur dann rechtswirksam, wenn er dem Empfänger zugeht.

Die Verwaltungsakte kann man einteilen nach:

- ihrem Inhalt
- ihrer Wirkung

Nach ihrem Inhalt sind belastende und begünstigende Verwaltungsakte zu unterscheiden. Die belastenden Verwaltungsakte werden auch als lästige Verwaltungsakte bezeichnet, während man bei den begünstigenden auch von günstigen Verwaltungsakten spricht.

Im Fall der im obigen Beispiel geschilderten Ablehnung des Krankengeldanspruches liegt ein belastender Verwaltungsakt vor.

Wird dagegen einem Antrag auf Krankengeld entsprochen, handelt es sich um einen begünstigenden Verwaltungsakt. Dies trifft beispielsweise auch auf einen Rentenbescheid zu. Ist dieser Rentenbescheid zwar begünstigend, weil er einen Rentenanspruch zubilligt, gleichzeitig aber belastend, weil er ab einem wesentlich späteren Zeitpunkt bewilligt wird als vom Versicherten beantragt, liegt ein Verwaltungsakt vor, der sowohl belastend als auch begünstigend ist. Die Juristen sprechen hier von einem janusköpfigen Verwaltungsakt.

Während ein belastender Verwaltungsakt frei widerruflich ist, gilt dies für einen begünstigenden nur in beschränktem Umfang. Allerdings ist der Widerruf eines belastenden Verwaltungsaktes nicht möglich, sofern der Widerruf selbst gegen zwingendes Recht verstoßen würde. Beim Widerruf handelt es sich ebenfalls um einen Verwaltungsakt.

Begünstigende Verwaltungsakte können in der Regel unter folgenden Voraussetzungen nicht widerrufen werden:

- Wenn und soweit der Widerruf gesetzlich ausgeschlossen ist.
- Wenn auf den Erlass des Verwaltungsaktes ein Rechtsanspruch des Begünstigten bestand.

- Wenn durch den Verwaltungsakt ein subjektives Recht für den Begünstigten begründet wurde.
- Wenn der Begünstigte mit der Verwirklichung des genehmigten Werkes begonnen hat.
- Wenn der Widerruf auf Ermessensfehlern beruht.

Ein eigentlich unwiderruflicher Verwaltungsakt kann im Übrigen dann widerrufen werden, wenn dem Verwaltungsakt ein Widerrufsvorbehalt beigefügt ist.

Ist ein Verwaltungsakt fehlerhaft, kann er dadurch anfechtbar oder nichtig sein. Anfechtbare Verwaltungsakte sind so lange wirksam, als sie nicht angefochten werden.

**Wichtig:** Wird der Verwaltungsakt innerhalb der Rechtsmittelfrist (beachten Sie dazu die Ausführungen ab Seite 13) nicht angefochten, ist dieser rechtsgültig. Allerdings ist ein Verwaltungsakt nichtig, falls dieser so gravierende Fehler enthält, dass diese jede rechtliche Wirksamkeit von vornherein ausschließen. Ein nichtiger Verwaltungsakt muss nicht angefochten werden – dieser gilt als nicht ergangen.

**Wichtig:** Auch wenn Sie der Auffassung sind, dass ein gegen Sie gerichteter Verwaltungsakt aufgrund der Art und Menge seiner Fehler nichtig ist, sollten Sie sicherheitshalber Widerspruch oder Klage erheben. Beachten Sie die Ausführungen zum Widerspruch ab Seite 13 und zur Klage ab Seite 16.

### Das Vorverfahren als Klagevoraussetzung im sozialgerichtlichen Verfahren

Die Vorschriften über das Vorverfahren sind in den §§ 77 bis 86a SGG enthalten. § 77 SGG enthält den Rechtsgrundsatz, dass der Verwaltungsakt für die Beteiligten bindend ist, sofern kein Rechtsbehelf eingelegt wurde oder ein Rechtsbehelf erfolglos war.

**1**

## Rechtswirkung des Verwaltungsaktes

```
                    ┌─── Zustellung ───┐
                    │                  │
         keine Maß-              Widerspruch
     nahmen innerhalb                  │
        der Rechts-            Verwaltungsakt
       behelfsfrist                 wird
            │                   angefochten
     Bindungswirkung                 │
            │                    führt zu
         außer:                      │
    ┌───────┴───────┐        ┌───────┴────────┐
 gilt als nicht  nichtiger   Widerspruchs-    Rücknahme des
   ergangen    Verwaltungsakt  bescheid       Verwaltungs-
      │                      (Verwaltungsakt     aktes
    aber:                     bleibt bestehen)     │
 Feststellung                     │            danach
 der Nichtigkeit              möglich:       (in der Regel):
    ist oft                       │               │
  erforderlich                  Klage          neuer
                                            Verwaltungsakt
```

Dies bedeutet: Wenn Sie gegen einen für Sie belastenden Verwaltungsakt (zum Beispiel die Ablehnung eines Rentenantrages) nichts unternehmen, wird dieser nach Ablauf der Widerspruchsfrist rechtskräftig. Von wenigen Ausnahmen abgesehen besteht dann für Sie keine Möglichkeit mehr, gegen diesen Verwaltungsakt vorzugehen (eine Ausnahme ist beispielsweise die Wiedereinsetzung in den vorigen Stand – beachten Sie dazu bitte die Ausführungen ab Seite 14).

Nach § 78 Abs. 1 SGG sind vor Erhebung der Anfechtungsklage Rechtmäßigkeit und Zweckmäßigkeit des Verwaltungsaktes in einem Vorverfahren zu prüfen (in einer Anfechtungsklage wird der Verwaltungsakt angefoch-

ten). Dies gilt nach § 78 Abs. 3 SGG auch dann, wenn der Antrag auf Vornahme des Verwaltungsaktes vom Versicherungsträger abgelehnt worden ist (Verpflichtungsklage).

In folgenden Fällen ist kein Vorverfahren notwendig:

■ Ein Gesetz schreibt für besondere Fälle vor, dass ein Vorverfahren nicht durchzuführen ist.

■ Der Verwaltungsakt wurde von einer obersten Bundesbehörde, einer obersten Landesbehörde oder vom Präsidenten der Bundesagentur für Arbeit (Trägerin der Arbeitsförderung) erlassen. Dies gilt nicht, wenn ein Gesetz die Nachprüfung vorschreibt.

**1**

# Vorverfahren in der Sozialgerichtsbarkeit

**1. Grundsatz:**

Soweit vorgeschrieben, ist das Vorverfahren zwingende Prozessvoraussetzung.

**2. Grundsatz:**

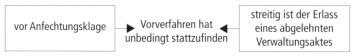

| vor Anfechtungsklage | ➤ Vorverfahren hat unbedingt stattzufinden ◄ | streitig ist der Erlass eines abgelehnten Verwaltungsaktes |

und zwar

| in allen Angelegenheiten der | | | | | | | | |
|---|---|---|---|---|---|---|---|---|
| Krankenversicherung | Pflegeversicherung | Bundesagentur für Arbeit | Kriegsopferversorgung | Entgeltfortzahlungsversicherung | Unfallversicherung | Rentenversicherung | Sozialhilfe | Grundsicherung für Arbeitsuchende |

■ Ein Land oder ein Versicherungsträger will klagen.

Falls Zweifel daran bestehen, ob es sich bei einem eingelegten Rechtsbehelf um einen Widerspruch oder um eine Klage handelt, so ist dieser als Widerspruch zu behandeln, wenn er bei jener Stelle eingeht, die den Verwaltungsakt erlassen hat.

Hat einer von mehreren Berechtigten Widerspruch eingelegt, ein anderer aber unmittelbar Klage erhoben, so ist zunächst über den Widerspruch zu entscheiden.

Nach § 83 SGG beginnt das Vorverfahren mit der Erhebung des Widerspruchs.

**Wichtig:** Nachdem der Verwaltungsakt gegenüber dem Beschwerten bekannt gegeben wurde, ist der Widerspruch binnen eines Monats schriftlich oder zur Niederschrift bei jener Stelle einzureichen, die den Verwaltungsakt erlassen hat (§ 84 Abs. 1 SGG; beachten Sie zum Thema Verwaltungsakt auch die Ausführungen ab Seite 10).

Bei Bekanntgabe des Verwaltungsaktes im Ausland beträgt die Frist drei Monate.

Dabei gilt die Frist zur Erhebung des Widerspruchs auch dann als gewahrt, wenn die Widerspruchsfrist bei einer anderen inländischen Behörde eingegangen ist oder bei einem Versiche

**1**

rungsträger oder bei einer deutschen Konsularbehörde oder – soweit es sich um die Versicherung von Seeleuten handelt – auch bei einem deutschen Seemannsamt.

Die Widerspruchsschrift ist in einem solchen Falle unverzüglich – das bedeutet: ohne schuldhaftes Zögern – der zuständigen Behörde oder dem zuständigen Versicherungsträger zuzuleiten, der diese der für die Entscheidung zuständigen Stelle vorzulegen hat (§ 84 Abs. 2 SGG).

§ 84 Abs. 2 letzter Satz SGG schreibt die Anwendbarkeit der §§ 66 und 67 SGG vor. Nach § 66 SGG beginnt die Frist für ein Rechtsmittel oder einen anderen Rechtsbehelf nur dann zu laufen, wenn der Berechtigte schriftlich belehrt worden ist über:

- den Rechtsbehelf
- die Verwaltungsstelle
- das Gericht, bei dem der Rechtsbehelf einzulegen ist
- den Sitz
- die einzuhaltende Frist.

In diesem Zusammenhang spricht man von einer Rechtsmittelbelehrung.

**Wichtig:** Ist die Belehrung unterblieben oder wurde diese unrichtig erteilt, so ist die Einlegung des Rechtsbehelfs nur innerhalb eines Jahres nach Zustellung, Eröffnung oder Verkündung zulässig. Dies gilt nicht, wenn die Einlegung vor Ablauf der Jahresfrist infolge höherer Gewalt unmöglich war oder eine schriftliche Belehrung darüber erfolgt ist, dass ein Rechtsbehelf nicht möglich ist.

§ 67 SGG enthält die Vorschriften über die Wiedereinsetzung in den vorigen Stand, die durch die Verweisung in § 84 Abs. 2 SGG auch im Bereich des Vorverfahrens gelten.

Eine Wiedereinsetzung in den vorigen Stand ist zu gewähren, wenn jemand ohne eigenes Verschulden verhindert

war, eine gesetzliche Verfahrensfrist einzuhalten.

Der Antrag auf die Wiedereinsetzung in den vorigen Stand ist binnen eines Monats nach Wegfall des Hindernisses zu stellen.

Die Tatsachen zur Begründung des Antrages sollen glaubhaft gemacht werden. Innerhalb der Antragsfrist ist die versäumte Rechtshandlung, das heißt die Erhebung des Widerspruchs, nachzuholen. Ist dies geschehen, so kann die Wiedereinsetzung auch ohne Antrag gewährt werden. Ist seit dem Ende der versäumten Frist mehr als ein Jahr vergangen, so ist der Antrag unzulässig. Allerdings gilt dies dann nicht, wenn der Antrag vor Ablauf der Jahresfrist infolge höherer Gewalt unmöglich war.

§ 84a SGG sieht das Recht des Antragstellers auf Akteneinsicht vor. Es wird hier auf § 25 Abs. 2 Sozialgesetzbuch – Zehntes Buch (SGB X) verwiesen. Dabei ist zunächst zu beachten, dass nach § 25 Abs. 1 SGB X die Behörde – zum Beispiel die Krankenkasse oder der Rentenversicherungsträger – den Beteiligten Einsicht in die das Verfahren betreffenden Akten zu gestatten hat. Dies gilt aber nur, soweit die Kenntnis der Akten zur Geltendmachung oder Verteidigung des rechtlichen Anspruchs des Beteiligten erforderlich ist.

§ 25 Abs. 4 SGB X, auf den § 84a SGG verweist, bestimmt, dass die Akteneinsicht bei jener Behörde erfolgt, welche die Akten führt. Im Einzelfall kann die Einsicht auch erfolgen bei:

- einer anderen Behörde
- einer diplomatischen oder berufskonsularischen Vertretung der Bundesrepublik Deutschland im Ausland

Weitere Ausnahmen kann jene Stelle gestatten, welche die Akten führt.

Fraglich ist nur, wer über den Widerspruch zu entscheiden hat. Hier ist das Verfahren in der Praxis zu beachten.

Geht ein Widerspruch beispielsweise bei einem Sozialversicherungsträger ein, wird von der Verwaltung zunächst geprüft, ob dem Widerspruch abgeholfen werden kann. Das bedeutet, dass diese Stelle oder eine vorgesetzte Stelle die Angelegenheit nochmals überprüft. Kommt sie zu dem Ergebnis, dass dem Widersprechenden etwa die beantragte Leistung zusteht, wird ihm diese gewährt.

Es kommt somit zu einem neuen Verwaltungsakt, mit dem der alte, ablehnende oder belastende Verwaltungsakt aufgehoben und gleichzeitig entschieden wird, dass die Leistung zu gewähren ist. In der Regel erhält der Antragsteller dann eine Mitteilung, dass der Widerspruch als erledigt angesehen wird.

Meist ist der Widersprechende damit auch einverstanden. Das gilt aber sicherlich nur dann, wenn seinem gesamten Antrag entsprochen wird. Wird zum Beispiel nur ein Teil der Leistungen gewährt, kann er durchaus auf der Durchführung des Widerspruchsverfahrens bestehen. Hier bestimmt § 86 SGG Folgendes: Wird der Verwaltungsakt während des Vorverfahrens abgeändert, ist auch der neue Verwaltungsakt Gegenstand des Vorverfahrens. Er ist der Stelle, die über den Widerspruch entscheidet, unverzüglich mitzuteilen. Wird durch den neuen Verwaltungsakt dem Anliegen des Bürgers teilweise entsprochen, steht nun nur noch jener Teil zur Debatte, der nicht zugestanden worden ist.

Wird dem Widerspruch nicht abgeholfen, so erlässt den Widerspruchsbescheid

- die nächsthöhere Behörde oder – wenn diese eine oberste Bundes- oder eine oberste Landesbehörde ist – die Behörde, die den Verwaltungsakt erlassen hat.

- in Angelegenheiten der Sozialversicherung die von der Vertreterversammlung bestimmte Stelle, nämlich

die Widerspruchsstelle (bei Kranken- und Pflegekassen der Verwaltungsrat – es handelt sich jeweils um das Legislativorgan des Versicherungsträgers).

- in Angelegenheiten der Bundesagentur für Arbeit – mit Ausnahme der Angelegenheiten nach dem SGB II – die vom Vorstand bestimmte Stelle.

- in Angelegenheiten der kommunalen Selbstverwaltung die Selbstverwaltungsbehörde, soweit nicht durch Gesetz etwas anderes bestimmt wird.

In Angelegenheiten nach dem SGB II ist der zuständige Träger, welcher den dem Widerspruch zugrunde liegenden Verwaltungsakt erlassen hat, auch für die Entscheidung über den Widerspruch zuständig.

Der Widerspruchsbescheid hat schriftlich zu ergehen. Er ist zu begründen und den Beteiligten zuzustellen (§ 85 Abs. 3 SGG). Dabei sind die Beteiligten über die Zulässigkeit der Klage, die einzuhaltende Frist und den Sitz des zuständigen Gerichts zu belehren.

**Wichtig:** In der Rechtsmittelbelehrung muss darauf hingewiesen werden, dass die Klage gemäß § 90 SGG auch zur Niederschrift des Urkundsbeamten der Geschäftsstelle erhoben werden kann.

Der Widerspruchsbescheid ist immer ein Verwaltungsakt. Dies bedeutet, dass an seine Gestaltung die gleichen Voraussetzungen zu knüpfen sind wie an einen Verwaltungsakt.

### Aufschiebende Wirkung von Widerspruch und Klage

Wurde ein Widerspruch erhoben, stellt sich – genau wie bei der Anfechtungsklage – die Frage, ob dieser eine aufschiebende Wirkung hat oder nicht.

Grundsätzlich bestimmt § 86a SGG, dass Widerspruch und Anfechtungsklage aufschiebende Wirkung haben. Dies gilt auch für rechtsgestaltende und fest-

**1**

stellende Verwaltungsakte sowie bei Verwaltungsakten mit Dauerwirkung.

Die aufschiebende Wirkung entfällt beispielsweise bei der Entscheidung über Versicherungs-, Beitrags- und Umlagepflichten sowie der Anforderung von Beiträgen, Umlagen und sonstigen öffentlichen Abgaben einschließlich der darauf entfallenden Nebenkosten. Auch bei Verwaltungsakten, die eine laufende Leistung herabsetzen oder entziehen (zum Beispiel eine Rente) entfällt die aufschiebende Wirkung.

Allerdings soll in den genannten Fällen, in denen die sofortige Vollziehung im öffentlichen Interesse oder im überwiegenden Interesse eines Beteiligten ist, diese ganz oder teilweise ausgesetzt werden.

Geht es um die Entscheidung über Versicherungs-, Beitrags- und Umlageverfahren, soll die Aussetzung der Vollziehung erfolgen, sofern ernstliche Zweifel an der Rechtmäßigkeit des angegriffenen Verwaltungsaktes bestehen.

Das Gesetz zur Änderung des Sozialgerichtsgesetzes und des Arbeitsgerichtsgesetzes hat mit Wirkung ab 1.4.2008 bei § 85 SGG einen Absatz 4 eingefügt – es geht hier um ruhend gestellte Widersprüche. Die Ergänzung zielt auf solche Fälle ab, in denen eventuell mehrere tausend Bürger in vollständig gleich gelagerten Fällen Widersprüche einlegen, weil in einem Musterstreitverfahren eine Klärung der gemeinsamen Problematik versucht wird.

In der Praxis bringt die Verwaltung solche Widersprüche zum Ruhen, bis eine höchstrichterliche Entscheidung erfolgt ist. Nunmehr wird bestimmt, dass über ruhend gestellte Widersprüche durch eine öffentlich bekannt gegebene Allgemeinverfügung entschieden werden kann (beachten Sie bitte dazu die Ausführungen auf Seite 10). Voraussetzung ist, dass die den angefochtenen Verwaltungsakten zugrunde liegende Gesetzeslage durch eine Entscheidung des Bundesverfassungsgerichtes (BVerfG) bestätigt wurde.

Weitere Voraussetzung ist, dass sonst Widerspruchsbescheide gegenüber einer Vielzahl von Widerspruchsführern zur gleichen Zeit ergehen müssen und durch sie die Rechtsstellung der Betroffenen ausschließlich nach einem für alle identischen Maßstab verändert wird.

Die öffentliche Bekanntmachung erfolgt durch Veröffentlichung der Entscheidung über den Internetauftritt der Behörde, im elektronischen Bundesanzeiger und in mindestens drei überregional erscheinenden Tageszeitungen.

Auf die öffentliche Bekanntgabe, den Ort ihrer Bekanntgabe sowie die Klagefrist ist bereits in der Ruhensmitteilung hinzuweisen.

**Der Sozialgerichtsprozess**

Die Klage ist nach § 87 SGG binnen eines Monats nach Bekanntgabe des Verwaltungsaktes zu erheben. Bei der Bekanntgabe im Ausland beträgt die Frist drei Monate. Bei einer öffentlichen Bekanntgabe im Zusammenhang mit ruhend gestellten Widersprüchen beträgt die Frist ein Jahr. Sie beginnt mit jenem Tag, den man seit dem Tag der letzten Veröffentlichung zwei Wochen verstrichen sind.

Im Übrigen beginnt die Klagefrist mit der Bekanntgabe des Widerspruchsbescheides.

§ 88 SGG beschäftigt sich mit der Klagefrist im Zusammenhang mit der Verpflichtungsklage, die auch als Untätigkeitsklage bezeichnet wird. Wurde über einen Antrag auf Vornahme eines Verwaltungsaktes nämlich ohne zureichenden Grund nicht in angemessener Frist entschieden, so ist vor dem Ablauf von sechs Monaten seit dem Antrag auf Vornahme des Verwaltungsaktes keine Klage zulässig.

Auch ist sie an keine Frist gebunden (§ 89 SGG).

Liegt allerdings ein zureichender Grund dafür vor, dass der beantragte Verwaltungsakt noch nicht erlassen ist, so setzt das Gericht das Verfahren bis zum Ablauf einer von ihm bestimmten Frist aus. Diese Frist kann verlängert werden.

Kommt die Verwaltung innerhalb dieser Frist ihrer Verpflichtung nach und erlässt sie den Verwaltungsakt, so ist die Hauptsache als erledigt zu erklären. Das Gericht hat dann in der Regel nur noch über die Kosten zu entscheiden.

Das Gleiche gilt, wenn über einen Widerspruch nicht entschieden wurde. Als angemessene Frist ist hier ein Zeitraum von drei Monaten anzusetzen.

Die Klage ist dann an keine Frist gebunden, wenn die Feststellung der Nichtigkeit eines Verwaltungsaktes oder die Feststellung des zuständigen Versicherungsträgers begehrt wird (§ 89 SGG).

Die Klage ist beim zuständigen Sozialgericht schriftlich oder zur Niederschrift des Urkundsbeamten der Geschäftsstelle zu erheben.

**Wichtig:** Die Frist für die Klageerhebung ist auch dann als gewahrt anzusehen, wenn die Klageschrift innerhalb der Frist – statt bei dem zuständigen Gericht der Sozialgerichtsbarkeit – bei einer der folgenden Stellen eingegangen ist (§ 91 SGG):

- einer anderen inländischen Behörde
- einem Versicherungsträger
- einer deutschen Konsularbehörde
- einem deutschen Seemannsamt im Ausland (soweit es sich um die Versicherung von Seeleuten handelt).

Die Klageschrift ist unverzüglich an das zuständige Sozialgericht weiterzuleiten. Mit der Klageschrift selbst beschäftigt sich § 92 SGG. Die Vorschrift ist mit Wirkung ab 1.4.2008 neu gefasst worden.

Danach muss die Klage Folgendes bezeichnen:

- den Kläger
- den Beklagten
- den Gegenstand des Klagebegehrens.

Zur Bezeichnung des Beklagten genügt die Angabe der Behörde. Die Klage soll einen bestimmten Antrag enthalten und vom Kläger oder einer zu seiner Vertretung befugten Person mit Orts- und Zeitangabe unterzeichnet sein. Die zur Begründung dienenden Tatsachen und Beweismittel sollen angegeben, die angefochtene Verfügung und der Widerspruchsbescheid sollen in Urschrift oder in Abschrift beigefügt werden.

**Wichtig:** Entspricht die Klage diesen Anforderungen nicht, hat der Vorsitzende den Kläger zu der erforderlichen Ergänzung innerhalb einer bestimmten Frist aufzufordern. Er kann dem Kläger für die Ergänzung eine Frist mit ausschließender Wirkung setzen, wenn es um die Bezeichnung des Klägers, des Beklagten und des Gegenstandes des Klagebegehrens geht. Für die Wiedereinsetzung in den vorigen Stand gelten entsprechend die Ausführungen ab Seite 14.

§ 93 SGG beschäftigt sich mit der Einreichung von Abschriften. § 94 SGG bestimmt allerdings, dass durch die Klageerhebung die Streitsache rechtshängig wird.

Hat ein Vorverfahren stattgefunden, so ist der ursprüngliche Verwaltungsakt in der Gestalt, die er durch den Widerspruchsbescheid gefunden hat, Gegenstand der Klage.

### Anhörungspflicht

Für die gesamte Sozialgerichtsbarkeit gilt die Vorschrift des § 62 SGG. Danach ist den Beteiligten vor jeder Entscheidung rechtliches Gehör zu gewähren. Diese Anhörung kann auch schriftlich erfolgen. Die Vorschrift entspricht

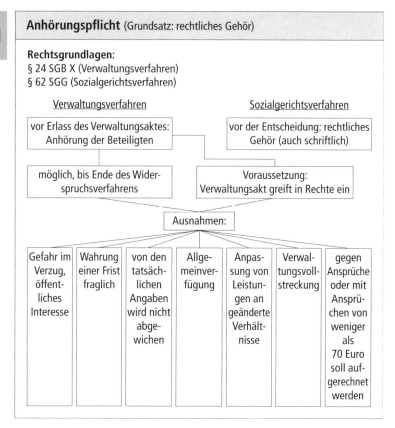

## Anhörungspflicht (Grundsatz: rechtliches Gehör)

**Rechtsgrundlagen:**
§ 24 SGB X (Verwaltungsverfahren)
§ 62 SGG (Sozialgerichtsverfahren)

Verwaltungsverfahren          Sozialgerichtsverfahren

vor Erlass des Verwaltungsaktes:
Anhörung der Beteiligten

vor der Entscheidung: rechtliches
Gehör (auch schriftlich)

möglich, bis Ende des Widerspruchsverfahrens

Voraussetzung:
Verwaltungsakt greift in Rechte ein

Ausnahmen:

| Gefahr im Verzug, öffentliches Interesse | Wahrung einer Frist fraglich | von den tatsächlichen Angaben wird nicht abgewichen | Allgemeinverfügung | Anpassung von Leistungen an geänderte Verhältnisse | Verwaltungsvollstreckung | gegen Ansprüche oder mit Ansprüchen von weniger als 70 Euro soll aufgerechnet werden |

der des § 24 SGB X, die im Verwaltungsverfahren gilt:

**Maßnahmen des Gerichts vor der mündlichen Verhandlung**

Nach Zugang der Klage übersendet der Vorsitzende der Kammer eine Abschrift der Klage an die übrigen Beteiligten. Diese werden dabei aufgefordert, sich schriftlich zu äußern (§ 104 SGG). Der Vorsitzende kann bestimmen, dass die Äußerung innerhalb einer bestimmten Frist zu erfolgen hat.

Die Frist soll nicht kürzer als ein Monat sein.

Die erwähnte Aufforderung muss den Hinweis enthalten, dass auch verhandelt und entschieden werden kann, wenn innerhalb der Frist keine Äußerung eingeht. Gleichzeitig kann der Vorsitzende vom Versicherungsträger beispielsweise auch die Übersendung der Akten verlangen. Dies soll innerhalb eines Monats nach Eingang der Aufforderung beim zuständigen Verwaltungsträger erfolgen. Die Übersendung einer beglaubigten Abschrift steht der Übersendung der Originalverwaltungsakten gleich, sofern das Gericht nicht die Übersendung der Originalverwaltungsakten wünscht.

Seit 1.4.2008 gilt, dass der Vorsitzende dem Kläger eine Frist setzen kann. Innerhalb dieser Frist muss der Kläger alle Tatsachen darlegen, durch deren Berücksichtigung oder Nichtberücksichtigung im Verwaltungsverfahren er sich beschwert fühlt.

Ebenfalls seit 1.4.2008 kann der Vorsitzende einen Beteiligten auffordern, innerhalb einer genannten Frist zu bestimmten Vorgängen

- Tatsachen darzustellen oder Beweismittel zu bezeichnen.
- Urkunden oder andere bewegliche Sachen vorzulegen sowie elektronische Dokumente zu übermitteln, soweit der Beteiligte dazu verpflichtet ist.

**Wichtig:** Das Gericht kann Erklärungen und Beweismittel, die erst nach Ablauf einer gesetzten Frist vorgelegt werden, zurückweisen und ohne weitere Ermittlungen entscheiden. Das gilt aber nur, wenn:

- ihre Zulassung nach der freien Überzeugung des Gerichts die Erledigung des Rechtsstreits verzögern würde
- der Beteiligte die Verspätung nicht genügend entschuldigt
- der Beteiligte über die Folgen einer Fristversäumung belehrt worden ist.

Vorstehendes gilt nicht, wenn es mit geringem Aufwand möglich ist, den Sachverhalt auch ohne Mitwirkung des Beteiligten zu klären.

Wird vom Kläger ein Entschuldigungsgrund vorgebracht, ist dieser auf Verlangen des Gerichts zu beweisen.

Im Gegensatz zum Recht der Zivilgerichtsbarkeit besteht in der Sozialgerichtsbarkeit die sogenannte Offizialmaxime. Dies bedeutet, dass der Vorsitzende der Kammer selbst für die Aufklärung des Sachverhalts, für notwendi-

ge Beweismittel und Ähnliches sorgen muss.

Näheres hierüber bestimmt § 106 SGG. Absatz 1 dieser Vorschrift bestimmt zunächst, dass der Vorsitzende auf Beseitigung von Formfehlern hinzuwirken hat. Ferner hat er sicherzustellen, dass unklare Anträge erläutert, sachdienliche Anträge gestellt, ungenügende Angaben ergänzt sowie alle für die Feststellung und Beurteilung des Sachverhalts wesentlichen Erklärungen abgegeben werden.

§ 106 Abs. 2 SGG enthält die Generalregel, dass der Vorsitzende bereits vor der mündlichen Verhandlung alle Maßnahmen zu treffen hat, die notwendig sind, um den Rechtsstreit möglichst im Rahmen einer mündlichen Verhandlung zu erledigen.

So hat er zum Beispiel nach § 106 Abs. 3 SGG erforderliche Urkunden sowie elektronische Dokumente anzufordern, Auskünfte einzuholen, die Einnahme des Augenscheines sowie die Begutachtung durch Sachverständige anzuordnen und auszuführen sowie weitere Personen vorzuladen.

Er erforscht also, wie es die bereits erwähnte Untersuchungsmaxime verlangt, den Sachverhalt von Amts wegen (vgl. auch den Text des § 103 SGG). Allerdings ist er an das Vorbringen und die Beweisanträge der Beteiligten nicht gebunden.

Über die Durchführung der Beweisaufnahme bestimmen die §§ 116 bis 119 SGG. Die Beweiserhebung erfolgt während der mündlichen Verhandlung, wenn dies möglich ist. Anderenfalls wird sie in der Regel vor der mündlichen Verhandlung durchgeführt.

Zu beachten ist auch § 107 SGG: Den Beteiligten sind nach Anordnung des Vorsitzenden entweder eine Abschrift der Niederschrift der Beweisaufnahme zu überlassen oder deren Inhalt mitzuteilen.

**1**

Auch § 109 SGG ist im Zusammenhang mit der Beweiserhebung von erheblicher Bedeutung: Auf Antrag des Versicherten, des behinderten Menschen, des Versorgungsberechtigten oder Hinterbliebenen muss nämlich ein bestimmter Arzt in der Form eines Gutachtens gehört werden. Die Anhörung kann allerdings davon abhängig gemacht werden, dass der Antragsteller die Kosten vorschießt und – sie vorbehaltlich einer anderen Entscheidung des Gerichts – endgültig trägt. Die Möglichkeit der Ablehnung eines solchen Antrags durch das Gericht sieht § 109 Abs. 2 SGG vor.

Zur Vorbereitung der mündlichen Verhandlung können die Beteiligten Schriftsätze einreichen (§ 108 SGG). Diese Schriftsätze sind jeweils den übrigen Beteiligten von Amts wegen mitzuteilen. Ort und Zeit der mündlichen Verhandlung werden durch den Vorsitzenden bestimmt (§ 110 SGG). Dieser teilt den Beteiligten in der Regel beides zwei Wochen vor dem Termin mit.

**Wichtig:** Die Beteiligten werden in diesem Schreiben darauf hingewiesen, dass im Falle ihres Ausbleibens nach Aktenlage entschieden werden kann. Das persönliche Erscheinen eines Beteiligten kann aber auch ausdrücklich angeordnet werden (§ 111 SGG). Weitere Einzelheiten hierzu finden Sie in § 111 SGG.

### Durchführung der mündlichen Verhandlung

Die Vorschriften über die mündliche Verhandlung finden sich in den §§ 112 ff. SGG.

Die mündliche Verhandlung wird vom Vorsitzenden eröffnet und geleitet. Die Rechtssache wird vom Protokollführer aufgerufen. Danach stellt der Vorsitzende den Sachverhalt dar. Es würde einen schweren Mangel darstellen, wenn diese Darstellung unterbleiben würde.

Nach der Darstellung des Sachverhaltes erhalten die Beteiligten das Wort. Es ist allerdings nicht vorgeschrieben, wer zuerst zu Wort kommt, jedoch müssen sich alle Beteiligten äußern können. Anschließend erörtert der Vorsitzende den Sach- und Streitverhalt mit den Beteiligten. Die ehrenamtlichen Richter (beachten Sie dazu bitte die Ausführungen ab Seite 27) können sachdienliche Anträge stellen.

Auch zu den Aussagen von Zeugen können sich die Beteiligten äußern.

Nach einer ausreichenden Erörterung mit den Beteiligten zieht sich das Gericht – sprich der Vorsitzende und die ehrenamtlichen Richter – zurück. Nach der Beratung wird vom Vorsitzenden im Namen des Volkes das Urteil verkündet.

### Möglichkeiten der Beendigung des Prozesses

Der Prozess kann aber – außer durch Urteil – auch enden durch:

- Verweisung bei Unzuständigkeit (§ 98 SGG)
- einen Vergleich
- Anerkenntnis (§ 101 SGG)
- eine Klagerücknahme (§ 102 SGG).

Die Rücknahme der Klage kann durch den Kläger bis zum Schluss der mündlichen Verhandlung erfolgen. Die Klagerücknahme erledigt den Rechtsstreit in der Hauptsache. Diese Wirkung ist auf Antrag durch Beschluss auszusprechen. Soweit Kosten entstanden sind, ist darüber zu entscheiden, wer diese zu tragen hat.

Seit 1.4.2008 gilt die Klage als zurückgenommen, wenn der Kläger trotz Aufforderung des Gerichts diese länger als drei Monate nicht vorantreibt (Kläger ist dabei in der Regel der Bürger). Dadurch erledigt sich dann der Rechtsstreit in der Hauptsache. In der Aufforderung, tätig zu werden, ist der Kläger auf diese Rechtsfolge hinzuweisen.

**Wichtig:** Der Beschluss über die Einstellung des Verfahrens ist unanfechtbar.

In bestimmten Fällen kann das Verfahren ausgesetzt werden (§ 114 SGG) – zum Beispiel bis zur Erledigung eines Strafverfahrens.

Ist die Rechtmäßigkeit einer behördlichen Maßnahme Gegenstand von mehr als 20 Verfahren an einem Gericht, kann das Gericht eines oder mehrere geeignete Verfahren vorab durchführen (Musterverfahren). Die übrigen Verfahren können bis zum Abschluss der Musterverfahren ausgesetzt werden. Die Beteiligten sind jedoch vorher zu hören. Ein Beschluss in dieser Sache ist unanfechtbar.

Wurde über die durchgeführten Musterverfahren rechtskräftig entschieden, kann das Gericht über die ausgesetzten Verfahren durch Beschluss entscheiden. Vorher ist eine Anhörung der Beteiligten durchzuführen.

Voraussetzung für das vorstehende Verfahren ist, dass das Gericht einstimmig der Auffassung ist, dass die Rechtssachen gegenüber den rechtskräftig entschiedenen Musterverfahren keine wesentlichen Besonderheiten tatsächlicher oder rechtlicher Art aufweisen und der Sachverhalt geklärt ist.

Das Gericht kann auf die in einem Musterverfahren erhobenen Beweise zurückgreifen. Es kann nach seinem Ermessen die wiederholte Vernehmung eines Zeugen oder eine neue Begutachtung durch denselben oder andere Sachverständige anordnen. Bezüglich näherer Einzelheiten beachten Sie bitte den Text des § 114a Abs. 2 SGG.

Erscheint zu einem Termin keiner der Beteiligten, so kann das Gericht nach Lage der Akten entscheiden. Bleiben Beteiligte aus und beantragen die erschienenen Beteiligten eine Entscheidung, so kann ebenfalls nach Lage der Akten entschieden werden (§ 126 SGG).

Voraussetzung für eine Entscheidung nach Aktenlage ist allerdings, dass in der Ladung auf diese Möglichkeit hingewiesen wurde.

Der Vorsitzende der Kammer kann die Klage im Übrigen durch einen Vorbescheid abweisen (§ 105 SGG), wenn sie sich als unzulässig oder offenbar unbegründet erweist. Die Abweisung muss begründet werden und ist außerdem nur bis zur Anberaumung der mündlichen Verhandlung möglich.

Binnen eines Monats nach der Zustellung des Vorbescheides können die Beteiligten allerdings die mündliche Verhandlung beantragen. Wird der Antrag rechtzeitig gestellt, so gilt der Vorbescheid als nicht ergangen. Anderenfalls steht er einem rechtskräftigen Urteil gleich.

### Inhalt des Urteils

§ 136 SGG beschäftigt sich mit dem Inhalt des Urteils. Dieses enthält:

- die Bezeichnung der Beteiligten, ihrer gesetzlichen Vertreter und der Bevollmächtigten mit Name, Wohnort und ihrer Stellung im Verfahren
- die Bezeichnung des Gerichts und die Namen der Mitglieder, die bei der Entscheidung mitgewirkt haben
- den Ort und Tag der mündlichen Verhandlung
- die Urteilsformel
- eine knappe Darstellung des Tatbestandes
- die Entscheidungsgründe
- die Rechtsmittelbelehrung.

Dabei kann die Darstellung des Tatbestandes durch eine Bezugnahme auf den Inhalt der vorbereitenden Schriftsätze und auf die zur Sitzungsniederschrift erfolgten Feststellungen ersetzt werden. Das gilt aber nur, soweit sich aus ihnen der Sach- und Streitstand richtig und vollständig ergibt.

**1**

## Zulassung oder Ausschluss der Berufung

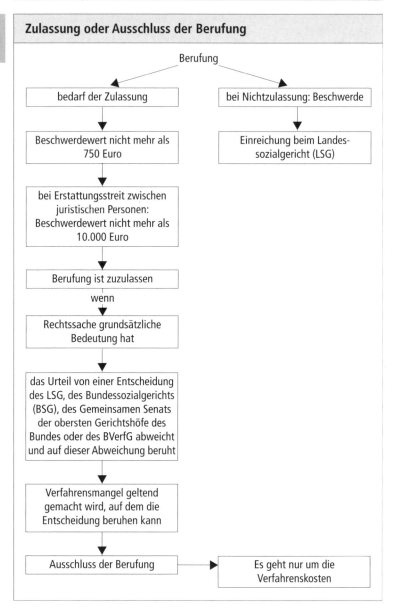

Berufung

bedarf der Zulassung

bei Nichtzulassung: Beschwerde

Beschwerdewert nicht mehr als 750 Euro

Einreichung beim Landes-sozialgericht (LSG)

bei Erstattungsstreit zwischen juristischen Personen: Beschwerdewert nicht mehr als 10.000 Euro

Berufung ist zuzulassen

wenn

Rechtssache grundsätzliche Bedeutung hat

das Urteil von einer Entscheidung des LSG, des Bundessozialgerichts (BSG), des Gemeinsamen Senats der obersten Gerichtshöfe des Bundes oder des BVerfG abweicht und auf dieser Abweichung beruht

Verfahrensmangel geltend gemacht wird, auf dem die Entscheidung beruhen kann

Ausschluss der Berufung

Es geht nur um die Verfahrenskosten

**1**

Seit 1.4.2008 bestimmt § 136 Abs. 4 SGG Folgendes: Wenn das Urteil zu dem Termin, an dem die mündliche Verhandlung geschlossen worden ist, verkündet wird, bedarf es des Tatbestandes und der Entscheidungsgründe nicht. Voraussetzung ist allerdings, dass Kläger, Beklagter und sonstige rechtsmittelberechtigte Beteiligte auf Rechtsmittel gegen das Urteil verzichten.

§ 137 SGG beschäftigt sich mit der Urteilsausfertigung. Demzufolge sind die Ausfertigungen des Urteils vom Urkundsbeamten der Geschäftsstelle zu unterschreiben und mit dem Gerichtssiegel zu versehen.

**Wichtig:** Schreibfehler, Rechenfehler und ähnliche offenbare Unrichtigkeiten im Urteil sind jederzeit von Amts wegen zu berichtigen. Hierüber entscheidet der Vorsitzende der Kammer durch Beschluss. Der Berichtigungsbeschluss wird auf dem Urteil und den Ausfertigungen vermerkt. Auch der Tatbestand kann berichtigt werden (§ 139 SGG).

Das Urteil kann auch ergänzt werden (§ 140 SGG). Hat es nämlich einen von einem Beteiligten erhobenen Anspruch oder die Entscheidung über Kosten ganz oder teilweise übergangen, wird das Urteil nachträglich ergänzt.

**Berufung**

Über die Berufung gegen Urteile der ersten Instanz bestimmen die §§ 143 bis 159 SGG.

**Wichtig:** Das LSG (2. Instanz) ist an die Zulassung gebunden.

Die Berufung ist beim LSG innerhalb eines Monats nach Zustellung des Urteils schriftlich oder zur Niederschrift des Urkundsbeamten der Geschäftsstelle einzulegen.

Allerdings ist die Berufungsfrist auch dann gewahrt, wenn die Berufung innerhalb der Frist beim Sozialgericht (SG) schriftlich oder zur Niederschrift des Urkundsbeamten der Geschäftsstelle eingelegt wird.

In einem solchen Falle legt das SG die Berufungsschrift oder die Niederschrift mit seinen Akten unverzüglich dem LSG vor.

Die Berufungsschrift soll

- das angefochtene Urteil bezeichnen.
- einen bestimmten Antrag enthalten.
- die zur Begründung dienenden Tatsachen und Beweismittel angeben.

Im Wesentlichen gelten für das Verfahren vor dem Landessozialgericht die ab Seite 16 geschilderten Regeln des Verfahrens vor der 1. Instanz.

Die Berufung kann zurückgenommen werden (§ 156 SGG). Allerdings setzt die Zurücknahme nach dem Abschluss der mündlichen Verhandlung die Einwilligung des Berufungsbeklagten voraus.

**Wichtig:** Die Zurücknahme führt zum Verlust des Rechtsmittels.

Das LSG prüft nach § 157 SGG den Streitfall im gleichen Umfang wie das SG. Dies bedeutet: Sowohl SG als auch LSG sind Tatsacheninstanzen. Im Berufungsverfahren hat das Gericht deshalb auch neu vorgebrachte Tatsachen und Beweismittel zu bezeichnen.

**Aber:** Seit 1.4.2008 kann das LSG neue Erklärungen und Beweismittel, die in der ersten Instanz entgegen einer hierfür gesetzten Frist nicht vorgebracht wurden, zurückweisen (§ 157a SGG; beachten Sie dazu die Ausführungen auf Seite 19). Erklärungen und Beweismittel, die das SG zu Recht zurückgewiesen hat, bleiben auch im Berufungsverfahren ausgeschlossen.

Die Berufung ist zu verwerfen, wenn

- diese nicht statthaft ist.
- sie nicht innerhalb der gesetzlichen Frist eingelegt wurde.

**1**

## Zulassung der Revision

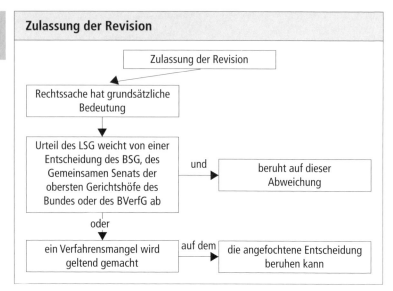

Zulassung der Revision

Rechtssache hat grundsätzliche Bedeutung

Urteil des LSG weicht von einer Entscheidung des BSG, des Gemeinsamen Senats der obersten Gerichtshöfe des Bundes oder des BVerfG ab

und → beruht auf dieser Abweichung

oder

ein Verfahrensmangel wird geltend gemacht

auf dem → die angefochtene Entscheidung beruhen kann

■ sie nicht schriftlich oder in elektronischer Form oder zur Niederschrift bei der Geschäftsstelle eingelegt wurde.

In den genannten Fällen ist eine Berufung unzulässig.

Die Entscheidung des LSG kann durch Beschluss ergehen.

**Aber:** Gegen den Beschluss steht den rechtsmittelberechtigten Beteiligten jenes Rechtsmittel zu, das einzulegen wäre, wenn die Entscheidung durch Urteil gefällt worden wäre (Berufung). Über das zulässige Rechtsmittel sind die Beteiligten zu belehren.

Das LSG kann durch Urteil die angefochtene Entscheidung aufheben und die Sache an das SG zurückverweisen. Dies ist dann möglich, wenn

■ das SG die Klage abgewiesen hat, ohne in der Sache selbst zu entscheiden.

■ das Verfahren einen wesentlichen Mangel aufweist.

■ nach dem Erlass des angefochtenen Urteils neue Tatsachen oder Beweismittel bekannt werden, die für die Entscheidung wesentlich sind.

**Wichtig:** Das SG muss seiner Entscheidung die rechtliche Beurteilung des LSG zugrunde legen.

### Revision

Die Revision wird durch die §§ 160 bis 171 SGG geregelt. Nach § 160 SGG steht den Beteiligten gegen das Urteil eines LSG die Revision an das BSG zu. Diese ist nur statthaft, wenn sie vom LSG zugelassen wird.

**Wichtig:** Das BSG ist an die Zulassung gebunden.

Die Nichtzulassung der Revision kann selbstständig durch Beschwerde angefochten werden (§ 160a SGG). Die Beschwerde ist beim BSG innerhalb eines Monats nach Zustellung des LSG-Urteils einzulegen.

Die Beschwerde muss innerhalb von zwei Monaten nach Zustellung des LSG-Urteils begründet werden. Die Begründungsfrist kann einmal um bis zu einen Monat verlängert werden.

**Wichtig:** Durch die Einlegung der Beschwerde wird die Rechtskraft des LSG-Urteils gehemmt.

Das BSG entscheidet unter Zuziehung der ehrenamtlichen Richter durch Beschluss. Das Urteil des LSG wird mit der Ablehnung der Beschwerde durch das BSG rechtskräftig.

Wird dagegen der Beschwerde stattgegeben, so beginnt mit der Zustellung dieser Entscheidung der Lauf der Revisionsfrist. Liegt ein Verfahrensmangel vor, kann das BSG in seinem Beschluss das angefochtene Urteil aufheben und die Sache zur erneuten Verhandlung und Entscheidung zurückverweisen.

§ 161 SGG beschäftigt sich mit der Sprungrevision. Es geht hier darum, dass den Beteiligten gegen das Urteil eines SG die Revision unter Übergehung der Berufungsinstanz – also des LSG – zusteht.

Voraussetzungen:

- der Gegner stimmt schriftlich zu
- das SG lässt die Sprungrevision im Urteil oder auf Antrag durch Beschluss zu.

Der Antrag muss innerhalb eines Monats nach Zustellung des SG-Urteils schriftlich gestellt werden.

Die Sprungrevision ist nur zuzulassen, wenn die Rechtssache grundsätzliche Bedeutung hat oder das SG-Urteil von einer Entscheidung des BSG, des Gemeinsamen Senats der obersten Gerichtshöfe des Bundes oder des BVerfG abweicht und auf dieser Abweichung beruht.

Das BSG ist an die Zulassung gebunden; die Ablehnung der Zulassung ist unanfechtbar.

Wird der Antrag auf Zulassung der Sprungrevision abgelehnt, beginnt mit der Zustellung dieser Entscheidung der Lauf der Berufungsfrist oder der Frist für die Beschwerde gegen die Nichtzulassung der Berufung von Neuem.

Lässt das SG die Revision durch Beschluss zu, so beginnt mit der Zulassung dieser Entscheidung der Lauf der Revisionsfrist.

**Wichtig:** Die Sprungrevision kann nicht auf Mängel des Verfahrens gestützt werden.

Das BSG ist keine Tatsacheninstanz mehr, sondern eine reine Rechtsinstanz. Dies bedeutet, dass das BSG an die im angefochtenen Urteil getroffenen tatsächlichen Feststellungen gebunden ist. Das gilt nur dann nicht, wenn in Bezug auf diese Feststellungen zulässige und begründete Revisionsgründe vorgebracht wurden.

Die Revision ist beim BSG innerhalb eines Monats nach Zustellung des Urteils oder des Beschlusses über die Zulassung der Revision schriftlich einzulegen.

Die Revision muss das angefochtene Urteil angeben und ist innerhalb von zwei Monaten zu begründen. Die Begründungsfrist kann vom Vorsitzenden des zuständigen Senats auf Antrag verlängert werden.

Die Revision muss folgende Informationen beinhalten:

- einen bestimmten Antrag
- die verletzte Rechtsnorm
- die Tatsachen über den Verfahrensmangel (soweit Verfahrensmängel gerügt werden).

Für die Durchführung der Revision gelten die gleichen Grundsätze wie in der ersten und zweiten Instanz (beachten Sie dazu bitte die Ausführungen ab Seite 16).

**1**

**Wichtig:** Beim BSG müssen Sie sich durch einen Prozessbevollmächtigten vertreten lassen. Hier herrscht also Anwaltszwang. Nach § 166 Abs. 2 SGG sind als Prozessbevollmächtigte unter anderem folgende Personen zugelassen:

- die Mitglieder und Angestellten von Gewerkschaften

- die Mitglieder und Angestellten von selbstständigen Vereinigungen mit sozial- oder berufspolitischer Zwecksetzung

- die Mitglieder und Angestellten von berufsständischen Vereinigungen der Landwirtschaft.

Voraussetzung ist, dass diese Personen aufgrund der Satzung ihrer Vereinigung oder aufgrund einer Vollmacht zur Prozessvertretung befugt sind.

Im Übrigen ist jeder Rechtsanwalt als Prozessbevollmächtigter vor dem BSG zugelassen.

**Wichtig:** Hier liegt ein großer Unterschied zwischen SG und LSG einerseits und dem BSG andererseits vor. In den ersten beiden Instanzen der Sozialgerichtsbarkeit besteht kein Anwaltszwang, aber – wie erwähnt – in der dritten und letzten Instanz.

Klageänderungen und Beiladungen sind im Revisionsverfahren unzulässig (§ 168 SGG; beachten Sie dazu bitte die Ausführungen ab Seite 34).

Das BSG hat zu prüfen, ob die Revision statthaft ist und ob sie in der gesetzlichen Form sowie fristgerecht eingelegt und begründet wurde.

Ist eine dieser Voraussetzungen nicht erfüllt, so ist die Revision als unzulässig zu verwerfen.

Ist die Revision unbegründet, wird sie vom BSG zurückgewiesen.

Ergeben die Entscheidungsgründe zwar eine Gesetzesverletzung, stellt sich die Entscheidung selbst aber aus anderen

Gründen als richtig dar, so ist die Revision ebenfalls zurückzuweisen.

Ist die Revision begründet, entscheidet das BSG in der Sache selbst.

**Aber:** Das BSG kann das angefochtene Urteil aufheben und die Rechtssache zur erneuten Verhandlung und Entscheidung an jenes Gericht zurückverweisen, welches das angefochtene Urteil erlassen hat.

Hält das BSG gerügte Verfahrensmängel nicht für durchgreifend, muss die Entscheidung über die Revision nicht begründet werden. Hiervon gibt es allerdings Ausnahmen.

**Kammern und Senate**

Bei den Sozialgerichten werden nach § 10 SGG bestimmte Kammern gebildet, die jeweils für besondere Bereiche zuständig sind. Es handelt sich dabei um Kammern für Angelegenheiten:

- der Sozialversicherung

- der Arbeitsförderung einschließlich der übrigen Aufgaben der Bundesagentur für Arbeit

- der Grundsicherung für Arbeitsuchende

- der Sozialhilfe

- des Asylbewerberleistungsgesetzes

- des sozialen Entschädigungsrechts (Recht der sozialen Entschädigung für Gesundheitsschäden)

- des Schwerbehindertenrechts.

Für Angelegenheiten der Knappschaftsversicherung einschließlich der Unfallversicherung für den Bergbau können eigene Kammern gebildet werden.

Für Streitigkeiten aufgrund der Beziehungen zwischen Krankenkassen und Vertragsärzten, Psychotherapeuten, Vertragszahnärzten (Vertragsarztrecht) einschließlich ihrer Vereinigungen und Verbände sind eigene Kammern zu bilden.

Durch § 10 Abs. 3 SGG kann der Bezirk einer Kammer auf Bezirke anderer So-

**1**

zialgerichte ausgedehnt werden. Beteiligte Länder können die Ausweitung des Bezirks einer Kammer auf das Gebiet oder auf Gebietsteile mehrerer Länder vereinbaren. In verschiedenen Bundesländern existieren Verordnungen über die Ausdehnung der Bezirke.

Beim BSG und bei den Landessozialgerichten bestehen Senate. Bezüglich der Art der Senate bei den Landessozialgerichten und dem BSG gelten die gleichen Grundsätze, wie sie hinsichtlich der Kammern der Sozialgerichte bereits ausgeführt wurden.

Auch hier können die beteiligten Länder die Ausdehnung des Bezirks eines Senats auf das Gebiet oder auf Gebietsteile mehrerer Länder vereinbaren.

Hinsichtlich der zwingend vorgeschriebenen Senate gilt für den Bereich des BSG im Wesentlichen das Gleiche wie für ein SG oder LSG.

Allerdings schreibt § 40 SGG vor, dass für Angelegenheiten des Vertragsrechts und der Knappschaftsversicherung einschließlich der Unfallversicherung für den Bergbau je ein Senat zu bilden ist.

Im Übrigen besteht gemäß § 41 SGG beim BSG ein Großer Senat. Der Große Senat entscheidet, wenn ein Senat in einer Rechtsfrage von der Entscheidung eines anderen Senats oder des Großen Senats abweichen will. Außerdem entscheidet er in Rechtsfragen von grundsätzlicher Bedeutung.

§ 4 SGG, der für alle Gerichte der Sozialgerichtsbarkeit gilt, schreibt vor, dass bei jedem Gericht eine Geschäftsstelle zu bestehen hat, die mit der erforderlichen Zahl von Urkundsbeamten besetzt wird. Näheres bestimmt für das BSG das Bundesministerium für Arbeit und Soziales. Für die Sozialgerichte und die Landessozialgerichte bestimmen die nach Landesrecht zuständigen Stellen.

**Richter**

Die Gerichte der Sozialgerichtsbarkeit werden mit Berufsrichtern und ehren-amtlichen Richtern besetzt. Bezüglich der Besetzung ist zum einen zwischen den einzelnen Instanzen und zum anderen zwischen Berufsrichtern und ehrenamtlichen Richtern zu unterscheiden.

Bei den Sozialgerichten werden die Berufsrichter entsprechend dem Landesrecht nach Beratung mit einem für den Bezirk des LSG zu bildenden Ausschuss auf Lebenszeit ernannt (§ 11 Abs. 1 SGG). Dieser Ausschuss ist von der zuständigen obersten Landesbehörde zu errichten.

Jede Kammer des SG wird in der Besetzung mit einem Berufsrichter als Vorsitzenden und zwei ehrenamtlichen Richtern als Beisitzer tätig.

In den Absätzen 2 bis 5 des § 12 SGG wird jeweils bestimmt, wer bezüglich der ehrenamtlichen Richter in den einzelnen Kammern vorschlagsberechtigt ist. Die ehrenamtlichen Richter werden nach § 13 SGG von der nach Landesrecht zuständigen Stelle aufgrund von Vorschlagslisten für fünf Jahre berufen. Sie sind in angemessenem Verhältnis unter Berücksichtigung der Minderheiten aus den Vorschlagslisten zu entnehmen. Die zuständige Stelle kann eine Ergänzung der Vorschlagslisten verlangen.

Die ehrenamtlichen Richter bleiben nach Ablauf ihrer Amtszeit im Amt, bis ihre Nachfolger berufen sind. Eine erneute Berufung ist zulässig. Bei vorübergehendem Bedarf kann die nach Landesrecht zuständige Stelle weitere ehrenamtliche Richter für ein Jahr berufen.

Die Ausübung des Amtes als ehrenamtlicher Richter ist abhängig von der Erfüllung persönlicher Voraussetzungen:

§ 17 SGG enthält Ausschlussgründe. Danach ist vom Amt des ehrenamtlichen Richters am Sozialgericht ausgeschlossen,

- wer infolge Richterspruch die Fähigkeit zur Bekleidung öffentlicher Ämter nicht besitzt oder wegen einer

**1**

## Persönliche Voraussetzungen

| | |
|---|---|
| Deutscher | |

```
Vollendung eines
bestimmten          ────────────────►   Ein Lebensjahr ist
Lebensjahres                            am Tag vor dem
                                        jeweiligen
                                        Geburtstag
                                        vollendet
```

```
in Kammern bzw.
Senate für          können
Angelegenheiten     nur
der Sozial-         ────────►   Versicherte   oder   Arbeitgeber
versicherung
und der Arbeits-
förderung

                                        berufen werden
```

```
ehrenamtliche       ────────►   im Bezirk des   oder   dort
Richter sollen                  Gerichtes wohnen        beschäftigt sein
```

```
Sonder-             gelten für
regelungen          ────────►   Beschäftigte der
                                Seefahrt
```

vorsätzlichen Tat zu einer Freiheitsstrafe von mehr als sechs Monaten verurteilt worden ist.

- wer wegen einer Tat angeklagt ist, die den Verlust der Fähigkeit zur Bekleidung öffentlicher Ämter zur Folge haben kann.

- wer das Wahlrecht zum Deutschen Bundestag nicht besitzt.

Personen, die in Vermögensverfall geraten sind, sollen ebenfalls nicht zu ehrenamtlichen Richtern berufen werden.

Die ehrenamtlichen Richter üben ihr Amt mit gleichen Rechten aus wie der Berufsrichter. Sie erhalten eine Entschädigung nach dem Justizvergütungs- und -entschädigungsgesetz.

Der ehrenamtliche Richter darf in der Übernahme oder Ausübung des Amtes nicht beschränkt oder wegen der Übernahme oder Ausübung des Amtes nicht benachteiligt werden (§ 20 SGG).

Bei jedem Sozialgericht wird ein Ausschuss der ehrenamtlichen Richter gebildet (§ 23 SGG).

Die Landessozialgerichte werden nach § 28 SGG als Landesgerichte errichtet, wobei mehrere Länder ein gemeinsames LSG errichten können.

Das LSG besteht aus folgenden Personen:

- dem Präsidenten
- den Vorsitzenden Richtern
- weiteren Berufsrichtern
- den ehrenamtlichen Richtern

Die für die allgemeine Dienstaufsicht und die sonstigen Geschäfte der Gerichtsverwaltung zuständige Stelle wird

## Entschädigung ehrenamtlicher Richter

**1**

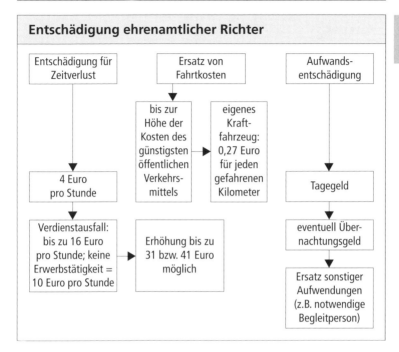

entsprechend dem Landesrecht bestimmt.

Jeder Senat wird in der Besetzung mit einem Vorsitzenden, zwei weiteren Berufsrichtern und zwei ehrenamtlichen Richtern tätig. Die ehrenamtlichen Richter beim LSG müssen das dreißigste Lebensjahr vollendet haben. Sie sollen darüber hinaus mindestens fünf Jahre ehrenamtlicher Richter bei einem SG gewesen sein.

Das BSG besteht – wie das LSG – aus dem Präsidenten, den Vorsitzenden Richtern, weiteren Berufsrichtern und den ehrenamtlichen Richtern.

Das Bundesministerium für Arbeit und Soziales führt die allgemeine Dienstaufsicht und die sonstigen Geschäfte der Gerichtsverwaltung.

Besondere Regelungen bestehen für den Großen Senat (§ 41 Abs. 5 SGG).

### Örtliche Zuständigkeit

Nach § 57 SGG ist jenes SG örtlich zuständig, in dessen Bezirk der Kläger zur Zeit der Klageerhebung seinen Sitz oder Wohnsitz oder – in Ermangelung dessen – seinen Aufenthaltsort hat. Steht dieser in einem Beschäftigungsverhältnis, so kann er auch vor dem für den Beschäftigungsort zuständigen SG klagen.

Hat der Kläger seinen Sitz oder Wohnsitz oder Aufenthaltsort im Ausland, so ist jenes SG örtlich zuständig, in dessen Bezirk der Beklagte seinen Sitz oder Wohnsitz oder – in Ermangelung dessen – seinen Aufenthaltsort hat.

**1**

## Besetzung der Kammern/Senate

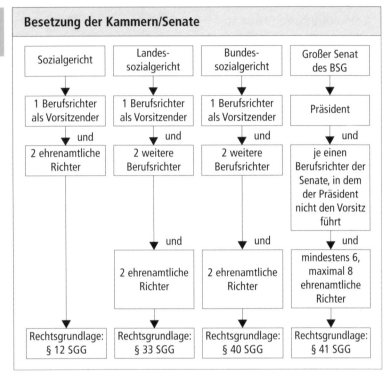

| Sozialgericht | Landes-sozialgericht | Bundes-sozialgericht | Großer Senat des BSG |
|---|---|---|---|
| 1 Berufsrichter als Vorsitzender | 1 Berufsrichter als Vorsitzender | 1 Berufsrichter als Vorsitzender | Präsident |
| und | und | und | und |
| 2 ehrenamtliche Richter | 2 weitere Berufsrichter | 2 weitere Berufsrichter | je einen Berufsrichter der Senate, in dem der Präsident nicht den Vorsitz führt |
| | und | und | und |
| | 2 ehrenamtliche Richter | 2 ehrenamtliche Richter | mindestens 6, maximal 8 ehrenamtliche Richter |
| Rechtsgrundlage: § 12 SGG | Rechtsgrundlage: § 33 SGG | Rechtsgrundlage: § 40 SGG | Rechtsgrundlage: § 41 SGG |

Geht es um die erstmalige Bewilligung einer Hinterbliebenenrente, ist der Wohnsitz oder – wenn ein solcher nicht vorhanden ist – der Aufenthaltsort der Witwe oder des Witwers maßgebend. Sind weder Witwe noch Witwer vorhanden, ist der Wohnsitz beziehungsweise Aufenthaltsort der jüngsten Waise entscheidend.

Bezüglich der örtlichen Zuständigkeit der Sozialgerichte sehen die §§ 57 bis 59 SGG zahlreiche Sonderregelungen vor.

**Wichtig:** Vereinbarungen der Beteiligten über die Zuständigkeit haben keine rechtliche Wirkung.

**Sachliche Zuständigkeit (Rechtsweg)**

**Grundsatz:**

Die Sozialgerichte entscheiden ausschließlich über öffentlich-rechtliche Streitigkeiten. Hat beispielsweise eine Krankenkasse eine privatrechtliche Streitigkeit mit einem Lieferanten von Büromöbeln, ist die Sozialgerichtsbarkeit nicht zuständig.

Das Gleiche gilt für Streitigkeiten aus der Anwendung des § 116 SGB X. Hier haben die Sozialversicherungsträger und die Träger der Sozialhilfe das Recht und die Pflicht, zivilrechtliche Forderungen durchzusetzen.

**Beispiel:**

Ein Krankenkassenmitglied erhält Leistungen wie Krankengeld, Krankenhausbehandlung, ärztliche Behandlung, Versorgung mit Arznei- und Heilmitteln usw. auf Kosten einer gesetzlichen Krankenkasse. Die Leistungen sind aber deshalb erforderlich, weil der Versicherte bei einem von ihm nicht verschuldeten Verkehrsunfall schwer verletzt wurde. § 116 SGB X sieht hier einen Übergang des Schadensersatzanspruches des Verletzten auf den Versicherungsträger vor. Ergibt sich daraus die Notwendigkeit der gerichtlichen Durchsetzung von Ansprüchen, so ist die Zivilgerichtsbarkeit zuständig und nicht die Sozialgerichte.

Eine Ausnahme von dem Prinzip, dass nur öffentlich-rechtliche Streitigkeiten vor der Sozialgerichtsbarkeit verhandelt werden können, bestimmt § 51 Abs. 2 SGG. Es geht hier um Streitigkeiten aus dem Wettbewerbsrecht, beispielsweise um Auseinandersetzungen anlässlich von Werbeaktionen einer gesetzlichen Krankenkasse. Nach ausdrücklicher Vorschrift in § 51 Abs. 2 SGG ist hier die Sozialgerichtsbarkeit zuständig.

§ 51 Abs. 1 SGG enthält eine Aufzählung der Rechtsgebiete, für welche die Sozialgerichte zuständig sind:

---

## Zuständigkeit der Sozialgerichte

- Gesetzliche Rentenversicherung; einschließlich: Alterssicherung der Landwirte
- Gesetzliche Krankenversicherung; nicht: Private Krankenversicherung
- Soziale Pflegeversicherung; auch: Private Pflegeversicherung
- Gesetzliche Unfallversicherung; Ausnahme: Streitigkeiten aufgrund der Überwachung von Maßnahmen der Prävention durch die Träger der gesetzlichen Unfallversicherung
- Arbeitsförderung (Arbeitslosenversicherung) und sonstige Aufgaben der Bundesagentur für Arbeit
- Grundsicherung für Arbeitsuchende
- Sonstige Angelegenheiten der Sozialversicherung
- Soziales Entschädigungsrecht; Ausnahme: Kriegsopferfürsorge
- Sozialhilfe; einschließlich: Asylbewerberleistungsgesetz
- Schwerbehindertenrecht
- Entgeltfortzahlungsversicherung
- Streitigkeiten, für die durch Gesetz der Rechtsweg bei den Sozialgerichten eröffnet wurde

---

Streitigkeiten aus der Rentenversicherung sind insbesondere solche, die sich aus der Gewährung oder Nichtgewährung von Rentenleistungen ergeben. Zu nennen sind hier auch Streitigkeiten anlässlich der Beantragung von Rehabilitationsleistungen beziehungsweise von Leistungen zur Teilhabe am Arbeitsleben (berufsfördernde Rehabilitationsmaßnahmen). Es handelt sich dabei in erster Linie um Streitigkeiten aus dem Sechsten Buch Sozialgesetzbuch (SGB VI). Allerdings geht es unter anderem auch um gesondert geregeltes

■ Übergangsrecht für Renten nach den Vorschriften des Beitrittsgebiets.

■ Recht aus dem Gesetz zur Überführung der Ansprüche und Anwartschaften aus Zusatz- und Sonderversorgungssystemen des Beitrittsgebiets.

■ Recht zur Überleitung des Versorgungsausgleichs auf das Beitrittsgebiet.

■ Recht zur Regelung der Wiedergutmachung nationalsozialistischen Unrechts in der Sozialversicherung.

■ Recht des Ausgleichs beruflicher Benachteiligungen für Opfer politischer Verfolgung im Beitrittsgebiet.

■ Recht zur Regelung von Härten im Versorgungsausgleich.

■ Recht über Fremdrenten der Sozialversicherung an Berechtigte in Deutschland.

■ Recht der Vertriebenen und Flüchtlinge.

In der gesetzlichen Krankenversicherung kommt es insbesondere zu Streitigkeiten über die Gewährung von Leistungen, aber auch hinsichtlich der Rechtsverhältnisse der Krankenkassen zu ihren Vertragspartnern, beispielsweise zu Ärzten, Zahnärzten oder Krankenhäusern.

Weitere Streitpunkte sind häufig: Ansprüche aus der Familienversicherung, Recht auf Kostenerstattung anstelle von Sachleistungen, Erkrankung im Ausland sowie die Höhe des Krankenoder Mutterschaftsgeldes.

Darüber hinaus sind folgende Streitgegenstände zu nennen: Belastungsgrenze bei Zuzahlungen, Zuschüsse zum Zahnersatz, Ruhen und Kürzen von Krankengeld, Rehabilitationsmaßnahmen, Ausschluss bestimmter Leistungen, beispielsweise neuer Behandlungsmaßnahmen, zu denen der Gemeinsame Bundesausschuss noch keine positive Stellungnahme abgegeben hat.

Für die private Krankenversicherung (PKV) ist die allgemeine Gerichtsbarkeit zuständig.

In der sozialen Pflegeversicherung geht es insbesondere um die Einstufung in die drei Pflegestufen sowie um die Höhe der Leistungen der Pflegekassen. Streitigkeiten gibt es auch, wenn es um Hilfsmittel der Pflegeversicherung geht sowie um Zuschüsse zur Verbesserung des individuellen Wohnumfeldes des Pflegebedürftigen. Zu Auseinandersetzungen kommt es auch zwischen den Pflegekassen und den Leistungserbringern, etwa privaten Pflegediensten und Pflegeheimen.

Die private Pflegeversicherung läuft zwar über private Versicherungsunternehmen. Da hier aber im Wesentlichen die gleichen Leistungsansprüche bestehen wie in der sozialen Pflegeversicherung, wurde die Sozialgerichtsbarkeit für zuständig erklärt.

Die gesetzliche Unfallversicherung umfasst einen sehr großen Personenkreis, zum Beispiel alle Arbeitnehmer – ohne Rücksicht auf die Höhe des Einkommens. Streitigkeiten, die vor den Gerichten der Sozialgerichtsbarkeit ausgetragen werden, beschäftigen sich insbesondere mit der Frage, ob eine Berufskrankheit vorliegt oder jemand einen Arbeitsunfall – einschließlich Wegeunfall – erlitten hat. Außerdem geht es natürlich um die Höhe einzelner Leistungen, beispielsweise einer Verletzten- oder Hinterbliebenenrente.

Die Arbeitsförderung (Arbeitslosenversicherung) gewährt zahlreiche Leistungen, die immer wieder Gegenstand von Rechtsstreiten sind, insbesondere das Arbeitslosengeld, aber unter anderem auch Kurzarbeitergeld, Zuschüsse der Bundesagentur für Arbeit für Arbeitgeber, weil sie etwa bestimmte Personen einstellen. Dabei geht es auch um das Ruhen des Arbeitslosengeldes wegen einer Sperrzeit, weil der Versicherte etwa seine Beschäftigung selbst aufgegeben hat.

Die Grundsicherung für Arbeitsuchende enthält das Arbeitslosengeld II. Im

Volksmund wird die Grundsicherung auch als Hartz IV bezeichnet.

Die Versicherungspflicht in allen Zweigen der Sozialversicherung ist ebenfalls stets Gegenstand von Rechtsstreiten vor der Sozialgerichtsbarkeit. Das Gleiche gilt hinsichtlich Beitragspflicht und Beitragshöhe. Hier sind oftmals nicht die Versicherten die Kläger, sondern deren Arbeitgeber.

Zu den sonstigen Angelegenheiten der Sozialversicherung gehören beispielsweise Streitigkeiten aus dem Recht der Selbstverwaltung der Sozialversicherungsträger und aus dem Künstlersozialversicherungsgesetz (KSVG). Darin geht es um die Sozialversicherung selbstständiger Künstler und Publizisten.

Beim sozialen Entschädigungsrecht geht es um das Recht von Opfern des Zweiten Weltkrieges. Rechtsgrundlage ist hier in erster Linie das Bundesversorgungsgesetz (BVG). Zu nennen ist aber auch das Opferentschädigungsgesetz (OEG), das die Entschädigung der Opfer von Gewalttaten zum Gegenstand hat. Dieses Gesetz verweist bezüglich der anzusprechenden Leistungen auf das BVG.

Auch die Sozialhilfe ist seit einiger Zeit der Sozialgerichtsbarkeit zugeordnet. Hier spielt die Frage der Hilfebedürftigkeit von Menschen eine besondere Rolle. Rechtsgrundlage für die Sozialhilfe ist das SGB XII.

Beim Schwerbehindertenrecht geht es um Angelegenheiten nach dem Neunten Buch Sozialgesetzbuch (SGB IX). Der zweite Teil dieses Gesetzes behandelt besondere Regelungen zur Teilhabe schwerbehinderter Menschen, sprich das Schwerbehindertenrecht. Dabei geht es auch um die Beschäftigungspflicht der Arbeitgeber sowie um den Kündigungsschutz für schwerbehinderte Menschen.

Die Entgeltfortzahlungsversicherung läuft über die gesetzlichen Krankenkas-

sen. Hier erhalten die Arbeitgeber einen vollständigen Ausgleich für alle Aufwendungen, die sie aufgrund der Schwanger- und Mutterschaft ihrer Arbeitnehmerinnen erbringen müssen. Dabei geht es zum einen um den Arbeitgeberzuschuss zum Mutterschaftsgeld und zum anderen um die Entgeltfortzahlung während eines Arbeitsverbotes. Man spricht an dieser Stelle von der Versicherung U 2. Im Zusammenhang mit der Entgeltfortzahlung an Arbeitnehmer wegen Krankheit erhalten Kleinbetriebe (bis 30 Beschäftigte) einen teilweisen Ausgleich (U 1). Gegenstand von Klagen sind meistens die Beteiligung am Verfahren U 1, die Höhe der von den Arbeitgebern zur Finanzierung der Entgeltfortzahlungsversicherung zu zahlenden Umlagen und die Höhe des Ausgleiches bei der Versicherung U 1.

Durch Gesetz eröffnet sich der Rechtsweg beispielsweise für Streitigkeiten aus folgenden Bereichen:

- Bundeskindergeldgesetz (BKGG)
- Bundeselterngeld- und Elternzeitgesetz (BEEG)
- Bundeserziehungsgeldgesetz (BerzG) – für Kinder, die vor dem 1.1.2007 geboren wurden
- Häftlingshilfegesetz (HHG) – es geht hier um Personen, die aus politischen Gründen außerhalb der Bundesrepublik Deutschland in Gewahrsam genommen wurden
- Soldatenversorgungsgesetz (SVG) – dies betrifft den Sozialrechtsweg in Angelegenheiten wehrdienstbeschädigter Soldaten der Bundeswehr
- Infektionsschutzgesetz (IfSG) – hier geht es beispielsweise um Ansprüche aus Impfschäden.

Die Sozialgerichtsbarkeit ist im Wesentlichen für alle Streitigkeiten aus der Durchsetzung der sozialen Rechte zuständig:

Für die im Schaubild auf Seite 34 erwähnte Kinder- und Jugendhilfe (Achtes Buch Sozialgesetzbuch, SGB VIII)

## Soziale Rechte

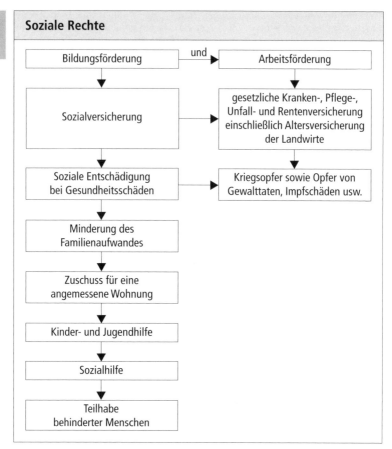

sind allerdings die Verwaltungsgerichte zuständig.

### Beteiligte am Sozialgerichtsverfahren

Beteiligte am Verfahren sind:

■ der Kläger

■ der Beklagte

■ der Beigeladene.

Beim Kläger handelt es sich in der Regel um einen Bürger, beispielsweise um einen Versicherten der gesetzlichen Sozialversicherung oder um einen Hilfebedürftigen. Kläger kann natürlich auch ein Arbeitgeber sein, der sich gegen eine seiner Ansicht nach zu hohe Beitragsrechnung zur Wehr setzt.

Beklagter ist in der Regel eine Behörde, etwa ein Sozialversicherungträger, ein Träger der Kriegsopferversorgung (Versorgungsamt) oder ein Sozialhilfeträger.

Bezüglich der Beiladung ist § 75 SGG zu beachten; dabei wird zwischen der einfachen Beiladung und der notwendigen Beiladung unterschieden.

Zunächst wird bestimmt, dass das Gericht von Amts wegen oder auf Antrag Dritter jemand beiladen kann, dessen berechtigte Interessen durch die Entscheidung berührt werden. In Angelegenheiten des sozialen Entschädigungsrechts ist auf Antrag die Bundesrepublik Deutschland beizuladen.

**Wichtig:** Sind an dem streitigen Rechtsverhältnis Dritte derart beteiligt, dass die Entscheidung auch ihnen gegenüber nur einheitlich ergehen kann, sind diese beizuladen (notwendige Beiladung). Das gilt auch dann, wenn sich im Laufe des Verfahrens ergibt, dass bei der Ablehnung des Anspruchs ein anderer Versicherungsträger, ein Träger der Grundsicherung für Arbeitsuchende, ein Träger der Sozialhilfe oder in Angelegenheiten des sozialen Entschädigungsrechts ein Land als leistungspflichtig in Betracht kommt.

Ein Gerichtsbeschluss über eine Beiladung ist unanfechtbar.

Der Beigeladene kann im Rahmen der Anträge der anderen Beteiligten selbstständig Angriffs- und Verteidigungsmittel geltend machen sowie alle Verfahrenshandlungen wirksam vornehmen. Abweichende Sachanträge kann er allerdings nur stellen, sofern eine notwendige Beiladung vorliegt.

§ 70 SGG beschäftigt sich mit der Beteiligungsfähigkeit. Insbesondere natürliche Personen sind fähig, am Verfahren beteiligt zu sein. Allerdings ist ein Beteiligter nur dann prozessfähig, wenn er sich durch Verträge verpflichten kann, sprich geschäftsfähig ist (§ 71 SGG).

In der Sozialgerichtsbarkeit sind Minderjährige in eigener Sache prozessfähig, sofern sie geschäftsfähig sind, zum Beispiel im Rahmen eines Ausbildungs- oder Arbeitsverhältnisses.

Für rechtsfähige und nichtrechtsfähige Personenvereinigungen sowie für Behörden handeln deren gesetzliche Vertreter, Vorstände oder besondere Beauftragte.

Für einen nicht prozessfähigen Beteiligten ohne gesetzlichen Vertreter kann der Vorsitzende (der Kammer beziehungsweise des Senats) bis zum Eintritt eines Vormunds, Betreuers oder Pflegers für das Verfahren einen besonderen Vertreter bestellen. Diesem stehen alle Rechte zu – mit Ausnahme des Empfangs von Zahlungen.

Im Übrigen ist die Bestellung eines besonderen Vertreters auch dann zulässig, wenn der Aufenthaltsort eines Beteiligten oder seines gesetzlichen Vertreters vom Sitz des Gerichts weit entfernt ist. Allerdings ist dies nur mit Zustimmung des Beteiligten oder seines gesetzlichen Vertreters möglich.

In jeder Lage des Verfahrens können sich die Beteiligten durch prozessfähige Bevollmächtigte vertreten lassen. Personen, die als ärztliche Gutachter für Beteiligte tätig gewesen sind, können in diesem Verfahren nicht als Bevollmächtigte auftreten.

### Klagearten

§ 54 SGG beschäftigt sich mit dem Gegenstand der Klage. Die wesentlichen Klagearten der Sozialgerichtsbarkeit sind:

- Anfechtungsklage
- Verpflichtungsklage
- Leistungsklage
- Feststellungsklage.

Durch die Anfechtungsklage kann Folgendes begehrt werden:

- die Aufhebung oder Abänderung eines Verwaltungsaktes
- die Verurteilung zum Erlass eines abgelehnten oder unterlassenen Verwaltungsaktes.

Die Klage ist bereits dann zulässig, wenn der Kläger behauptet, durch den Verwaltungsakt beziehungsweise durch

**1**

die Ablehnung oder Unterlassung eines Verwaltungsaktes beschwert zu sein.

Geht es um eine Klage auf Erlass eines abgelehnten oder unterlassenen Verwaltungsaktes, spricht man von der Verpflichtungsklage. Diese Klageart wird auch als Untätigkeitsklage bezeichnet (der Leistungsträger war untätig).

Bezüglich des Verwaltungsaktes beachten Sie bitte die Ausführungen ab Seite 10.

Die Leistungsklage will ein Tun, Dulden oder Unterlassen des Leistungsträgers erreichen. Oftmals werden Anfechtungs- und Leistungsklagen miteinander kombiniert (beachten Sie dazu die folgenden Ausführungen).

Die Feststellungsklage wird in § 55 SGG behandelt. Demzufolge kann mit der Klage Folgendes begehrt werden:

- die Feststellung des Bestehens oder Nichtbestehens eines Rechtsverhältnisses
- die Feststellung, welcher Versicherungsträger der Sozialversicherung zuständig ist
- die Feststellung, ob eine Gesundheitsstörung oder der Tod die Folge eines Arbeitsunfalls, einer Berufskrankheit oder einer Schädigung im Sinne des BVG ist
- die Feststellung der Nichtigkeit eines Verwaltungsaktes.

**Wichtig:** Der Kläger muss ein Interesse an der baldigen Feststellung haben.

Zur Feststellung des Bestehens oder Nichtbestehens eines Rechtsverhältnisses gehört auch die Feststellung, in welchem Umfang Beiträge zu berechnen oder anzurechnen sind.

Mehrere Klagebegehren können vom Kläger zu einer Klage zusammengefasst werden (§ 56 SGG). Das gilt allerdings nur, wenn diese sich gegen denselben Beklagten richten, miteinander im Zusammenhang stehen und jeweils dasselbe Gericht zuständig ist.

**Besonders wichtig:** Der Kläger muss in seiner Klage oder der Klagebegründung nicht die Klage mit ihrer offiziellen Bezeichnung anführen. Es genügt, wenn er zum Ausdruck bringt, dass und warum er beschwert ist. Es muss eine Beschwerung des Klägers ersichtlich sein. Eine solche Beschwerung führt zum Rechtsschutzbedürfnis und damit zum Recht, eine Klage einzureichen.

**Kosten**

§ 183 SGG sieht die Kostenfreiheit des Verfahrens vor den Sozialgerichten vor. Diese Kostenfreiheit gilt aber nur für:

- Versicherte
- Leistungsempfänger einschließlich Hinterbliebenenleistungsempfänger
- behinderte Menschen oder deren Sonderrechtsnachfolger.

Die Kostenfreiheit bezieht sich auf die Eigenschaft der betroffenen Personen als Kläger oder Beklagte. Letzteres ist die Ausnahme. Es sind eigentlich immer die Bürger, die durch Handlungen, also Verwaltungsakte der Leistungsträger, in irgendeiner Weise belastet werden und sich dagegen wehren. Somit sind die Bürger dann auch die Kläger.

Die Kostenfreiheit in der Sozialgerichtsbarkeit ist seit längerer Zeit umstritten. Immer wieder wird die Befürchtung zum Ausdruck gebracht, die Kostenfreiheit sei ein Anreiz zur „schnellen" Klageerhebung. Mit anderen Worten: Die Kritiker der Kostenfreiheit sind der Meinung, dass deren Abschaffung die Zahl der Klagen vor den Sozialgerichten entschieden eindämmen würde. Diese Argumentation hat sich bisher nicht durchsetzen können. Allerdings gibt es in diesem Zusammenhang immer noch Überlegungen und Untersuchungen.

Leistungsträger wie Krankenkassen, Rentenversicherungsträger, Sozialämter, aber auch die Bundesagentur für Arbeit profitieren nicht von der

**1**

Kostenfreiheit. Sie haben vielmehr für jede Streitsache eine Gebühr zu entrichten (§ 184 SGG). Es handelt sich hier um Pauschalbeträge, die in Bezug auf die drei Instanzen unterschiedlich hoch sind.

§ 191 SGG sieht eine Aufwandsentschädigung für Beteiligte vor. Wurde das persönliche Erscheinen eines Beteiligten angeordnet, so werden ihm auf Antrag bare Auslagen und Zeitverlust wie einem Zeugen vergütet. Diese können auch dann vergütet werden, wenn er ohne Anordnung erscheint und das Gericht sein Erscheinen für geboten hält.

Allerdings ist die Kostenfreiheit nicht unbeschränkt. § 192 SGG sieht in diesem Zusammenhang Verschuldenskosten vor. Das Gericht kann nämlich im Urteil oder, wenn das Verfahren anders beendet wird, durch Beschluss einem Beteiligten die Kosten ganz oder teilweise auferlegen. Es handelt sich dabei um solche Kosten, die durch den Beteiligten verursacht wurden. Beispielsweise gilt dies dann, wenn durch Verschulden des Beteiligten die Vertagung einer mündlichen Verhandlung oder die Anberaumung eines neuen Termins zur mündlichen Verhandlung notwendig geworden ist.

Es wird hier allgemein von Mutwillenskosten gesprochen. Insbesondere werden dabei auch solche Fälle angesprochen, in denen der Rechtsstreit weitergeführt wird, obwohl vom Vorsitzenden in einem Termin die Missbräuchlichkeit der Rechtsverfolgung oder -verteidigung dargelegt worden ist. Der Beteiligte muss auch auf die Möglichkeit der Kostenauferlegung bei Fortführung des Rechtsstreits hingewiesen worden sein.

Dem Beteiligten steht in dieser Sache sein Vertreter oder Bevollmächtigter gleich.

Im Übrigen hat das Gericht im Urteil zu entscheiden, ob und in welchem Umfang die Beteiligten einander Kosten zu erstatten haben. Hier geht es insbesondere darum, ob ein Versicherungsträger dem (klagenden) Versicherten die Kosten eines Rechtsanwaltes zu erstatten hat. Von entscheidender Bedeutung ist natürlich die Frage, ob die Kosten notwendig waren. Dabei ist zu beachten, dass die gesetzliche Vergütung eines Rechtsanwalts oder Rechtsbeistands stets erstattungsfähig ist.

Es handelt sich hier immer um außergerichtliche Kosten. Dazu gehören auch die Kosten des Vorverfahrens (Widerspruchsverfahren; beachten Sie dazu bitte die Ausführungen ab Seite 11).

**Beispiel:**

Es können unter anderem folgende Kosten anfallen:

- Reisekosten zu einem Termin
- Verdienstausfall bei notwendigen Reisen
- Kosten der Vorbereitung des Rechtsstreites, etwa für die Urkundenbeschaffung
- Anwaltskosten (beachten Sie bitte die obigen Ausführungen).

Auf Antrag der Beteiligten oder ihrer Bevollmächtigten setzt der Urkundsbeamte des Gerichts der ersten Instanz den Betrag der zu erstattenden Kosten fest (§ 197 SGG).

Gegen die Entscheidung des Urkundsbeamten der Geschäftsstelle kann binnen eines Monats nach Bekanntgabe das Gericht angerufen werden, welches dann endgültig entscheidet.

**Vollstreckung**

Wird jemand beispielsweise dazu verpflichtet, Leistungen zurückzuzahlen, kann der zuständige Leistungsträger die Vollstreckung einleiten, sobald das Urteil rechtskräftig geworden ist.

Soll zugunsten eines Klägers (Bürgers) vollstreckt werden, gelten die Vorschriften der Zivilprozessordnung (ZPO) entsprechend (§ 198 ZPO). Maßgebend ist hier das Achte Buch der

**1**

ZPO, wobei zu beachten ist, dass die Vorschriften über die vorläufige Vollstreckbarkeit nicht anzuwenden sind. Den Originaltext des Achten Buches der ZPO finden Sie ab Seite 87.

Das SGG erklärt in verschiedenen Paragrafen noch weitere Vorschriften der ZPO für anwendbar. Aus Platzgründen ist es aber nicht möglich, all diese Vorschriften abzudrucken.

**Wichtig:** § 202 SGG schreibt allgemein die Anwendung der Vorschriften der ZPO vor, soweit das SGG keine Bestimmungen über das Verfahren enthält.

2

# Sozialgerichtsgesetz
## (SGG)

**in der Fassung der Bekanntmachung
vom 23. September 1975 (BGBl. I S. 2535)**

Zuletzt geändert durch
Gesetz zur Änderung des Sozialgerichtsgesetzes und des Arbeitsgerichtsgesetzes
vom 26. März 2008 (BGBl. I S. 444)

**2**

## Inhaltsübersicht

**2**

**2**

**2**

# Erster Teil
# Gerichtsverfassung

### Erster Abschnitt
### Gerichtsbarkeit und Richteramt

### § 1 (Besondere Verwaltungsgerichte)

Die Sozialgerichtsbarkeit wird durch unabhängige, von den Verwaltungsbehörden getrennte, besondere Verwaltungsgerichte ausgeübt. Sie kann nach Maßgabe des Fünften Abschnitts auch durch besondere Spruchkörper der Verwaltungsgerichte und Oberverwaltungsgerichte ausgeübt werden.

### § 2 (Die Gerichte)

Als Gerichte der Sozialgerichtsbarkeit werden in den Ländern Sozialgerichte und Landessozialgerichte, im Bund das Bundessozialgericht errichtet.

### § 3 (Besetzung der Gerichte)

Die Gerichte der Sozialgerichtsbarkeit werden mit Berufsrichtern und ehrenamtlichen Richtern besetzt.

### § 4 (Geschäftsstelle)

Bei jedem Gericht wird eine Geschäftsstelle eingerichtet, die mit der erforderlichen Zahl von Urkundsbeamten besetzt wird. Das Nähere bestimmen für das Bundessozialgericht das Bundesministerium für Arbeit und Soziales, für die Sozialgerichte und Landessozialgerichte die nach Landesrecht zuständigen Stellen.

### § 5 (Rechts- und Amtshilfe)

(1) Alle Gerichte, Verwaltungsbehörden und Organe der Versicherungsträger leisten den Gerichten der Sozialgerichtsbarkeit Rechts- und Amtshilfe.

(2) Das Ersuchen an ein Sozialgericht um Rechtshilfe ist an das Sozialgericht zu richten, in dessen Bezirk die Amtshandlung vorgenommen werden soll. Das Ersuchen ist durch den Vorsitzenden einer Kammer durchzuführen. Ist die Amtshandlung außerhalb des Sitzes des ersuchten Sozialgerichts vorzunehmen, so kann dieses Gericht das Amts-

gericht um die Vornahme der Rechtshilfe ersuchen.

(3) Die §§ 158 bis 160, 164 bis 166, 168 des Gerichtsverfassungsgesetzes gelten entsprechend.

### § 6 (Geschäftsverteilung)

Für die Gerichte der Sozialgerichtsbarkeit gelten die Vorschriften des Zweiten Titels des Gerichtsverfassungsgesetzes nach Maßgabe der folgenden Vorschriften entsprechend:

1. Das Präsidium teilt die ehrenamtlichen Richter im voraus für jedes Geschäftsjahr, mindestens für ein Vierteljahr, einem oder mehreren Spruchkörpern zu, stellt die Reihenfolge fest, in der sie zu den Verhandlungen heranzuziehen sind, und regelt die Vertretung für den Fall der Verhinderung. Von der Reihenfolge darf nur aus besonderen Gründen abgewichen werden; die Gründe sind aktenkundig zu machen.

2. Den Vorsitz in den Kammern der Sozialgerichte führen die Berufsrichter.

### Zweiter Abschnitt
### Sozialgerichte

### § 7 (Organisation der Sozialgerichte)

(1) Die Sozialgerichte werden als Landesgerichte errichtet. Die Errichtung und Aufhebung eines Gerichts und die Verlegung eines Gerichtssitzes werden durch Gesetz angeordnet. Änderungen in der Abgrenzung der Gerichtsbezirke können auch durch Rechtsverordnung bestimmt werden. Die Landesregierung oder die von ihr beauftragte Stelle kann anordnen, daß außerhalb des Sitzes eines Sozialgerichts Zweigstellen errichtet werden.

(2) Mehrere Länder können gemeinsame Sozialgerichte errichten oder die Ausdehnung von Gerichtsbezirken über die Landesgrenzen hinaus vereinbaren.

(3) Wird ein Sozialgericht aufgehoben oder wird die Abgrenzung der Gerichtsbezirke geändert, so kann durch Landesgesetz bestimmt werden, daß die bei dem aufgehobenen Gericht oder bei dem von der Änderung in der Abgrenzung der Gerichtsbezirke

betroffenen Gericht rechtshängigen Streitsachen auf ein anderes Sozialgericht übergehen.

### § 8 (Funktionelle Zuständigkeit der Sozialgerichte)

Die Sozialgerichte entscheiden, soweit durch Gesetz nichts anderes bestimmt ist, im ersten Rechtszug über alle Streitigkeiten, für die der Rechtsweg vor den Gerichten der Sozialgerichtsbarkeit offensteht.

### § 9 (Besetzung der Sozialgerichte und Dienstaufsicht)

(1) Das Sozialgericht besteht aus der erforderlichen Zahl von Berufsrichtern als Vorsitzenden und aus den ehrenamtlichen Richtern.

(2) Die für die allgemeine Dienstaufsicht und die sonstigen Geschäfte der Gerichtsverwaltung zuständige Stelle wird durch Landesrecht bestimmt.

### § 10 (Gliederung der SG)

(1) Bei den Sozialgerichten werden Kammern für Angelegenheiten der Sozialversicherung, der Arbeitsförderung einschließlich der übrigen Aufgaben der Bundesagentur für Arbeit, für Angelegenheiten der Grundsicherung für Arbeitsuchende, für Angelegenheiten der Sozialhilfe und des Asylbewerberleistungsgesetzes sowie für Angelegenheiten des sozialen Entschädigungsrechts (Recht der sozialen Entschädigung bei Gesundheitsschäden) und des Schwerbehindertenrechts gebildet. Für Angelegenheiten der Knappschaftsversicherung einschließlich der Unfallversicherung für den Bergbau können eigene Kammern gebildet werden.

(2) Für Streitigkeiten aufgrund der Beziehungen zwischen Krankenkassen und Vertragsärzten, Psychotherapeuten, Vertragszahnärzten (Vertragsarztrecht) einschließlich ihrer Vereinigungen und Verbände sind eigene Kammern zu bilden.

(3) Der Bezirk einer Kammer kann auf Bezirke anderer Sozialgerichte erstreckt werden. Die beteiligten Länder können die Ausdehnung des Bezirks einer Kammer auf das Gebiet oder Gebietsteile mehrerer Länder vereinbaren.

### § 11 (Ernennung der Berufsrichter)

(1) Die Berufsrichter werden nach Maßgabe des Landesrechts nach Beratung mit einem für den Bezirk des Landessozialgerichts zu bildenden Ausschuß auf Lebenszeit ernannt.

(2) Der Ausschuß ist von der nach Landesrecht zuständigen Stelle zu errichten. Ihm sollen in angemessenem Verhältnis Vertreter der Versicherten, der Arbeitgeber, der Versorgungsberechtigten und der mit dem sozialen Entschädigungsrecht oder der Teilhabe behinderter Menschen vertrauten Personen sowie der Sozialgerichtsbarkeit angehören.

(3) Bei den Sozialgerichten können Richter auf Probe und Richter kraft Auftrags verwendet werden.

(4) Bei dem Sozialgericht und bei dem Landessozialgericht können auf Lebenszeit ernannte Richter anderer Gerichte für eine bestimmte Zeit von mindestens zwei Jahren, längstens jedoch für die Dauer ihres Hauptamts, zu Richtern im Nebenamt ernannt werden.

### § 12 (Besetzung der Kammern)

(1) Jede Kammer des Sozialgerichts wird in der Besetzung mit einem Vorsitzenden und zwei ehrenamtlichen Richtern als Beisitzern tätig. Bei Beschlüssen außerhalb der mündlichen Verhandlung und bei Gerichtsbescheiden wirken die ehrenamtlichen Richter nicht mit.

(2) In den Kammern für Angelegenheiten der Sozialversicherung gehört je ein ehrenamtlicher Richter dem Kreis der Versicherten und der Arbeitgeber an. Sind für Angelegenheiten einzelner Zweige der Sozialversicherung eigene Kammern gebildet, so sollen die ehrenamtlichen Richter dieser Kammern an dem jeweiligen Versicherungszweig beteiligt sein.

(3) In den Kammern für Angelegenheiten des Vertragsarztrechts wirken je ein ehrenamtlicher Richter aus den Kreisen der Krankenkassen und der Vertragsärzte und Psychotherapeuten mit. In Angelegenheiten der Vertragsärzte, Vertragszahnärzte und Psychotherapeuten wirken als ehrenamtliche Richter nur Vertragsärzte, Vertragszahnärzte und Psychotherapeuten mit.

**2**

(4) In den Kammern für Angelegenheiten des sozialen Entschädigungsrechts und des Schwerbehindertenrechts wirken je ein ehrenamtlicher Richter aus dem Kreis der mit dem sozialen Entschädigungsrecht oder dem Recht der Teilhabe behinderter Menschen vertrauten Personen und dem Kreis der Versorgungsberechtigten, der behinderten Menschen im Sinne des Neunten Buches Sozialgesetzbuch und der Versicherten mit; dabei sollen Hinterbliebene von Versorgungsberechtigten in angemessener Zahl beteiligt werden.

(5) In den Kammern für Angelegenheiten der Grundsicherung für Arbeitsuchende einschließlich der Streitigkeiten aufgrund § 6a des Bundeskindergeldgesetzes und der Arbeitsförderung wirken ehrenamtliche Richter aus den Vorschlagslisten der Arbeitnehmer und der Arbeitgeber mit. In den Kammern für Angelegenheiten der Sozialhilfe und des Asylbewerberleistungsgesetzes wirken ehrenamtliche Richter aus den Vorschlagslisten der Kreise und der kreisfreien Städte mit.

### § 13 (Berufung der ehrenamtlichen Richter)

(1) Die ehrenamtlichen Richter werden von der nach Landesrecht zuständigen Stelle aufgrund von Vorschlagslisten (§ 14) für fünf Jahre berufen; sie sind in angemessenem Verhältnis unter billiger Berücksichtigung der Minderheiten aus den Vorschlagslisten zu entnehmen. Die zuständige Stelle kann eine Ergänzung der Vorschlagslisten verlangen.

(2) Die Landesregierungen werden ermächtigt, durch Rechtsverordnung eine einheitliche Amtsperiode festzulegen; sie können diese Ermächtigung durch Rechtsverordnung auf die jeweils zuständige oberste Landesbehörde übertragen. Wird eine einheitliche Amtsperiode festgelegt, endet die Amtszeit der ehrenamtlichen Richter ohne Rücksicht auf den Zeitpunkt ihrer Berufung mit dem Ende der laufenden Amtsperiode.

(3) Die ehrenamtlichen Richter bleiben nach Ablauf ihrer Amtszeit im Amt, bis ihre Nachfolger berufen sind. Erneute Berufung ist zulässig. Bei vorübergehendem Bedarf kann die nach Landesrecht zuständige Stelle weitere

ehrenamtliche Richter nur für ein Jahr berufen.

(4) Die Zahl der ehrenamtlichen Richter, die für die Kammern für Angelegenheiten der Sozialversicherung, der Arbeitsförderung, der Grundsicherung für Arbeitsuchende, der Sozialhilfe und des Asylbewerberleistungsgesetzes, des sozialen Entschädigungsrechts und des Schwerbehindertenrechts zu berufen sind, bestimmt sich nach Landesrecht; die Zahl der ehrenamtlichen Richter für die Kammern für Angelegenheiten der Knappschaftsversicherung und für Angelegenheiten des Vertragsarztrechts ist je besonders festzusetzen.

(5) Bei der Berufung der ehrenamtlichen Richter für die Kammern für Angelegenheiten der Sozialversicherung ist auf ein angemessenes Verhältnis zu der Zahl der im Gerichtsbezirk ansässigen Versicherten der einzelnen Versicherungszweige Rücksicht zu nehmen.

(6) Die ehrenamtlichen Richter für die Kammern für Angelegenheiten des sozialen Entschädigungsrechts und des Schwerbehindertenrechts sind in angemessenem Verhältnis zu der Zahl der von den Vorschlagsberechtigten vertretenen Versorgungsberechtigten, behinderten Menschen im Sinne des Neunten Buches Sozialgesetzbuch und Versicherten zu berufen.

### § 14 (Aufstellung von Vorschlagslisten für ehrenamtliche Richter)

(1) Die Vorschlagslisten für die ehrenamtlichen Richter, die in den Kammern für Angelegenheiten der Sozialversicherung mitwirken, werden aus dem Kreis der Versicherten von den Gewerkschaften, von selbständigen Vereinigungen von Arbeitnehmern mit sozial- oder berufspolitischer Zwecksetzung und von den in Absatz 3 Satz 2 genannten Vereinigungen sowie aus dem Kreis der Arbeitgeber von Vereinigungen von Arbeitgebern und den in § 16 Abs. 4 Nr. 3 bezeichneten obersten Bundes- oder Landesbehörden aufgestellt.

(2) Die Vorschlagslisten für die ehrenamtlichen Richter, die in den Kammern für Angelegenheiten des Vertragsarztrechts mitwirken, werden nach Bezirken von den Kassenärztlichen und Kassenzahnärztlichen Vereinigun-

gen und von den Zusammenschlüssen der Krankenkassen aufgestellt.

(3) Für die Kammern für Angelegenheiten des sozialen Entschädigungsrechts und des Schwerbehindertenrechts werden die Vorschlagslisten für die mit dem sozialen Entschädigungsrecht oder dem Recht der Teilhabe behinderter Menschen vertrauten Personen von den Landesversorgungsämtern oder den Stellen, denen deren Aufgaben übertragen worden sind, aufgestellt. Die Vorschlagslisten für die Versorgungsberechtigten, die behinderten Menschen und die Versicherten werden aufgestellt von den im Gerichtsbezirk vertretenen Vereinigungen, deren satzungsgemäße Aufgaben die gemeinschaftliche Interessenvertretung, die Beratung und Vertretung der Leistungsempfänger nach dem sozialen Entschädigungsrecht oder der behinderten Menschen wesentlich umfassen und die unter Berücksichtigung von Art und Umfang ihrer bisherigen Tätigkeit sowie ihres Mitgliederkreises die Gewähr für eine sachkundige Erfüllung dieser Aufgaben bieten. Vorschlagsberechtigt nach Satz 2 sind auch die Gewerkschaften und selbständige Vereinigungen von Arbeitnehmern mit sozial- oder berufspolitischer Zwecksetzung.

(4) Die Vorschlagslisten für die ehrenamtlichen Richter, die in den Kammern für Angelegenheiten der Grundsicherung für Arbeitsuchende einschließlich der Streitigkeiten aufgrund § 6a des Bundeskindergeldgesetzes und der Arbeitsförderung mitwirken, werden von den in Absatz 1 Genannten aufgestellt.

(5) Die Vorschlagslisten für die ehrenamtlichen Richter, die in den Kammern für Angelegenheiten der Sozialhilfe und des Asylbewerberleistungsgesetzes mitwirken, werden von den Kreisen und den kreisfreien Städten aufgestellt.

## § 15 (weggefallen)

## § 16 (Eignung zum ehrenamtlichen Richter)

(1) Das Amt des ehrenamtlichen Richters am Sozialgericht kann nur ausüben, wer Deutscher ist und das fünfundzwanzigste Lebensjahr vollendet hat.

(2) Die ehrenamtlichen Richter in den Kammern für Angelegenheiten der Sozialversicherung und der Arbeitsförderung können nur Versicherte und Arbeitgeber sein.

(3) Ehrenamtlicher Richter aus Kreisen der Versicherten kann auch sein, wer arbeitslos ist oder Rente aus eigener Versicherung bezieht. Ehrenamtlicher Richter aus den Kreisen der Arbeitnehmer kann auch sein, wer arbeitslos ist. Ehrenamtlicher Richter aus Kreisen der Arbeitgeber kann auch sein, wer vorübergehend oder zu gewissen Zeiten des Jahres keine Arbeitnehmer beschäftigt.

(4) Ehrenamtliche Richter aus Kreisen der Arbeitgeber können sein

1. Personen, die regelmäßig mindestens einen versicherungspflichtigen Arbeitnehmer beschäftigen; ist ein Arbeitgeber zugleich Versicherter oder bezieht er eine Rente aus eigener Versicherung, so begründet die Beschäftigung einer Hausgehilfin oder Hausangestellten nicht die Arbeitgebereigenschaft im Sinne dieser Vorschrift;

2. bei Betrieben einer juristischen Person oder einer Personengesamtheit Personen, die kraft Gesetzes, Satzung oder Gesellschaftsvertrags allein oder als Mitglieder des Vertretungsorgans zur Vertretung der juristischen Person oder der Personengesamtheit berufen sind;

3. Beamte und Angestellte des Bundes, der Länder, der Gemeinden und Gemeindeverbände sowie bei anderen Körperschaften, Anstalten und Stiftungen des öffentlichen Rechts nach näherer Anordnung der zuständigen obersten Bundes- oder Landesbehörde;

4. Personen, denen Prokura oder Generalvollmacht erteilt ist sowie leitende Angestellte;

5. Mitglieder und Angestellte von Vereinigungen von Arbeitgebern sowie Vorstandsmitglieder und Angestellte von Zusammenschlüssen solcher Vereinigungen, wenn diese Personen kraft Satzung oder Vollmacht zur Vertretung befugt sind.

(5) Bei Sozialgerichten, in deren Bezirk wesentliche Teile der Bevölkerung in der Seeschiffahrt beschäftigt sind, können ehrenamt-

liche Richter aus dem Kreis der Versicherten auch befahrene Schiffahrtskundige sein, die nicht Reeder, Reedereileiter (Korrespondentreeder, §§ 492 bis 499 des Handelsgesetzbuchs) oder Bevollmächtigte sind.

(6) Die ehrenamtlichen Richter sollen im Bezirk des Sozialgerichts wohnen oder ihren Betriebssitz haben oder beschäftigt sein.

### § 17 (Gesetzliche Ausschließungsgründe)

(1) Vom Amt des ehrenamtlichen Richters am Sozialgericht ist ausgeschlossen,

1. wer infolge Richterspruchs die Fähigkeit zur Bekleidung öffentlicher Ämter nicht besitzt oder wegen einer vorsätzlichen Tat zu einer Freiheitsstrafe von mehr als sechs Monaten verurteilt worden ist,

2. wer wegen einer Tat angeklagt ist, die den Verlust der Fähigkeit zur Bekleidung öffentlicher Ämter zur Folge haben kann,

3. wer das Wahlrecht zum Deutschen Bundestag nicht besitzt.

Personen, die in Vermögensverfall geraten sind, sollen nicht zu ehrenamtlichen Richtern berufen werden.

(2) Mitglieder der Vorstände von Trägern und Verbänden der Sozialversicherung, der Kassenärztlichen (Kassenzahnärztlichen) Vereinigungen und der Bundesagentur für Arbeit können nicht ehrenamtliche Richter sein. Davon unberührt bleibt die Regelung in Absatz 4.

(3) Die Bediensteten der Träger und Verbände der Sozialversicherung, der Kassenärztlichen (Kassenzahnärztlichen) Vereinigungen, der Dienststellen der Bundesagentur für Arbeit und der Kreise und kreisfreien Städte können nicht ehrenamtliche Richter in der Kammer sein, die über Streitigkeiten aus ihrem Arbeitsgebiet entscheidet.

(4) Mitglieder der Vorstände sowie leitende Beschäftigte bei den Kranken- und Pflegekassen und ihren Verbänden sowie Geschäftsführer und deren Stellvertreter bei den Kassenärztlichen (Kassenzahnärztlichen) Vereinigungen sind als ehrenamtliche Richter in den Kammern für Angelegenheiten des Vertragsarztrechts nicht ausgeschlossen.

(5) Das Amt des ehrenamtlichen Richters am Sozialgericht, der zum ehrenamtlichen Richter in einem höheren Rechtszug der Sozialgerichtsbarkeit berufen wird, endet mit der Berufung in das andere Amt.

### § 18 (Weigerungsrecht)

(1) Die Übernahme des Amtes als ehrenamtlicher Richter kann nur ablehnen,

1. wer die Regelaltersgrenze nach dem Sechsten Buch Sozialgesetzbuch erreicht hat,

2. wer in den zehn der Berufung vorhergehenden Jahren als ehrenamtlicher Richter bei einem Gericht der Sozialgerichtsbarkeit tätig gewesen ist,

3. wer durch ehrenamtliche Tätigkeit für die Allgemeinheit so in Anspruch genommen ist, daß ihm die Übernahme des Amtes nicht zugemutet werden kann,

4. wer aus gesundheitlichen Gründen verhindert ist, das Amt ordnungsmäßig auszuüben,

5. wer glaubhaft macht, daß wichtige Gründe ihm die Ausübung des Amtes in besonderem Maße erschweren.

(2) Ablehnungsgründe sind nur zu berücksichtigen, wenn sie innerhalb von zwei Wochen, nachdem der ehrenamtliche Richter von seiner Berufung in Kenntnis gesetzt worden ist, von ihm geltend gemacht werden.

(3) Der ehrenamtliche Richter kann auf Antrag aus dem Amt entlassen werden, wenn einer der in Absatz 1 Nr. 3 bis 5 bezeichneten Gründe nachträglich eintritt. Eines Antrages bedarf es nicht, wenn der ehrenamtliche Richter seinen Wohnsitz aus dem Bezirk des Sozialgerichts verlegt und seine Heranziehung zu den Sitzungen dadurch wesentlich erschwert wird.

(4) Über die Berechtigung zur Ablehnung des Amtes oder über die Entlassung aus dem Amt entscheidet die vom Präsidium für jedes Geschäftsjahr im voraus bestimmte Kammer endgültig.

## § 19 (Rechte des ehrenamtlichen Richters)

(1) Der ehrenamtliche Richter übt sein Amt mit gleichen Rechten wie der Berufsrichter aus.

(2) Die ehrenamtlichen Richter erhalten eine Entschädigung nach dem Justizvergütungs- und -entschädigungsgesetz.

## § 20 (Schutz des ehrenamtlichen Richters)

(1) Der ehrenamtliche Richter darf in der Übernahme oder Ausübung des Amtes nicht beschränkt oder wegen der Übernahme oder Ausübung des Amtes nicht benachteiligt werden.

(2) Wer einen anderen in der Übernahme oder Ausübung seines Amtes als ehrenamtlicher Richter beschränkt oder wegen der Übernahme oder Ausübung des Amtes benachteiligt, wird mit Freiheitsstrafe bis zu einem Jahr oder mit Geldstrafe bestraft.

## § 21 (Ordnungsgeld gegen ehrenamtliche Richter)

Der Vorsitzende kann gegen einen ehrenamtlichen Richter, der sich der Erfüllung seiner Pflichten entzieht, insbesondere ohne genügende Entschuldigung nicht oder nicht rechtzeitig zu den Sitzungen erscheint, durch Beschluß ein Ordnungsgeld festsetzen und ihm die durch sein Verhalten verursachten Kosten auferlegen. Bei nachträglicher genügender Entschuldigung ist der Beschluß aufzuheben oder zu ändern. Gegen den Beschluß ist Beschwerde zulässig. Über die Beschwerde entscheidet die durch das Präsidium für jedes Geschäftsjahr im voraus bestimmte Kammer des Sozialgerichts endgültig. Vor der Entscheidung ist der ehrenamtliche Richter zu hören.

## § 22 (Amtsentbindung eines ehrenamtlichen Richters)

(1) Der ehrenamtliche Richter ist von seinem Amt zu entbinden, wenn das Berufungsverfahren fehlerhaft war oder das Fehlen einer Voraussetzung für seine Berufung oder der Eintritt eines Ausschließungsgrundes bekannt wird. Er ist seines Amtes zu entheben, wenn er seine Amtspflichten grob verletzt. Er kann von seinem Amt entbunden werden, wenn eine Voraussetzung für seine Berufung im Laufe seiner Amtszeit wegfällt. Soweit die Voraussetzungen für eine Amtsentbindung vorliegen, liegt in ihrer Nichtdurchführung kein die Zurückverweisung oder Revision begründender Verfahrensmangel.

(2) Die Entscheidung trifft die vom Präsidium für jedes Geschäftsjahr im Voraus bestimmte Kammer. Vor der Entscheidung ist der ehrenamtliche Richter zu hören. Die Entscheidung ist unanfechtbar.

(3) Die nach Absatz 2 Satz 1 zuständige Kammer kann anordnen, dass der ehrenamtliche Richter bis zur Entscheidung über die Amtsentbindung oder Amtsenthebung nicht heranzuziehen ist. Die Anordnung ist unanfechtbar.

## § 23 (Bildung und Funktion des Ausschusses der ehrenamtlichen Richter)

(1) Bei jedem Sozialgericht wird ein Ausschuß der ehrenamtlichen Richter gebildet. Er besteht aus je einem ehrenamtlichen Richter aus den Kreisen der ehrenamtlichen Richter, die in den bei dem Sozialgericht gebildeten Fachkammern vertreten sind. Die Mitglieder werden von den ehrenamtlichen Richtern aus ihrer Mitte gewählt. Das Wahlverfahren im Übrigen legt das bestehende Ausschuss fest. Der Ausschuß tagt unter der Leitung des aufsichtführenden, oder wenn ein solcher nicht vorhanden oder verhindert ist, des dienstältesten Vorsitzenden des Sozialgerichts.

(2) Der Ausschuß ist vor der Bildung von Kammern, vor der Geschäftsverteilung, vor der Verteilung der ehrenamtlichen Richter auf die Kammern und vor Aufstellung der Listen über die Heranziehung der ehrenamtlichen Richter zu den Sitzungen mündlich, schriftlich oder elektronisch zu hören. Er kann dem Vorsitzenden des Sozialgerichts und den die Verwaltung und Dienstaufsicht führenden Stellen Wünsche der ehrenamtlichen Richter übermitteln.

## §§ 24 bis 26 (weggefallen)

**§ 27 (Vertretung eines Vorsitzenden)**

(1) und (2) (weggefallen)

(3) Wenn die Vertretung eines Vorsitzenden nicht durch einen Berufsrichter desselben Gerichts möglich ist, wird sie auf Antrag des Präsidiums durch die Landesregierung oder die von ihr beauftragte Stelle geregelt.

**Dritter Abschnitt**
**Landessozialgerichte**

**§ 28 (Organisation der Landessozialgerichte)**

(1) Die Landessozialgerichte werden als Landesgerichte errichtet. Die Errichtung und Aufhebung eines Gerichts und die Verlegung eines Gerichtssitzes werden durch Gesetz angeordnet. Änderungen in der Abgrenzung der Gerichtsbezirke können auch durch Rechtsverordnung bestimmt werden. Die Landesregierung oder die von ihr beauftragte Stelle kann anordnen, daß außerhalb des Sitzes des Landessozialgerichts Zweigstellen errichtet werden.

(2) Mehrere Länder können ein gemeinsames Landessozialgericht errichten.

**§ 29 (Funktionelle Zuständigkeit der Landessozialgerichte)**

(1) Die Landessozialgerichte entscheiden im zweiten Rechtszug über die Berufung gegen die Urteile und die Beschwerden gegen andere Entscheidungen der Sozialgerichte.

(2) Die Landessozialgerichte entscheiden im ersten Rechtszug über

1. Klagen gegen Entscheidungen der Landesschiedsämter und gegen Beanstandungen von Entscheidungen der Landesschiedsämter nach dem Fünften Buch Sozialgesetzbuch, gegen Entscheidungen der Schiedsstellen nach § 120 Abs. 4 des Fünften Buches Sozialgesetzbuch, der Schiedsstelle nach § 76 des Elften Buches Sozialgesetzbuch und der Schiedsstellen nach § 80 des Zwölften Buches Sozialgesetzbuch,

2. Aufsichtsangelegenheiten gegenüber Trägern der Sozialversicherung und ihren Verbänden, gegenüber den Kassenärztlichen

und Kassenzahnärztlichen Vereinigungen sowie der Kassenärztlichen und Kassenzahnärztlichen Bundesvereinigung, bei denen die Aufsicht von einer Landes- oder Bundesbehörde ausgeübt wird.

(3) Das Landessozialgericht Nordrhein-Westfalen entscheidet im ersten Rechtszug über

1. Streitigkeiten zwischen gesetzlichen Krankenkassen oder ihren Verbänden und dem Bundesversicherungsamt betreffend den Risikostrukturausgleich, die Anerkennung von strukturierten Behandlungsprogrammen und die Verwaltung des Gesundheitsfonds,

2. Streitigkeiten betreffend den Finanzausgleich der gesetzlichen Pflegeversicherung.

(4) Das Landessozialgericht Berlin-Brandenburg entscheidet im ersten Rechtszug über

1. Klagen gegen die Entscheidung der gemeinsamen Schiedsämter nach § 89 Abs. 4 des Fünften Buches Sozialgesetzbuch und des Bundesschiedsamtes nach § 89 Abs. 7 des Fünften Buches Sozialgesetzbuch sowie der erweiterten Bewertungsausschüsse nach § 87 Abs. 4 des Fünften Buches Sozialgesetzbuch, soweit die Klagen von den Einrichtungen erhoben werden, die diese Gremien bilden,

2. Klagen gegen Entscheidungen des Bundesministeriums für Gesundheit nach § 87 Abs. 6 des Fünften Buches Sozialgesetzbuch gegenüber den Bewertungsausschüssen und den erweiterten Bewertungsausschüssen sowie gegen Beanstandungen des Bundesministeriums für Gesundheit gegenüber den Bundesschiedsämtern,

3. Klagen gegen Entscheidungen und Richtlinien des Gemeinsamen Bundesausschusses (§§ 91, 92 des Fünften Buches Sozialgesetzbuch), Klagen in Aufsichtsangelegenheiten gegenüber dem Gemeinsamen Bundesausschuss und Klagen gegen die Festsetzung von Festbeträgen durch die Spitzenverbände der Krankenkassen sowie den Spitzenverband Bund,

4. Streitigkeiten betreffend den Ausgleich unter den gewerblichen Berufsgenossen-

schaften nach dem Siebten Buch Sozialgesetzbuch.

### § 30 (Besetzung der Landessozialgerichte und Dienstaufsicht)

(1) Das Landessozialgericht besteht aus dem Präsidenten, den Vorsitzenden Richtern, weiteren Berufsrichtern und den ehrenamtlichen Richtern.

(2) Die für die allgemeine Dienstaufsicht und die sonstigen Geschäfte der Gerichtsverwaltung zuständige Stelle wird durch Landesrecht bestimmt.

### § 31 (Gliederung der Landessozialgerichte)

(1) Bei den Landessozialgerichten werden Senate für Angelegenheiten der Sozialversicherung, der Arbeitsförderung einschließlich der übrigen Aufgaben der Bundesagentur für Arbeit, für Angelegenheiten der Grundsicherung für Arbeitsuchende, für Angelegenheiten der Sozialhilfe und des Asylbewerberleistungsgesetzes sowie für Angelegenheiten des sozialen Entschädigungsrechts und des Schwerbehindertenrechts gebildet. Für Angelegenheiten der Knappschaftsversicherung einschließlich der Unfallversicherung für den Bergbau kann ein eigener Senat gebildet werden.

(2) Für die Angelegenheiten des Vertragsarztrechts ist ein eigener Senat zu bilden.

(3) Die beteiligten Länder können die Ausdehnung des Bezirks eines Senats auf das Gebiet oder auf Gebietsteile mehrerer Länder vereinbaren.

### § 32 (Ernennung der Berufsrichter)

(1) Die Berufsrichter werden von der nach Landesrecht zuständigen Stelle auf Lebenszeit ernannt.

(2) (weggefallen)

### § 33 (Besetzung der Senate)

Jeder Senat wird in der Besetzung mit einem Vorsitzenden, zwei weiteren Berufsrichtern und zwei ehrenamtlichen Richtern tätig. § 12 Abs. 1 Satz 2, Abs. 2 bis 5 gilt entsprechend.

### § 34 (weggefallen)

### § 35 (Eignung zum ehrenamtlichen Richter)

(1) Die ehrenamtlichen Richter beim Landessozialgericht müssen das dreißigste Lebensjahr vollendet haben; sie sollen mindestens fünf Jahre ehrenamtliche Richter bei einem Sozialgericht gewesen sein. Im übrigen gelten die §§ 13 bis 23.

(2) In den Fällen des § 18 Abs. 4, der §§ 21 und 22 Abs. 2 entscheidet der vom Präsidium für jedes Geschäftsjahr im voraus bestimmte Senat.

### §§ 36 und 37 (weggefallen)

### Vierter Abschnitt
### Bundessozialgericht

### § 38 (Sitz und Besetzung des Bundessozialgerichts; Dienstaufsicht)

(1) Das Bundessozialgericht hat seinen Sitz in Kassel.

(2) Das Bundessozialgericht besteht aus dem Präsidenten, den Vorsitzenden Richtern, weiteren Berufsrichtern und den ehrenamtlichen Richtern. Die Berufsrichter müssen das fünfunddreißigste Lebensjahr vollendet haben. Für die Berufung der Berufsrichter gelten die Vorschriften des Richterwahlgesetzes. Zuständiger Minister im Sinne des § 1 Abs. 1 des Richterwahlgesetzes ist der Bundesminister für Arbeit und Soziales.

(3) Das Bundesministerium für Arbeit und Soziales führt die allgemeine Dienstaufsicht und die sonstigen Geschäfte der Gerichtsverwaltung. Es kann die allgemeine Dienstaufsicht und die sonstigen Geschäfte der Gerichtsverwaltung auf den Präsidenten des Bundessozialgerichts übertragen.

### § 39 (Funktionelle Zuständigkeit des Bundessozialgerichts)

(1) Das Bundessozialgericht entscheidet über das Rechtsmittel der Revision.

(2) Das Bundessozialgericht entscheidet im ersten und letzten Rechtszug über Streitigkeiten nicht verfassungsrechtlicher Art zwi-

**2**

schen dem Bund und den Ländern sowie zwischen verschiedenen Ländern in Angelegenheiten des § 51. Hält das Bundessozialgericht in diesen Fällen eine Streitigkeit für verfassungsrechtlich, so legt es die Sache dem Bundesverfassungsgericht zur Entscheidung vor. Das Bundesverfassungsgericht entscheidet mit bindender Wirkung.

### § 40 (Gliederung des Bundessozialgerichts)

Für die Bildung und Besetzung der Senate gelten § 31 Abs. 1 und § 33 entsprechend. Für Angelegenheiten des Vertragsarztrechts ist mindestens ein Senat zu bilden. Für Angelegenheiten der Knappschaftsversicherung einschließlich der Unfallversicherung für den Bergbau kann ein eigener Senat gebildet werden. In den Senaten für Angelegenheiten des § 51 Abs. 1 Nr. 6a wirken ehrenamtliche Richter aus der Vorschlagsliste der Bundesvereinigung der kommunalen Spitzenverbände mit.

### § 41 (Großer Senat beim Bundessozialgericht)

(1) Bei dem Bundessozialgericht wird ein Großer Senat gebildet.

(2) Der Große Senat entscheidet, wenn ein Senat in einer Rechtsfrage von der Entscheidung eines anderen Senats oder des Großen Senats abweichen will.

(3) Eine Vorlage an den Großen Senat ist nur zulässig, wenn der Senat, von dessen Entscheidung abgewichen werden soll, auf Anfrage des erkennenden Senats erklärt hat, daß er an seiner Rechtsauffassung festhält. Kann der Senat, von dessen Entscheidung abgewichen werden soll, wegen einer Änderung des Geschäftsverteilungsplanes mit der Rechtsfrage nicht mehr befaßt werden, tritt der Senat an seine Stelle, der nach dem Geschäftsverteilungsplan für den Fall, in dem abweichend entschieden wurde, nunmehr zuständig wäre. Über die Anfrage und die Antwort entscheidet der jeweilige Senat durch Beschluß in der für Urteile erforderlichen Besetzung.

(4) Der erkennende Senat kann eine Frage von grundsätzlicher Bedeutung dem Großen Senat zur Entscheidung vorlegen, wenn das nach seiner Auffassung zur Fortbildung des Rechts oder zur Sicherung einer einheitlichen Rechtsprechung erforderlich ist.

(5) Der Große Senat besteht aus dem Präsidenten, je einem Berufsrichter der Senate, in denen der Präsident nicht den Vorsitz führt, je zwei ehrenamtlichen Richtern aus dem Kreis der Versicherten und dem Kreis der Arbeitgeber sowie je einem ehrenamtlichen Richter aus dem Kreis der mit dem sozialen Entschädigungsrecht oder der Teilhabe behinderter Menschen vertrauten Personen und dem Kreis der Versorgungsberechtigten und der behinderten Menschen im Sinne des Neunten Buches Sozialgesetzbuch. Legt der Senat für Angelegenheiten des Vertragsarztrechts vor oder soll von dessen Entscheidung abgewichen werden, gehören dem Großen Senat außerdem je ein ehrenamtlicher Richter aus dem Kreis der Krankenkassen und dem Kreis der Vertragsärzte, Vertragszahnärzte und Psychotherapeuten an. Legt der Senat für Angelegenheiten des § 51 Abs. 1 Nr. 6a vor oder soll von dessen Entscheidung abgesehen werden, gehören dem Großen Senat außerdem zwei ehrenamtliche Richter aus dem Kreis der von der Bundesvereinigung der kommunalen Spitzenverbände Vorgeschlagenen an. Sind Senate personengleich besetzt, wird aus ihnen nur ein Berufsrichter bestellt; er hat nur eine Stimme. Bei einer Verhinderung des Präsidenten tritt ein Berufsrichter des Senats, dem er angehört, an seine Stelle.

(6) Die Mitglieder und die Vertreter werden durch das Präsidium für ein Geschäftsjahr bestellt. Den Vorsitz im Großen Senat führt der Präsident, bei Verhinderung das dienstälteste Mitglied. Bei Stimmengleichheit gibt die Stimme des Vorsitzenden den Ausschlag.

(7) Der Große Senat entscheidet nur über die Rechtsfrage. Er kann ohne mündliche Verhandlung entscheiden. Seine Entscheidung ist in der vorliegenden Sache für den erkennenden Senat bindend.

### §§ 42 bis 44 (weggefallen)

### § 45 (Berufung der ehrenamtlichen Richter)

(1) Das Bundesministerium für Arbeit und Soziales bestimmt nach Anhörung des Präsidenten des Bundessozialgerichts die Zahl der für die einzelnen Zweige der Sozialgerichtsbarkeit zu berufenden ehrenamtlichen Richter.

(2) Die ehrenamtlichen Richter werden vom Bundesministerium für Arbeit und Soziales auf Grund von Vorschlagslisten (§ 46) für die Dauer von fünf Jahren berufen; sie sind in angemessenem Verhältnis unter billiger Berücksichtigung der Minderheiten aus den Vorschlagslisten zu entnehmen. Das Bundesministerium für Arbeit und Soziales kann eine Ergänzung der Vorschlagslisten verlangen. § 13 Abs. 2 gilt entsprechend mit der Maßgabe, dass das Bundesministerium für Arbeit und Soziales durch Rechtsverordnung eine einheitliche Amtsperiode festlegen kann.

(3) Die ehrenamtlichen Richter bleiben nach Ablauf ihrer Amtszeit im Amt, bis ihre Nachfolger berufen sind. Erneute Berufung ist zulässig.

### § 46 (Aufstellung von Vorschlagslisten für die ehrenamtlichen Richter)

(1) Die Vorschlagslisten für die ehrenamtlichen Richter in den Senaten für Angelegenheiten der Sozialversicherung und der Arbeitsförderung sowie der Grundsicherung für Arbeitsuchende werden von den in § 14 Abs. 1 aufgeführten Organisationen und Behörden aufgestellt.

(2) Die Vorschlagslisten für die ehrenamtlichen Richter in den Senaten für Angelegenheiten des Vertragsarztrechts werden von den Kassenärztlichen (Kassenzahnärztlichen) Vereinigungen und gemeinsam von den Zusammenschlüssen der Krankenkassen, die sich über das Bundesgebiet erstrecken, aufgestellt.

(3) Die ehrenamtlichen Richter für die Senate für Angelegenheiten des sozialen Entschädigungsrechts und des Schwerbehindertenrechts werden auf Vorschlag der obersten Verwaltungsbehörden der Länder sowie der in § 14 Abs. 3 Satz 2 und 3 genannten Vereinigungen, die sich über das Bundesgebiet erstrecken, berufen.

(4) Die ehrenamtlichen Richter für die Senate für Angelegenheiten der Sozialhilfe und des Asylbewerberleistungsgesetzes werden auf Vorschlag der Bundesvereinigung der kommunalen Spitzenverbände berufen.

### § 47 (Eignung zum ehrenamtlichen Richter)

Die ehrenamtlichen Richter am Bundessozialgericht müssen das fünfunddreißigste Lebensjahr vollendet haben; sie sollen mindestens fünf Jahre ehrenamtliche Richter an einem Sozialgericht oder Landessozialgericht gewesen sein. Im übrigen gelten die §§ 16 bis 23 entsprechend mit der Maßgabe, daß in den Fällen des § 18 Abs. 4, der §§ 21 und 22 Abs. 2 der vom Präsidium für jedes Geschäftsjahr im voraus bestimmte Senat des Bundessozialgerichts entscheidet.

### §§ 48 und 49 (weggefallen)

### § 50 (Geschäftsgang des Bundessozialgerichts)

Der Geschäftsgang wird durch eine Geschäftsordnung geregelt, die das Präsidium unter Zuziehung der beiden der Geburt nach ältesten ehrenamtlichen Richter beschließt. Sie bedarf der Bestätigung durch den Bundesrat.

**Fünfter Abschnitt
Besondere Spruchkörper der
Verwaltungsgerichte**

### § 50a (Besondere Spruchkörper)

Durch Landesgesetz kann bestimmt werden, dass die Sozialgerichtsbarkeit

1. in Angelegenheiten der Sozialhilfe und des Asylbewerberleistungsgesetzes,

2. in Angelegenheiten der Grundsicherung für Arbeitsuchende

durch besondere Spruchkörper der Verwaltungsgerichte und der Oberverwaltungsgerichte ausgeübt wird. Die Bestimmungen dieses Gesetzes über die Besetzung der Spruchkörper gelten entsprechend, soweit

**2**

sich aus den Vorschriften dieses Abschnitts nichts anderes ergibt.

### § 50b (Besetzung der Spruchkörper)

Die Berufsrichter der besonderen Spruchkörper sind Richter der Verwaltungsgerichtsbarkeit und werden nach den hierfür geltenden Vorschriften ernannt. Sie können Mitglied mehrerer besonderer und allgemeiner Spruchkörper der Gerichte der Verwaltungsgerichtsbarkeit sein.

### § 50c (Zuständigkeit des Präsidiums)

Das Präsidium des Verwaltungsgerichts oder des Oberverwaltungsgerichts bestimmt die Zahl und die Besetzung der besonderen Spruchkörper, regelt die Vertretung und verteilt die Geschäfte.

### Sechster Abschnitt
### Rechtsweg und Zuständigkeit

### § 51 (Zulässigkeit des Rechtswegs)

(1) Die Gerichte der Sozialgerichtsbarkeit entscheiden über öffentlich-rechtliche Streitigkeiten

1. in Angelegenheiten der gesetzlichen Rentenversicherung einschließlich der Alterssicherung der Landwirte,

2. in Angelegenheiten der gesetzlichen Krankenversicherung, der sozialen Pflegeversicherung und der privaten Pflegeversicherung (Elftes Buch Sozialgesetzbuch), auch soweit durch diese Angelegenheiten Dritte betroffen werden; dies gilt nicht für Streitigkeiten in Angelegenheiten nach § 110 des Fünften Buches Sozialgesetzbuch aufgrund einer Kündigung von Versorgungsverträgen, die für Hochschulkliniken oder Plankrankenhäuser (§ 108 Nr. 1 und 2 des Fünften Buches Sozialgesetzbuch) gelten,

3. in Angelegenheiten der gesetzlichen Unfallversicherung mit Ausnahme der Streitigkeiten aufgrund der Überwachung der Maßnahmen zur Prävention durch die Träger der gesetzlichen Unfallversicherung,

4. in Angelegenheiten der Arbeitsförderung einschließlich der übrigen Aufgaben der Bundesagentur für Arbeit,

4a. in Angelegenheiten der Grundsicherung für Arbeitsuchende,

5. in sonstigen Angelegenheiten der Sozialversicherung,

6. in Angelegenheiten des sozialen Entschädigungsrechts mit Ausnahme der Streitigkeiten aufgrund der §§ 25 bis 27j des Bundesversorgungsgesetzes (Kriegsopferfürsorge), auch soweit andere Gesetze die entsprechende Anwendung dieser Vorschriften vorsehen,

6a. in Angelegenheiten der Sozialhilfe und des Asylbewerberleistungsgesetzes,

7. bei der Feststellung von Behinderungen und ihrem Grad sowie weiterer gesundheitlicher Merkmale, ferner der Ausstellung, Verlängerung, Berichtigung und Einziehung von Ausweisen nach § 69 des Neunten Buches Sozialgesetzbuch,

8. die aufgrund des Aufwendungsausgleichsgesetzes entstehen,

9. (weggefallen)

10. für die durch Gesetz der Rechtsweg vor diesen Gerichten eröffnet wird.

(2) Die Gerichte der Sozialgerichtsbarkeit entscheiden auch über privatrechtliche Streitigkeiten in Angelegenheiten der gesetzlichen Krankenversicherung, auch soweit durch diese Angelegenheiten Dritte betroffen werden. § 87 des Gesetzes gegen Wettbewerbsbeschränkungen findet keine Anwendung. Satz 1 gilt für die soziale Pflegeversicherung und die private Pflegeversicherung (Elftes Buch Sozialgesetzbuch) entsprechend.

### § 52 (Besondere Spruchkörper der Verwaltungsgerichte)

Ist ein Landesgesetz nach § 50a erlassen, treten für den betroffenen Bereich die besonderen Spruchkörper der Verwaltungsgerichte an die Stelle der Sozialgerichte und die besonderen Spruchkörper des Oberverwaltungsgerichts an die Stelle des Landessozialgerichts. Über das Rechtsmittel der Revision und die Beschwerde gegen die Nichtzulassung der Revision entscheidet das Bundessozialgericht.

**§ 53** (weggefallen)

### § 54 (Anfechtungs- und Verpflichtungsklage)

(1) Durch Klage kann die Aufhebung eines Verwaltungsakts oder seine Abänderung sowie die Verurteilung zum Erlaß eines abgelehnten oder unterlassenen Verwaltungsakts begehrt werden. Soweit gesetzlich nichts anderes bestimmt ist, ist die Klage zulässig, wenn der Kläger behauptet, durch den Verwaltungsakt oder durch die Ablehnung oder Unterlassung eines Verwaltungsakts beschwert zu sein.

(2) Der Kläger ist beschwert, wenn der Verwaltungsakt oder die Ablehnung oder Unterlassung eines Verwaltungsakts rechtswidrig ist. Soweit die Behörde, Körperschaft oder Anstalt des öffentlichen Rechts ermächtigt ist, nach ihrem Ermessen zu handeln, ist Rechtswidrigkeit auch gegeben, wenn die gesetzlichen Grenzen dieses Ermessens überschritten sind oder von dem Ermessen in einer dem Zweck der Ermächtigung nicht entsprechenden Weise Gebrauch gemacht ist.

(3) Eine Körperschaft oder eine Anstalt des öffentlichen Rechts kann mit der Klage die Aufhebung einer Anordnung der Aufsichtsbehörde begehren, wenn sie behauptet, daß die Anordnung das Aufsichtsrecht überschreite.

(4) Betrifft der angefochtene Verwaltungsakt eine Leistung, auf die ein Rechtsanspruch besteht, so kann mit der Klage neben der Aufhebung des Verwaltungsakts gleichzeitig die Leistung verlangt werden.

(5) Mit der Klage kann die Verurteilung zu einer Leistung, auf die ein Rechtsanspruch besteht, auch dann begehrt werden, wenn ein Verwaltungsakt nicht zu ergehen hatte.

### § 55 (Feststellungsklage)

(1) Mit der Klage kann begehrt werden

1. die Feststellung des Bestehens oder Nichtbestehens eines Rechtsverhältnisses,

2. die Feststellung, welcher Versicherungsträger der Sozialversicherung zuständig ist,

3. die Feststellung, ob eine Gesundheitsstörung oder der Tod die Folge eines Arbeitsunfalls, einer Berufskrankheit oder einer Schädigung im Sinne des Bundesversorgungsgesetzes ist,

4. die Feststellung der Nichtigkeit eines Verwaltungsakts,

wenn der Kläger ein berechtigtes Interesse an der baldigen Feststellung hat.

(2) Unter Absatz 1 Nr. 1 fällt auch die Feststellung, in welchem Umfange Beiträge zu berechnen oder anzurechnen sind.

### § 56 (Zulässigkeit der Klagehäufung)

Mehrere Klagebegehren können vom Kläger in einer Klage zusammen verfolgt werden, wenn sie sich gegen denselben Beklagten richten, im Zusammenhang stehen und dasselbe Gericht zuständig ist.

### § 57 (Örtliche Zuständigkeit)

(1) Örtlich zuständig ist das Sozialgericht oder, wenn ein Landesgesetz nach § 50a erlassen ist, das Verwaltungsgericht, in dessen Bezirk der Kläger zur Zeit der Klageerhebung seinen Sitz oder Wohnsitz oder in Ermangelung dessen seinen Aufenthaltsort hat; steht er in einem Beschäftigungsverhältnis, so kann er auch vor dem für den Beschäftigungsort zuständigen Sozialgericht klagen. Klagt eine Körperschaft oder Anstalt des öffentlichen Rechts, in Angelegenheiten nach dem Elften Buch Sozialgesetzbuch ein Unternehmen der privaten Pflegeversicherung oder in Angelegenheiten des sozialen Entschädigungsrechts oder des Schwerbehindertenrechts ein Land, so ist der Sitz oder Wohnsitz oder Aufenthaltsort des Beklagten maßgebend, wenn dieser eine natürliche Person oder eine juristische Person des Privatrechts ist.

(2) Ist die erstmalige Bewilligung einer Hinterbliebenenrente streitig, so ist der Wohnsitz oder in Ermangelung dessen der Aufenthaltsort der Witwe oder des Witwers maßgebend. Ist eine Witwe oder ein Witwer nicht vorhanden, so ist das Sozialgericht örtlich zuständig, in dessen Bezirk die jüngste Waise im Inland ihren Wohnsitz oder in Ermangelung dessen ihren Aufenthaltsort hat; sind nur Eltern oder

**2**

Großeltern vorhanden, so ist das Sozialgericht örtlich zuständig, in dessen Bezirk die Eltern oder Großeltern ihren Wohnsitz oder in Ermangelung dessen ihren Aufenthaltsort haben. Bei verschiedenem Wohnsitz oder Aufenthaltsort der Eltern- oder Großelternteile gilt der im Inland gelegene Wohnsitz oder Aufenthaltsort des anspruchsberechtigten Ehemannes oder geschiedenen Mannes.

(3) Hat der Kläger seinen Sitz oder Wohnsitz oder Aufenthaltsort im Ausland, so ist örtlich zuständig das Sozialgericht oder, wenn ein Landesgesetz nach § 50a erlassen ist, das Verwaltungsgericht, in dessen Bezirk der Beklagte seinen Sitz oder Wohnsitz oder in Ermangelung dessen seinen Aufenthaltsort hat.

(4) In Angelegenheiten des § 51 Abs. 1 Nr. 2, die auf Bundesebene festgesetzte Festbeträge betreffen, ist das Sozialgericht örtlich zuständig, in dessen Bezirk die Bundesregierung ihren Sitz hat, in Angelegenheiten, die auf Landesebene festgesetzte Festbeträge betreffen, das Sozialgericht, in dessen Bezirk die Landesregierung ihren Sitz hat.

### § 57a (Örtliche Zuständigkeit im Kassenarztrecht)

(1) In Vertragsarztangelegenheiten der gesetzlichen Krankenversicherung ist, wenn es sich um Fragen der Zulassung oder Ermächtigung nach Vertragsarztrecht handelt, das Sozialgericht zuständig, in dessen Bezirk der Vertragsarzt, der Vertragszahnarzt oder der Psychotherapeut seinen Sitz hat.

(2) In anderen Vertragsarztangelegenheiten der gesetzlichen Krankenversicherung ist das Sozialgericht zuständig, in dessen Bezirk die Kassenärztliche Vereinigung oder die Kassenzahnärztliche Vereinigung ihren Sitz hat.

(3) In Angelegenheiten, die Entscheidungen oder Verträge auf Landesebene betreffen, ist – soweit das Landesrecht nichts Abweichendes bestimmt – das Sozialgericht zuständig, in dessen Bezirk die Landesregierung ihren Sitz hat.

(4) In Angelegenheiten, die Entscheidungen oder Verträge auf Bundesebene betreffen, ist das Sozialgericht zuständig, in dessen Bezirk die Kassenärztliche Bundesvereinigung oder die Kassenzahnärztliche Bundesvereinigung ihren Sitz hat.

### § 57b (Örtliche Zuständigkeit bei Wahlstreitigkeiten)

In Angelegenheiten, die die Wahlen zu den Selbstverwaltungsorganen der Sozialversicherungsträger und ihrer Verbände oder die Ergänzung der Selbstverwaltungsorgane betreffen, ist das Sozialgericht zuständig, in dessen Bezirk der Versicherungsträger oder der Verband den Sitz hat.

### § 58 (Bestimmung der Zuständigkeit durch das höhere Gericht)

(1) Das zuständige Gericht innerhalb der Sozialgerichtsbarkeit wird durch das gemeinsam nächsthöhere Gericht bestimmt,

1. wenn das an sich zuständige Gericht in einem einzelnen Falle an der Ausübung der Gerichtsbarkeit rechtlich oder tatsächlich verhindert ist,

2. wenn mit Rücksicht auf die Grenzen verschiedener Gerichtsbezirke ungewiß ist, welches Gericht für den Rechtsstreit zuständig ist,

3. wenn in einem Rechtsstreit verschiedene Gerichte sich rechtskräftig für zuständig erklärt haben,

4. wenn verschiedene Gerichte, von denen eines für den Rechtsstreit zuständig ist, sich rechtskräftig für unzuständig erklärt haben,

5. wenn eine örtliche Zuständigkeit nach § 57 nicht gegeben ist.

(2) Zur Feststellung der Zuständigkeit kann jedes mit dem Rechtsstreit befaßte Gericht und jeder am Rechtsstreit Beteiligte das im Rechtszug höhere Gericht anrufen, das ohne mündliche Verhandlung entscheiden kann.

### § 59 (Unzulässigkeit von Zuständigkeitsvereinbarungen)

Vereinbarungen der Beteiligten über die Zuständigkeit haben keine rechtliche Wirkung. Eine Zuständigkeit wird auch nicht dadurch begründet, daß die Unzuständigkeit des Gerichts nicht geltend gemacht wird.

## Zweiter Teil
## Verfahren

### Erster Abschnitt
### Gemeinsame Verfahrensvorschriften

#### Erster Unterabschnitt
#### Allgemeine Vorschriften

#### § 60 (Ausschließung und Ablehnung von Gerichtspersonen)

(1) Für die Ausschließung und Ablehnung der Gerichtspersonen gelten die §§ 41 bis 44, 45 Abs. 2 Satz 2, §§ 47 bis 49 der Zivilprozeßordnung entsprechend. Über die Ablehnung entscheidet außer im Falle des § 171 das Landessozialgericht durch Beschluß.

(2) Von der Ausübung des Amtes als Richter ist auch ausgeschlossen, wer bei dem vorausgegangenen Verwaltungsverfahren mitgewirkt hat.

(3) Die Besorgnis der Befangenheit nach § 42 der Zivilprozeßordnung gilt stets als begründet, wenn der Richter dem Vorstand einer Körperschaft oder Anstalt des öffentlichen Rechts angehört, deren Interessen durch das Verfahren unmittelbar berührt werden.

(4) Für das Verfahren vor den besonderen Spruchkörpern der Verwaltungsgerichte und der Oberverwaltungsgerichte gilt § 54 der Verwaltungsgerichtsordnung.

#### § 61 (Grundsätzliche Verfahrensvorschriften)

(1) Für die Öffentlichkeit, Sitzungspolizei und Gerichtssprache gelten die §§ 169, 171b bis 191a des Gerichtsverfassungsgesetzes entsprechend.

(2) Für die Beratung und Abstimmung gelten die §§ 192 bis 197 des Gerichtsverfassungsgesetzes entsprechend.

#### § 62 (Gewährung des rechtlichen Gehörs)

Vor jeder Entscheidung ist den Beteiligten rechtliches Gehör zu gewähren; die Anhörung kann schriftlich oder elektronisch geschehen.

#### § 63 (Zustellungen)

(1) Anordnungen und Entscheidungen, durch die eine Frist in Lauf gesetzt wird, sind den Beteiligten zuzustellen, bei Verkündung jedoch nur, wenn es ausdrücklich vorgeschrieben ist. Terminbestimmungen und Ladungen sind bekannt zu geben.

(2) Zugestellt wird von Amts wegen nach den Vorschriften der Zivilprozessordnung. Die §§ 174, 178 Abs. 1 Nr. 2 der Zivilprozessordnung sind entsprechend anzuwenden auf die nach § 73 Abs. 2 Satz 2 Nr. 3 bis 9 zur Prozessvertretung zugelassenen Personen.

(3) Wer nicht im Inland wohnt, hat auf Verlangen einen Zustellungsbevollmächtigten zu bestellen.

#### § 64 (Fristenlauf)

(1) Der Lauf einer Frist beginnt, soweit nichts anderes bestimmt ist, mit dem Tage nach der Zustellung oder, wenn diese nicht vorgeschrieben ist, mit dem Tage nach der Eröffnung oder Verkündung.

(2) Eine nach Tagen bestimmte Frist endet mit dem Ablauf ihres letzten Tages, eine nach Wochen oder Monaten bestimmte Frist mit dem Ablauf desjenigen Tages der letzten Woche oder des letzten Monats, welcher nach Benennung oder Zahl dem Tage entspricht, in den das Ereignis oder der Zeitpunkt fällt. Fehlt dem letzten Monat der entsprechende Tag, so endet die Frist mit dem Monat.

(3) Fällt das Ende einer Frist auf einen Sonntag, einen gesetzlichen Feiertag oder einen Sonnabend, so endet die Frist mit Ablauf des nächsten Werktages.

#### § 65 (Richterliche Fristen)

Auf Antrag kann der Vorsitzende richterliche Fristen abkürzen oder verlängern. Im Falle der Verlängerung wird die Frist von dem Ablauf der vorigen Frist an berechnet.

#### § 65a (Übermittlung elektronischer Dokumente)

(1) Die Beteiligten können dem Gericht elektronische Dokumente übermitteln, soweit dies für den jeweiligen Zuständigkeitsbereich durch Rechtsverordnung der Bundesregie-

**2**

rung oder der Landesregierungen zugelassen worden ist. Die Rechtsverordnung bestimmt den Zeitpunkt, von dem an Dokumente an ein Gericht elektronisch übermittelt werden können, sowie die Art und Weise, in der elektronische Dokumente einzureichen sind. Für Dokumente, die einem schriftlich zu unterzeichnenden Schriftstück gleichstehen, ist eine qualifizierte elektronische Signatur nach § 2 Nr. 3 des Signaturgesetzes vorzuschreiben. Neben der qualifizierten elektronischen Signatur kann auch ein anderes sicheres Verfahren zugelassen werden, das die Authentizität und die Integrität des übermittelten elektronischen Dokuments sicherstellt. Die Landesregierungen können die Ermächtigung auf die für die Sozialgerichtsbarkeit zuständigen obersten Landesbehörden übertragen. Die Zulassung der elektronischen Übermittlung kann auf einzelne Gerichte oder Verfahren beschränkt werden. Die Rechtsverordnung der Bundesregierung bedarf nicht der Zustimmung des Bundesrates.

(2) Ein elektronisches Dokument ist dem Gericht zugegangen, wenn es in der nach Absatz 1 Satz 1 bestimmten Art und Weise übermittelt worden ist und wenn die für den Empfang bestimmte Einrichtung es aufgezeichnet hat. Die Vorschriften dieses Gesetzes über die Beifügung von Abschriften für die übrigen Beteiligten finden keine Anwendung. Genügt das Dokument nicht den Anforderungen, ist dies dem Absender unter Angabe der für das Gericht geltenden technischen Rahmenbedingungen unverzüglich mitzuteilen.

(3) Soweit eine handschriftliche Unterzeichnung durch den Richter oder den Urkundsbeamten der Geschäftsstelle vorgeschrieben ist, genügt dieser Form die Aufzeichnung als elektronisches Dokument, wenn die verantwortlichen Personen am Ende des Dokuments ihren Namen hinzufügen und das Dokument mit einer qualifizierten elektronischen Signatur nach § 2 Nr. 3 des Signaturgesetzes versehen.

### § 65b (Elektronische Prozessakten)

(1) Die Prozessakten können elektronisch geführt werden. Die Bundesregierung und die Landesregierungen bestimmen jeweils für ihren Bereich durch Rechtsverordnung den Zeitpunkt, von dem an die Prozessakten elektronisch geführt werden. In der Rechtsverordnung sind die organisatorisch-technischen Rahmenbedingungen für die Bildung, Führung und Verwahrung der elektronischen Akten festzulegen. Die Landesregierungen können die Ermächtigung auf die für die Sozialgerichtsbarkeit zuständigen obersten Landesbehörden übertragen. Die Zulassung der elektronischen Akte kann auf einzelne Gerichte oder Verfahren beschränkt werden. Die Rechtsverordnung der Bundesregierung bedarf nicht der Zustimmung des Bundesrates.

(2) Dokumente, die nicht der Form entsprechen, in der die Akte geführt wird, sind in die entsprechende Form zu übertragen und in dieser Form zur Akte zu nehmen, soweit die Rechtsverordnung nach Absatz 1 nichts anderes bestimmt.

(3) Die Originaldokumente sind mindestens bis zum rechtskräftigen Abschluss des Verfahrens aufzubewahren.

(4) Ist ein in Papierform eingereichtes Dokument in ein elektronisches Dokument übertragen worden, muss dieses den Vermerk enthalten, wann und durch wen die Übertragung vorgenommen worden ist. Ist ein elektronisches Dokument in die Papierform überführt worden, muss der Ausdruck den Vermerk enthalten, welches Ergebnis die Integritätsprüfung des Dokuments ausweist, wen die Signaturprüfung als Inhaber der Signatur ausweist und welchen Zeitpunkt die Signaturprüfung für die Anbringung der Signatur ausweist.

(5) Dokumente, die nach Absatz 2 hergestellt sind, sind für das Verfahren zugrunde zu legen, soweit kein Anlass besteht, an der Übereinstimmung mit dem eingereichten Dokument zu zweifeln.

### § 66 (Rechtsbehelfsbelehrung und Fristen)

(1) Die Frist für ein Rechtsmittel oder einen anderen Rechtsbehelf beginnt nur dann zu laufen, wenn der Beteiligte über den Rechtsbehelf, die Verwaltungsstelle oder das Ge-

richt, bei denen der Rechtsbehelf anzubringen ist, den Sitz und die einzuhaltende Frist schriftlich oder elektronisch belehrt worden ist.

(2) Ist die Belehrung unterblieben oder unrichtig erteilt, so ist die Einlegung des Rechtsbehelfs nur innerhalb eines Jahres seit Zustellung, Eröffnung oder Verkündung zulässig, außer wenn die Einlegung vor Ablauf der Jahresfrist infolge höherer Gewalt unmöglich war oder eine schriftliche oder elektronische Belehrung dahin erfolgt ist, daß ein Rechtsbehelf nicht gegeben sei. § 67 Abs. 2 gilt für den Fall höherer Gewalt entsprechend.

### § 67 (Unverschuldete Fristversäumnis)

(1) Wenn jemand ohne Verschulden verhindert war, eine gesetzliche Verfahrensfrist einzuhalten, so ist ihm auf Antrag Wiedereinsetzung in den vorigen Stand zu gewähren.

(2) Der Antrag ist binnen eines Monats nach Wegfall des Hindernisses zu stellen. Die Tatsachen zur Begründung des Antrages sollen glaubhaft gemacht werden. Innerhalb der Antragsfrist ist die versäumte Rechtshandlung nachzuholen. Ist dies geschehen, so kann die Wiedereinsetzung auch ohne Antrag gewährt werden.

(3) Nach einem Jahr seit dem Ende der versäumten Frist ist der Antrag unzulässig, außer wenn der Antrag vor Ablauf der Jahresfrist infolge höherer Gewalt unmöglich war.

(4) Über den Wiedereinsetzungsantrag entscheidet das Gericht, das über die versäumte Rechtshandlung zu befinden hat. Der Beschluß, der die Wiedereinsetzung bewilligt, ist unanfechtbar.

### § 68 (weggefallen)

### § 69 (Verfahrensbeteiligte)

Beteiligte am Verfahren sind
1. der Kläger,
2. der Beklagte,
3. der Beigeladene.

### § 70 (Beteiligungsfähigkeit)

Fähig, am Verfahren beteiligt zu sein, sind
1. natürliche und juristische Personen,

2. nichtrechtsfähige Personenvereinigungen,

3. Behörden, sofern das Landesrecht dies bestimmt,

4. gemeinsame Entscheidungsgremien von Leistungserbringern und Krankenkassen oder Pflegekassen.

### § 71 (Prozeßfähigkeit)

(1) Ein Beteiligter ist prozeßfähig, soweit er sich durch Verträge verpflichten kann.

(2) Minderjährige sind in eigener Sache prozeßfähig, soweit sie durch Vorschriften des bürgerlichen oder öffentlichen Rechts für den Gegenstand des Verfahrens als geschäftsfähig anerkannt sind. Zur Zurücknahme eines Rechtsbehelfs bedürfen sie der Zustimmung des gesetzlichen Vertreters.

(3) Für rechtsfähige und nichtrechtsfähige Personenvereinigungen sowie für Behörden handeln ihre gesetzlichen Vertreter und Vorstände.

(4) Für Entscheidungsgremien im Sinne von § 70 Nr. 4 handelt der Vorsitzende.

(5) In Angelegenheiten des sozialen Entschädigungsrechts und des Schwerbehindertenrechts wird das Land durch das Landesversorgungsamt oder durch die Stelle, der dessen Aufgaben übertragen worden sind, vertreten.

(6) Die §§ 53 bis 56 der Zivilprozeßordnung gelten entsprechend.

### § 72 (Bestellung eines besonderen Vertreters)

(1) Für einen nicht prozeßfähigen Beteiligten ohne gesetzlichen Vertreter kann der Vorsitzende bis zum Eintritt eines Vormundes, Betreuers oder Pflegers für das Verfahren einen besonderen Vertreter bestellen, dem alle Rechte, außer dem Empfang von Zahlungen, zustehen.

(2) Die Bestellung eines besonderen Vertreters ist mit Zustimmung des Beteiligten oder seines gesetzlichen Vertreters auch zulässig, wenn der Aufenthaltsort eines Beteiligten oder seines gesetzlichen Vertreters vom Sitz des Gerichts weit entfernt ist.

**2**

## § 73 (Prozessvertreter)

(1) Die Beteiligten können vor dem Sozialgericht und dem Landessozialgericht den Rechtsstreit selbst führen.

(2) Die Beteiligten können sich durch einen Rechtsanwalt oder Rechtslehrer an einer deutschen Hochschule im Sinn des Hochschulrahmengesetzes mit Befähigung zum Richteramt als Bevollmächtigten vertreten lassen. Darüber hinaus sind als Bevollmächtigte vor dem Sozialgericht und dem Landessozialgericht vertretungsbefugt nur

1. Beschäftigte des Beteiligten oder eines mit ihm verbundenen Unternehmens (§ 15 des Aktiengesetzes); Behörden und juristische Personen des öffentlichen Rechts einschließlich der von ihnen zur Erfüllung ihrer öffentlichen Aufgaben gebildeten Zusammenschlüsse können sich auch durch Beschäftigte anderer Behörden oder juristischer Personen des öffentlichen Rechts einschließlich der von ihnen zur Erfüllung ihrer öffentlichen Aufgaben gebildeten Zusammenschlüsse vertreten lassen,

2. volljährige Familienangehörige (§ 15 der Abgabenordnung, § 11 des Lebenspartnerschaftsgesetzes), Personen mit Befähigung zum Richteramt und Streitgenossen, wenn die Vertretung nicht im Zusammenhang mit einer entgeltlichen Tätigkeit steht,

3. Rentenberater im Umfang ihrer Befugnisse nach § 10 Abs. 1 Satz 1 Nr. 2 des Rechtsdienstleistungsgesetzes,

4. Steuerberater, Steuerbevollmächtigte, Wirtschaftsprüfer und vereidigte Buchprüfer, Personen und Vereinigungen im Sinn des § 3 Nr. 4 des Steuerberatungsgesetzes sowie Gesellschaften im Sinn des § 3 Nr. 2 und 3 des Steuerberatungsgesetzes, die durch Personen im Sinn des § 3 Nr. 1 des Steuerberatungsgesetzes handeln, in Angelegenheiten nach den §§ 28h und 28p des Vierten Buches Sozialgesetzbuch,

5. selbständige Vereinigungen von Arbeitnehmern mit sozial- oder berufspolitischer Zwecksetzung für ihre Mitglieder,

6. berufsständische Vereinigungen der Landwirtschaft für ihre Mitglieder,

7. Gewerkschaften und Vereinigungen von Arbeitgebern sowie Zusammenschlüsse solcher Verbände für ihre Mitglieder oder für andere Verbände oder Zusammenschlüsse mit vergleichbarer Ausrichtung und deren Mitglieder,

8. Vereinigungen, deren satzungsgemäße Aufgaben die gemeinschaftliche Interessenvertretung, die Beratung und Vertretung der Leistungsempfänger nach dem sozialen Entschädigungsrecht oder der behinderten Menschen wesentlich umfassen und die unter Berücksichtigung von Art und Umfang ihrer Tätigkeit sowie ihres Mitgliederkreises die Gewähr für eine sachkundige Prozessvertretung bieten, für ihre Mitglieder,

9. juristische Personen, deren Anteile sämtlich im wirtschaftlichen Eigentum einer der in den Nummern 5 bis 8 bezeichneten Organisationen stehen, wenn die juristische Person ausschließlich die Rechtsberatung und Prozessvertretung dieser Organisation und ihrer Mitglieder oder anderer Verbände oder Zusammenschlüsse mit vergleichbarer Ausrichtung und deren Mitglieder entsprechend deren Satzung durchführt, und wenn die Organisation für die Tätigkeit der Bevollmächtigten haftet.

Bevollmächtigte, die keine natürlichen Personen sind, handeln durch ihre Organe und mit der Prozessvertretung beauftragten Vertreter. § 157 der Zivilprozessordnung gilt entsprechend.

(3) Das Gericht weist Bevollmächtigte, die nicht nach Maßgabe des Absatzes 2 vertretungsbefugt sind, durch unanfechtbaren Beschluss zurück. Prozesshandlungen eines nicht vertretungsbefugten Bevollmächtigten und Zustellungen oder Mitteilungen an diesen Bevollmächtigten sind bis zu seiner Zurückweisung wirksam. Das Gericht kann den in Absatz 2 Satz 2 Nr. 1 und 2 bezeichneten Bevollmächtigten durch unanfechtbaren Beschluss die weitere Vertretung untersagen, wenn sie nicht in der Lage sind, das Sach- und Streitverhältnis sachgerecht darzustellen. Satz 3 gilt nicht für Beschäftigte eines Sozialleistungsträgers oder eines Spitzenverbandes der Sozialversicherung.

(4) Vor dem Bundessozialgericht müssen sich die Beteiligten, außer im Prozesskostenhilfeverfahren, durch Prozessbevollmächtigte vertreten lassen. Als Bevollmächtigte sind außer den in Absatz 2 Satz 1 bezeichneten Personen nur die in Absatz 2 Satz 2 Nr. 5 bis 9 bezeichneten Organisationen zugelassen. Diese müssen durch Personen mit Befähigung zum Richteramt handeln. Behörden und juristische Personen des öffentlichen Rechts einschließlich der von ihnen zur Erfüllung ihrer öffentlichen Aufgaben gebildeten Zusammenschlüsse sowie private Pflegeversicherungsunternehmen können sich durch eigene Beschäftigte mit Befähigung zum Richteramt oder durch Beschäftigte mit Befähigung zum Richteramt anderer Behörden oder juristischer Personen des öffentlichen Rechts einschließlich der von ihnen zur Erfüllung ihrer öffentlichen Aufgaben gebildeten Zusammenschlüsse vertreten lassen. Ein Beteiligter, der nach Maßgabe des Satzes 2 zur Vertretung berechtigt ist, kann sich selbst vertreten; Satz 3 bleibt unberührt.

(5) Richter dürfen nicht als Bevollmächtigte vor dem Gericht auftreten, dem sie angehören. Ehrenamtliche Richter dürfen, außer in den Fällen des Absatzes 2 Satz 2 Nr. 1, nicht vor einem Spruchkörper auftreten, dem sie angehören. Absatz 3 Satz 1 und 2 gilt entsprechend.

(6) Die Vollmacht ist schriftlich zu den Gerichtsakten einzureichen. Sie kann nachgereicht werden; hierfür kann das Gericht eine Frist bestimmen. Der Mangel der Vollmacht kann in jeder Lage des Verfahrens geltend gemacht werden. Das Gericht hat den Mangel der Vollmacht von Amts wegen zu berücksichtigen, wenn nicht als Bevollmächtigter ein Rechtsanwalt auftritt. Ist ein Bevollmächtigter bestellt, sind die Zustellungen oder Mitteilungen des Gerichts an ihn zu richten. Im Übrigen gelten die §§ 81, 83 bis 86 der Zivilprozessordnung entsprechend.

(7) In der Verhandlung können die Beteiligten mit Beiständen erscheinen. Beistand kann sein, wer in Verfahren, in denen die Beteiligten den Rechtsstreit selbst führen können, als Bevollmächtigter zur Vertretung in der Verhandlung befugt ist. Das Gericht kann andere Personen als Beistand zulassen, wenn dies sachdienlich ist und hierfür nach den Umständen des Einzelfalls ein Bedürfnis besteht. Absatz 3 Satz 1 und 3 und Absatz 5 gelten entsprechend. Das von dem Beistand Vorgetragene gilt als von dem Beteiligten vorgebracht, soweit es nicht von diesem sofort widerrufen oder berichtigt wird.

## § 73a (Prozesskostenhilfe)

(1) Die Vorschriften der Zivilprozeßordnung über die Prozeßkostenhilfe gelten entsprechend. Macht der Beteiligte, dem Prozeßkostenhilfe bewilligt ist, von seinem Recht, einen Rechtsanwalt zu wählen, nicht Gebrauch, wird auf Antrag des Beteiligten der beizuordnende Rechtsanwalt vom Gericht ausgewählt.

(2) Prozeßkostenhilfe wird nicht bewilligt, wenn der Beteiligte durch einen Bevollmächtigten im Sinne des § 73 Abs. 2 Satz 2 Nr. 5 bis 9 vertreten ist.

(3) § 109 Abs. 1 Satz 2 bleibt unberührt.

## § 74 (Streitgenossenschaft und Hauptintervention)

Die §§ 59 bis 65 der Zivilprozeßordnung über die Streitgenossenschaft und die Hauptintervention gelten entsprechend.

## § 75 (Beiladung Dritter)

(1) Das Gericht kann von Amts wegen oder auf Antrag andere, deren berechtigte Interessen durch die Entscheidung berührt werden, beiladen. In Angelegenheiten des sozialen Entschädigungsrechts ist die Bundesrepublik Deutschland auf Antrag beizuladen.

(2) Sind an dem streitigen Rechtsverhältnis Dritte derart beteiligt, daß die Entscheidung auch ihnen gegenüber nur einheitlich ergehen kann, oder ergibt sich im Verfahren, daß bei der Ablehnung des Anspruchs ein anderer Versicherungsträger, ein Träger der Grundsicherung für Arbeitsuchende, ein Träger der Sozialhilfe oder in Angelegenheiten des sozialen Entschädigungsrechts ein Land als leistungspflichtig in Betracht kommt, so sind sie beizuladen.

(2a) Kommt nach Absatz 2 erste Alternative die Beiladung von mehr als 20 Personen in

Betracht, kann das Gericht durch Beschluss anordnen, dass nur solche Personen beigeladen werden, die dies innerhalb einer bestimmten Frist beantragen. Der Beschluss ist unanfechtbar. Er ist im elektronischen Bundesanzeiger bekannt zu machen. Er muss außerdem in im gesamten Bundesgebiet verbreiteten Tageszeitungen veröffentlicht werden. Die Bekanntmachung kann zusätzlich in einem von dem Gericht für Bekanntmachungen bestimmten Informations- und Kommunikationssystem erfolgen. Die Frist muss mindestens drei Monate seit der Bekanntgabe betragen. Es ist jeweils anzugeben, an welchem Tag die Antragsfrist abläuft. Für die Wiedereinsetzung in den vorigen Stand wegen Fristversäumnis gilt § 67 entsprechend. Das Gericht soll Personen, die von der Entscheidung erkennbar in besonderem Maße betroffen werden, auch ohne Antrag beiladen.

(3) Der Beiladungsbeschluß ist allen Beteiligten zuzustellen. Dabei sollen der Stand der Sache und der Grund der Beiladung angegeben werden. Der Beschluß, den Dritten beizuladen, ist unanfechtbar.

(4) Der Beigeladene kann innerhalb der Anträge der anderen Beteiligten selbständig Angriffs- und Verteidigungsmittel geltend machen und alle Verfahrenshandlungen wirksam vornehmen. Abweichende Sachanträge kann er nur dann stellen, wenn eine Beiladung nach Absatz 2 vorliegt.

(5) Ein Versicherungsträger, ein Träger der Grundsicherung für Arbeitsuchende, ein Träger der Sozialhilfe oder in Angelegenheiten des sozialen Entschädigungsrechts ein Land kann nach Beiladung verurteilt werden.

### Zweiter Unterabschnitt
### Beweissicherungsverfahren

### § 76 (Verfahren zur Sicherung von Beweisen)

(1) Auf Gesuch eines Beteiligten kann die Einnahme des Augenscheins und die Vernehmung von Zeugen und Sachverständigen zur Sicherung des Beweises angeordnet werden,

wenn zu besorgen ist, daß das Beweismittel verlorengehe oder seine Benutzung erschwert werde, oder wenn der gegenwärtige Zustand einer Person oder einer Sache festgestellt werden soll und der Antragsteller ein berechtigtes Interesse an dieser Feststellung hat.

(2) Das Gesuch ist bei dem für die Hauptsache zuständigen Sozialgericht anzubringen. In Fällen dringender Gefahr kann das Gesuch bei einem anderen Sozialgericht oder einem Amtsgericht angebracht werden, in dessen Bezirk sich die zu vernehmenden Personen aufhalten oder sich der in Augenschein zu nehmende Gegenstand befindet.

(3) Für das Verfahren gelten die §§ 487, 490 bis 494 der Zivilprozeßordnung entsprechend.

### Dritter Unterabschnitt
### Vorverfahren und einstweiliger Rechtsschutz

### § 77 (Bindungswirkung der Verwaltungsakte)

Wird der gegen einen Verwaltungsakt gegebene Rechtsbehelf nicht oder erfolglos eingelegt, so ist der Verwaltungsakt für die Beteiligten in der Sache bindend, soweit durch Gesetz nichts anderes bestimmt ist.

### § 78 (Notwendigkeit des Vorverfahrens)

(1) Vor Erhebung der Anfechtungsklage sind Rechtmäßigkeit und Zweckmäßigkeit des Verwaltungsaktes in einem Vorverfahren nachzuprüfen. Eines Vorverfahrens bedarf es nicht, wenn

1. ein Gesetz dies für besondere Fälle bestimmt oder

2. der Verwaltungsakt von einer obersten Bundesbehörde, einer obersten Landesbehörde oder von dem Vorstand der Bundesagentur für Arbeit erlassen worden ist, außer wenn ein Gesetz die Nachprüfung vorschreibt, oder

3. ein Land, ein Versicherungsträger oder einer seiner Verbände klagen will.

(2) (weggefallen)

(3) Für die Verpflichtungsklage gilt Absatz 1 entsprechend, wenn der Antrag auf Vornahme des Verwaltungsaktes abgelehnt worden ist.

### §§ 79 bis 82  (weggefallen)

### § 83  (Einleitung des Vorverfahrens)

Das Vorverfahren beginnt mit der Erhebung des Widerspruchs.

### § 84  (Widerspruchsfrist)

(1) Der Widerspruch ist binnen eines Monats, nachdem der Verwaltungsakt dem Beschwerten bekanntgegeben worden ist, schriftlich oder zur Niederschrift bei der Stelle einzureichen, die den Verwaltungsakt erlassen hat. Die Frist beträgt bei Bekanntgabe im Ausland drei Monate.

(2) Die Frist zur Erhebung des Widerspruchs gilt auch dann als gewahrt, wenn die Widerspruchsschrift bei einer anderen inländischen Behörde oder bei einem Versicherungsträger oder bei einer deutschen Konsularbehörde oder, soweit es sich um die Versicherung von Seeleuten handelt, auch bei einem deutschen Seemannsamt eingegangen ist. Die Widerspruchsschrift ist unverzüglich der zuständigen Behörde oder dem zuständigen Versicherungsträger zuzuleiten, der sie der für die Entscheidung zuständigen Stelle vorzulegen hat. Im übrigen gelten die §§ 66 und 67 entsprechend.

### § 84a  (Vorverfahren)

Für das Vorverfahren gilt § 25 Abs. 4 des Zehnten Buches Sozialgesetzbuch nicht.

### § 85  (Abhilfe bzw. Widerspruchs- bescheid)

(1) Wird der Widerspruch für begründet erachtet, so ist ihm abzuhelfen.

(2) Wird dem Widerspruch nicht abgeholfen, so erläßt den Widerspruchsbescheid

1. die nächsthöhere Behörde oder, wenn diese eine oberste Bundes- oder eine oberste Landesbehörde ist, die Behörde, die den Verwaltungsakt erlassen hat,

2. in Angelegenheiten der Sozialversicherung die von der Vertreterversammlung bestimmte Stelle,

3. in Angelegenheiten der Bundesagentur für Arbeit mit Ausnahme der Angelegenheiten nach dem Zweiten Buch Sozialgesetzbuch die von dem Vorstand bestimmte Stelle,

4. in Angelegenheiten der kommunalen Selbstverwaltung die Selbstverwaltungsbehörde, soweit nicht durch Gesetz anderes bestimmt wird.

Abweichend von Satz 1 Nr. 1 ist in Angelegenheiten nach dem Zweiten Buch Sozialgesetzbuch der zuständige Träger, der den dem Widerspruch zugrunde liegenden Verwaltungsakt erlassen hat, auch für die Entscheidung über den Widerspruch zuständig; § 44b Abs. 3 Satz 3 des Zweiten Buches Sozialgesetzbuch bleibt unberührt. Vorschriften, nach denen im Vorverfahren Ausschüsse oder Beiräte an die Stelle einer Behörde treten, bleiben unberührt. Die Ausschüsse oder Beiräte können abweichend von Satz 1 Nr. 1 auch bei der Behörde gebildet werden, die den Verwaltungsakt erlassen hat.

(3) Der Widerspruchsbescheid ist schriftlich zu erlassen, zu begründen und den Beteiligten bekanntzugeben. Nimmt die Behörde eine Zustellung vor, gelten die §§ 2 bis 10 des Verwaltungszustellungsgesetzes. § 5 Abs. 4 des Verwaltungszustellungsgesetzes und § 178 Abs. 1 Nr. 2 der Zivilprozessordnung sind auf die nach § 73 Abs. 2 Satz 2 Nr. 3 bis 9 als Bevollmächtigte zugelassenen Personen entsprechend anzuwenden. Die Beteiligten sind hierbei über die Zulässigkeit der Klage, die einzuhaltende Frist und den Sitz des zuständigen Gerichts zu belehren.

(4) Über ruhend gestellte Widersprüche kann durch eine öffentlich bekannt gegebene Allgemeinverfügung entschieden werden, wenn die den angefochtenen Verwaltungsakten zugrunde liegende Gesetzeslage durch eine Entscheidung des Bundesverfassungsgerichts bestätigt wurde, Widerspruchsbescheide gegenüber einer Vielzahl von Widerspruchsführern zur gleichen Zeit ergehen müssen und durch sie die Rechtsstellung der Betroffenen ausschließlich nach einem für alle identischen Maßstab verändert wird. Die öffentliche Be-

**2**

kanntgabe erfolgt durch Veröffentlichung der Entscheidung über den Internetauftritt der Behörde, im elektronischen Bundesanzeiger und in mindestens drei überregional erscheinenden Tageszeitungen. Auf die öffentliche Bekanntgabe, den Ort ihrer Bekanntgabe sowie die Klagefrist des § 87 Abs. 1 Satz 3 ist bereits in der Ruhensmitteilung hinzuweisen.

### § 86 (Änderung des Verwaltungsakts; Suspensiveffekt des Widerspruchs)

Wird während des Vorverfahrens der Verwaltungsakt abgeändert, so wird auch der neue Verwaltungsakt Gegenstand des Vorverfahrens; er ist der Stelle, die über den Widerspruch entscheidet, unverzüglich mitzuteilen.

### § 86a (Aufschiebende Wirkung)

(1) Widerspruch und Anfechtungsklage haben aufschiebende Wirkung. Das gilt auch bei rechtsgestaltenden und feststellenden Verwaltungsakten sowie bei Verwaltungsakten mit Drittwirkung.

(2) Die aufschiebende Wirkung entfällt

1. bei der Entscheidung über Versicherungs-, Beitrags- und Umlagepflichten sowie der Anforderung von Beiträgen, Umlagen und sonstigen öffentlichen Abgaben einschließlich der darauf entfallenden Nebenkosten,

2. in Angelegenheiten des sozialen Entschädigungsrechts und der Bundesagentur für Arbeit bei Verwaltungsakten, die eine laufende Leistung entziehen oder herabsetzen,

3. für die Anfechtungsklage in Angelegenheiten der Sozialversicherung bei Verwaltungsakten, die eine laufende Leistung herabsetzen oder entziehen,

4. in anderen durch Bundesgesetz vorgeschriebenen Fällen,

5. in Fällen, in denen die sofortige Vollziehung im öffentlichen Interesse oder im überwiegenden Interesse eines Beteiligten ist und die Stelle, die den Verwaltungsakt erlassen oder über den Widerspruch zu entscheiden hat, die sofortige Vollziehung mit schriftlicher Begründung des besonderen Interesses an der sofortigen Vollziehung anordnet.

(3) In den Fällen des Absatzes 2 kann die Stelle, die den Verwaltungsakt erlassen oder die über den Widerspruch zu entscheiden hat, die sofortige Vollziehung ganz oder teilweise aussetzen. In den Fällen des Absatzes 2 Nr. 1 soll die Aussetzung der Vollziehung erfolgen, wenn ernstliche Zweifel an der Rechtmäßigkeit des angegriffenen Verwaltungsaktes bestehen oder wenn die Vollziehung für den Abgaben- oder Kostenpflichtigen eine unbillige, nicht durch überwiegende öffentliche Interessen gebotene Härte zur Folge hätte. In den Fällen des Absatzes 2 Nr. 2 ist in Angelegenheiten des sozialen Entschädigungsrechts die nächsthöhere Behörde zuständig, es sei denn, diese ist eine oberste Bundes- oder eine oberste Landesbehörde. Die Entscheidung kann mit Auflagen versehen oder befristet werden. Die Stelle kann die Entscheidung jederzeit ändern oder aufheben.

(4) Die aufschiebende Wirkung entfällt, wenn eine Erlaubnis nach Artikel 1 § 1 des Arbeitnehmerüberlassungsgesetzes in der Fassung der Bekanntmachung vom 3. Februar 1995 (BGBl. I S. 158), das zuletzt durch Artikel 2 des Gesetzes vom 23. Juli 2001 (BGBl. I S. 1852) geändert worden ist, aufgehoben oder nicht verlängert wird. Absatz 3 gilt entsprechend.

### § 86b (Gericht der Hauptsache)

(1) Das Gericht der Hauptsache kann auf Antrag

1. in den Fällen, in denen Widerspruch oder Anfechtungsklage aufschiebende Wirkung haben, die sofortige Vollziehung ganz oder teilweise anordnen,

2. in den Fällen, in denen Widerspruch oder Anfechtungsklage keine aufschiebende Wirkung haben, die aufschiebende Wirkung ganz oder teilweise anordnen,

3. in den Fällen des § 86a Abs. 3 die sofortige Vollziehung ganz oder teilweise wiederherstellen.

Ist der Verwaltungsakt im Zeitpunkt der Entscheidung schon vollzogen oder befolgt worden, kann das Gericht die Aufhebung der Vollziehung anordnen. Die Wiederherstellung der aufschiebenden Wirkung oder die Anordnung der sofortigen Vollziehung kann mit

Auflagen versehen oder befristet werden. Das Gericht der Hauptsache kann auf Antrag die Maßnahmen jederzeit ändern oder aufheben.

(2) Soweit ein Fall des Absatzes 1 nicht vorliegt, kann das Gericht der Hauptsache auf Antrag eine einstweilige Anordnung in Bezug auf den Streitgegenstand treffen, wenn die Gefahr besteht, dass durch eine Veränderung des bestehenden Zustands die Verwirklichung eines Rechts des Antragstellers vereitelt oder wesentlich erschwert werden könnte. Einstweilige Anordnungen sind auch zur Regelung eines vorläufigen Zustands in Bezug auf ein streitiges Rechtsverhältnis zulässig, wenn eine solche Regelung zur Abwendung wesentlicher Nachteile nötig erscheint. Das Gericht der Hauptsache ist das Gericht des ersten Rechtszugs und, wenn die Hauptsache im Berufungsverfahren anhängig ist, das Berufungsgericht. Die §§ 920, 921, 923, 926, 928 bis 932, 938, 939 und 945 der Zivilprozessordnung gelten entsprechend.

(3) Die Anträge nach den Absätzen 1 und 2 sind schon vor Klageerhebung zulässig.

(4) Das Gericht entscheidet durch Beschluss.

Vierter Unterabschnitt
Verfahren im ersten Rechtszug

### § 87 (Klagefrist)

(1) Die Klage ist binnen eines Monats nach Bekanntgabe des Verwaltungsaktes zu erheben. Die Frist beträgt bei Bekanntgabe im Ausland drei Monate. Bei einer öffentlichen Bekanntgabe nach § 85 Abs. 4 beträgt die Frist ein Jahr. Die Frist beginnt mit dem Tag zu laufen, an dem seit dem Tag der letzten Veröffentlichung zwei Wochen verstrichen sind.

(2) Hat ein Vorverfahren stattgefunden, so beginnt die Frist mit der Bekanntgabe des Widerspruchsbescheids.

### § 88 (Untätigkeitsklage)

(1) Ist ein Antrag auf Vornahme eines Verwaltungsakts ohne zureichenden Grund in angemessener Frist sachlich nicht beschieden wor-

den, so ist die Klage nicht vor Ablauf von sechs Monaten seit dem Antrag auf Vornahme des Verwaltungsakts zulässig. Liegt ein zureichender Grund dafür vor, daß der beantragte Verwaltungsakt noch nicht erlassen ist, so setzt das Gericht das Verfahren bis zum Ablauf einer von ihm bestimmten Frist aus, die verlängert werden kann. Wird innerhalb dieser Frist dem Antrag stattgegeben, so ist die Hauptsache für erledigt zu erklären.

(2) Das gleiche gilt, wenn über einen Widerspruch nicht entschieden worden ist, mit der Maßgabe, daß als angemessene Frist eine solche von drei Monaten gilt.

### § 89 (Ausnahmen von der Klagefrist)

Die Klage ist an keine Frist gebunden, wenn die Feststellung der Nichtigkeit eines Verwaltungsakts oder die Feststellung des zuständigen Versicherungsträgers oder die Vornahme eines unterlassenen Verwaltungsakts begehrt wird.

### § 90 (Klageerhebung)

Die Klage ist bei dem zuständigen Gericht der Sozialgerichtsbarkeit schriftlich oder zur Niederschrift des Urkundsbeamten der Geschäftsstelle zu erheben.

### § 91 (Wahrung der Klagefrist bei fehlerhafter Einreichung)

(1) Die Frist für die Erhebung der Klage gilt auch dann als gewahrt, wenn die Klageschrift innerhalb der Frist statt bei dem zuständigen Gericht der Sozialgerichtsbarkeit bei einer anderen inländischen Behörde oder bei einem Versicherungsträger oder bei einer deutschen Konsularbehörde oder, soweit es sich um die Versicherung von Seeleuten handelt, auch bei einem deutschen Seemannsamt im Ausland eingegangen ist.

(2) Die Klageschrift ist unverzüglich an das zuständige Gericht der Sozialgerichtsbarkeit abzugeben.

### § 92 (Inhalt der Klageschrift)

(1) Die Klage muss den Kläger, den Beklagten und den Gegenstand des Klagebegehrens bezeichnen. Zur Bezeichnung des Beklagten genügt die Angabe der Behörde. Die Klage

**2**

soll einen bestimmten Antrag enthalten und von dem Kläger oder einer zu seiner Vertretung befugten Person mit Orts- und Zeitangabe unterzeichnet sein. Die zur Begründung dienenden Tatsachen und Beweismittel sollen angegeben, die angefochtene Verfügung und der Widerspruchsbescheid sollen in Urschrift oder in Abschrift beigefügt werden.

(2) Entspricht die Klage diesen Anforderungen nicht, hat der Vorsitzende den Kläger zu der erforderlichen Ergänzung innerhalb einer bestimmten Frist aufzufordern. Er kann dem Kläger für die Ergänzung eine Frist mit ausschließender Wirkung setzen, wenn es an einem der in Absatz 1 Satz 1 genannten Erfordernisse fehlt. Für die Wiedereinsetzung in den vorigen Stand gilt § 67 entsprechend.

### § 93 (Anlagen zur Klageschrift)

Der Klageschrift, den sonstigen Schriftsätzen und nach Möglichkeit den Unterlagen sind vorbehaltlich des § 65a Abs. 2 Satz 2 Abschriften für die Beteiligten beizufügen. Sind die erforderlichen Abschriften nicht eingereicht, so fordert das Gericht sie nachträglich an oder fertigt sie selbst an. Die Kosten für die Anfertigung können von dem Kläger eingezogen werden.

### § 94 (Rechtshängigkeit)

Durch die Erhebung der Klage wird die Streitsache rechtshängig.

### § 95 (Streitgegenstand)

Hat ein Vorverfahren stattgefunden, so ist Gegenstand der Klage der ursprüngliche Verwaltungsakt in der Gestalt, die er durch den Widerspruchsbescheid gefunden hat.

### § 96 (Streitgegenstand bei Änderung des Verwaltungsakts)

(1) Nach Klageerhebung wird ein neuer Verwaltungsakt nur dann Gegenstand des Klageverfahrens, wenn er nach Erlass des Widerspruchsbescheides ergangen ist und den angefochtenen Verwaltungsakt abändert oder ersetzt.

(2) Eine Abschrift des neuen Verwaltungsakts ist dem Gericht mitzuteilen, bei dem das Verfahren anhängig ist.

### § 97 (weggefallen)

### § 98 (Verweisung des Rechtsstreits)

Für die sachliche und örtliche Zuständigkeit gelten die §§ 17, 17a und 17b Abs. 1, Abs. 2 Satz 1 des Gerichtsverfassungsgesetzes entsprechend. Beschlüsse entsprechend § 17a Abs. 2 und 3 des Gerichtsverfassungsgesetzes sind unanfechtbar.

### § 99 (Zulässigkeit der Klageänderung)

(1) Eine Änderung der Klage ist nur zulässig, wenn die übrigen Beteiligten einwilligen oder das Gericht die Änderung für sachdienlich hält.

(2) Die Einwilligung der Beteiligten in die Änderung der Klage ist anzunehmen, wenn sie sich, ohne der Änderung zu widersprechen, in einem Schriftsatz oder in einer mündlichen Verhandlung auf die abgeänderte Klage eingelassen haben.

(3) Als eine Änderung der Klage ist es nicht anzusehen, wenn ohne Änderung des Klagegrundes

1. die tatsächlichen oder rechtlichen Ausführungen ergänzt oder berichtigt werden,

2. der Klageantrag in der Hauptsache oder in bezug auf Nebenforderungen erweitert oder beschränkt wird,

3. statt der ursprünglich geforderten Leistung wegen einer später eingetretenen Veränderung eine andere Leistung verlangt wird.

(4) Die Entscheidung, daß eine Änderung der Klage nicht vorliege oder zuzulassen sei, ist unanfechtbar.

### § 100 (Zulässigkeit der Widerklage)

Bei dem Gericht der Klage kann eine Widerklage erhoben werden, wenn der Gegenanspruch mit dem in der Klage geltend gemachten Anspruch oder mit den gegen ihn vorgebrachten Verteidigungsmitteln zusammenhängt.

### § 101 (Vergleich und Anerkenntnis)

(1) Um den geltend gemachten Anspruch vollständig oder zum Teil zu erledigen, können die Beteiligten zur Niederschrift des Ge-

richts oder des Vorsitzenden oder des beauftragten oder ersuchten Richters einen Vergleich schließen, soweit sie über den Gegenstand der Klage verfügen können.

(2) Das angenommene Anerkenntnis des geltend gemachten Anspruchs erledigt insoweit den Rechtsstreit in der Hauptsache.

### § 102 (Zulässigkeit der Klagerücknahme)

(1) Der Kläger kann die Klage bis zur Rechtskraft des Urteils zurücknehmen. Die Klagerücknahme erledigt den Rechtsstreit in der Hauptsache.

(2) Die Klage gilt als zurückgenommen, wenn der Kläger das Verfahren trotz Aufforderung des Gerichts länger als drei Monate nicht betreibt. Absatz 1 gilt entsprechend. Der Kläger ist in der Aufforderung auf die sich aus Satz 1 und gegebenenfalls aus § 197a Abs. 1 Satz 1 in Verbindung mit § 155 Abs. 2 der Verwaltungsgerichtsordnung ergebenden Rechtsfolgen hinzuweisen.

(3) Ist die Klage zurückgenommen oder gilt sie als zurückgenommen, so stellt das Gericht das Verfahren auf Antrag durch Beschluss ein und entscheidet über Kosten, soweit diese entstanden sind. Der Beschluss ist unanfechtbar.

### § 103 (Untersuchungsgrundsatz)

Das Gericht erforscht den Sachverhalt von Amts wegen; die Beteiligten sind dabei heranzuziehen. Es ist an das Vorbringen und die Beweisanträge der Beteiligten nicht gebunden.

### § 104 (Klagezustellung und Äußerungsfrist)

Der Vorsitzende übermittelt eine Abschrift der Klage an die übrigen Beteiligten. Zugleich mit der Zustellung oder Mitteilung ergeht die Aufforderung, sich schriftlich zu äußern; § 90 gilt entsprechend. Für die Äußerung kann eine Frist gesetzt werden, die nicht kürzer als ein Monat sein soll. Die Aufforderung muß den Hinweis enthalten, daß auch verhandelt und entschieden werden kann, wenn die Äußerung nicht innerhalb der Frist eingeht. Soweit das Gericht die Übersendung von Ver-

waltungsakten anfordert, soll diese binnen eines Monats nach Eingang der Aufforderung bei dem zuständigen Verwaltungsträger erfolgen. Die Übersendung einer beglaubigten Abschrift steht der Übersendung der Originalverwaltungsakten gleich, sofern nicht das Gericht die Übersendung der Originalverwaltungsakten wünscht.

### § 105 (Gerichtsbescheid)

(1) Das Gericht kann ohne mündliche Verhandlung durch Gerichtsbescheid entscheiden, wenn die Sache keine besonderen Schwierigkeiten tatsächlicher oder rechtlicher Art aufweist und der Sachverhalt geklärt ist. Die Beteiligten sind vorher zu hören. Die Vorschriften über Urteile gelten entsprechend.

(2) Die Beteiligten können innerhalb eines Monats nach Zustellung des Gerichtsbescheids das Rechtsmittel einlegen, das zulässig wäre, wenn das Gericht durch Urteil entschieden hätte. Ist die Berufung nicht gegeben, kann mündliche Verhandlung beantragt werden. Wird sowohl ein Rechtsmittel eingelegt als auch mündliche Verhandlung beantragt, findet mündliche Verhandlung statt.

(3) Der Gerichtsbescheid wirkt als Urteil; wird rechtzeitig mündliche Verhandlung beantragt, gilt er als nicht ergangen.

(4) Wird mündliche Verhandlung beantragt, kann das Gericht in dem Urteil von einer weiteren Darstellung des Tatbestandes und der Entscheidungsgründe absehen, soweit es der Begründung des Gerichtsbescheids folgt und dies in seiner Entscheidung feststellt.

### § 106 (Vorbereitung der Verhandlung)

(1) Der Vorsitzende hat darauf hinzuwirken, daß Formfehler beseitigt, unklare Anträge erläutert, sachdienliche Anträge gestellt, ungenügende Angaben tatsächlicher Art ergänzt sowie alle für die Feststellung und Beurteilung des Sachverhalts wesentlichen Erklärungen abgegeben werden.

(2) Der Vorsitzende hat bereits vor der mündlichen Verhandlung alle Maßnahmen zu treffen, die notwendig sind, um den Rechtsstreit

**2**

möglichst in einer mündlichen Verhandlung zu erledigen.

(3) Zu diesem Zweck kann er insbesondere

1. um Mitteilung von Urkunden sowie um Übermittlung elektronischer Dokumente ersuchen,

2. Krankenpapiere, Aufzeichnungen, Krankengeschichten, Sektions- und Untersuchungsbefunde sowie Röntgenbilder beiziehen,

3. Auskünfte jeder Art einholen,

4. Zeugen und Sachverständige in geeigneten Fällen vernehmen oder, auch eidlich, durch den ersuchten Richter vernehmen lassen,

5. die Einnahme des Augenscheins sowie die Begutachtung durch Sachverständige anordnen und ausführen,

6. andere beiladen,

7. einen Termin anberaumen, das persönliche Erscheinen der Beteiligten hierzu anordnen und den Sachverhalt mit diesen erörtern.

(4) Für die Beweisaufnahme gelten die §§ 116, 118 und 119 entsprechend.

### § 106a (Fristsetzung)

(1) Der Vorsitzende kann dem Kläger eine Frist setzen zur Angabe der Tatsachen, durch deren Berücksichtigung oder Nichtberücksichtigung im Verwaltungsverfahren er sich beschwert fühlt.

(2) Der Vorsitzende kann einem Beteiligten unter Fristsetzung aufgeben, zu bestimmten Vorgängen

1. Tatsachen anzugeben oder Beweismittel zu bezeichnen,

2. Urkunden oder andere bewegliche Sachen vorzulegen sowie elektronische Dokumente zu übermitteln, soweit der Beteiligte dazu verpflichtet ist.

(3) Das Gericht kann Erklärungen und Beweismittel, die erst nach Ablauf einer nach den Absätzen 1 und 2 gesetzten Frist vorgebracht werden, zurückweisen und ohne weitere Ermittlungen entscheiden, wenn

1. ihre Zulassung nach der freien Überzeugung des Gerichts die Erledigung des Rechtsstreits verzögern würde und

2. der Beteiligte die Verspätung nicht genügend entschuldigt und

3. der Beteiligte über die Folgen einer Fristversäumung belehrt worden ist.

Der Entschuldigungsgrund ist auf Verlangen des Gerichts glaubhaft zu machen. Satz 1 gilt nicht, wenn es mit geringem Aufwand möglich ist, den Sachverhalt auch ohne Mitwirkung des Beteiligten zu ermitteln.

### § 107 (Bekanntgabe des Beweisergebnisses)

Den Beteiligten ist nach Anordnung des Vorsitzenden entweder eine Abschrift der Niederschrift der Beweisaufnahme oder deren Inhalt mitzuteilen.

### § 108 (Vorbereitende Schriftsätze)

Die Beteiligten können zur Vorbereitung der mündlichen Verhandlung Schriftsätze einreichen. Die Schriftsätze sind den übrigen Beteiligten von Amts wegen mitzuteilen.

### § 109 (Gutachtliche Hörung von Ärzten)

(1) Auf Antrag des Versicherten, des behinderten Menschen, des Versorgungsberechtigten oder Hinterbliebenen muß ein bestimmter Arzt gutachtlich gehört werden. Die Anhörung kann davon abhängig gemacht werden, daß der Antragsteller die Kosten vorschießt und vorbehaltlich einer anderen Entscheidung des Gerichts endgültig trägt.

(2) Das Gericht kann einen Antrag ablehnen, wenn durch die Zulassung die Erledigung des Rechtsstreits verzögert werden würde und der Antrag nach der freien Überzeugung des Gerichts in der Absicht, das Verfahren zu verschleppen, oder aus grober Nachlässigkeit nicht früher vorgebracht worden ist.

### § 110 (Bestimmung und Mitteilung von Ort und Zeit der mündlichen Verhandlung)

(1) Der Vorsitzende bestimmt Ort und Zeit der mündlichen Verhandlung und teilt sie den Beteiligten in der Regel zwei Wochen vorher mit. Die Beteiligten sind darauf hinzuweisen, daß im Falle ihres Ausbleibens nach Lage der Akten entschieden werden kann.

(2) Das Gericht kann Sitzungen auch außerhalb des Gerichtssitzes abhalten, wenn dies zur sachdienlichen Erledigung notwendig ist.

(3) § 227 Abs. 3 Satz 1 der Zivilprozeßordnung ist nicht anzuwenden.

### § 111 (Anordnung des persönlichen Erscheinens der Beteiligten)

(1) Der Vorsitzende kann das persönliche Erscheinen eines Beteiligten zur mündlichen Verhandlung anordnen sowie Zeugen und Sachverständige laden. Auf die Folgen des Ausbleibens ist dabei hinzuweisen.

(2) Die Ladung von Zeugen und Sachverständigen ist den Beteiligten bei der Mitteilung des Termins zur mündlichen Verhandlung bekanntzugeben.

### § 112 (Gang der mündlichen Verhandlung)

(1) Der Vorsitzende eröffnet und leitet die mündliche Verhandlung. Sie beginnt nach Aufruf der Sache mit der Darstellung des Sachverhalts.

(2) Sodann erhalten die Beteiligten das Wort. Der Vorsitzende hat das Sach- und Streitverhältnis mit den Beteiligten zu erörtern und dahin zu wirken, daß sie sich über erhebliche Tatsachen vollständig erklären sowie angemessene und sachdienliche Anträge stellen.

(3) Die Anträge können ergänzt, berichtigt oder im Rahmen des § 99 geändert werden.

(4) Der Vorsitzende hat jedem Beisitzer auf Verlangen zu gestatten, sachdienliche Fragen zu stellen. Wird eine Frage von einem Beteiligten beanstandet, so entscheidet das Gericht endgültig.

### § 113 (Klageverbindung und -trennung)

(1) Das Gericht kann durch Beschluß mehrere bei ihm anhängige Rechtsstreitigkeiten derselben Beteiligten oder verschiedener Beteiligter zur gemeinsamen Verhandlung und Entscheidung verbinden, wenn die Ansprüche, die den Gegenstand dieser Rechtsstreitigkeiten bilden, in Zusammenhang stehen oder von vornherein in einer Klage hätten geltend gemacht werden können.

(2) Die Verbindung kann, wenn es zweckmäßig ist, auf Antrag oder von Amts wegen wieder aufgehoben werden.

### § 114 (Aussetzung des Verfahrens)

(1) Hängt die Entscheidung eines Rechtsstreits von einem familien- oder erbrechtlichen Verhältnis ab, so kann das Gericht das Verfahren solange aussetzen, bis dieses Verhältnis im Zivilprozeß festgestellt worden ist.

(2) Hängt die Entscheidung des Rechtsstreits ganz oder zum Teil vom Bestehen oder Nichtbestehen eines Rechtsverhältnisses ab, das den Gegenstand eines anderen anhängigen Rechtsstreits bildet oder von einer Verwaltungsstelle festzustellen ist, so kann das Gericht anordnen, daß die Verhandlung bis zur Erledigung des anderen Rechtsstreits oder bis zur Entscheidung der Verwaltungsstelle auszusetzen sei. Auf Antrag kann das Gericht die Verhandlung zur Heilung von Verfahrens- und Formfehlern aussetzen, soweit dies im Sinne der Verfahrenskonzentration sachdienlich ist.

(3) Das Gericht kann, wenn sich im Laufe eines Rechtsstreits der Verdacht einer Straftat ergibt, deren Ermittlung auf die Entscheidung von Einfluß ist, die Aussetzung der Verhandlung bis zur Erledigung des Strafverfahrens anordnen.

### § 114a (Musterverfahren)

(1) Ist die Rechtmäßigkeit einer behördlichen Maßnahme Gegenstand von mehr als 20 Verfahren an einem Gericht, kann das Gericht eines oder mehrere geeignete Verfahren vorab durchführen (Musterverfahren) und die übrigen Verfahren aussetzen. Die Beteiligten sind vorher zu hören. Der Beschluss ist unanfechtbar.

(2) Ist über die durchgeführten Musterverfahren rechtskräftig entschieden worden, kann das Gericht nach Anhörung der Beteiligten über die ausgesetzten Verfahren durch Beschluss entscheiden, wenn es einstimmig der Auffassung ist, dass die Sachen gegenüber dem rechtskräftig entschiedenen Musterverfahren keine wesentlichen Besonderheiten tatsächlicher oder rechtlicher Art aufweisen und der Sachverhalt geklärt ist. Das Gericht kann in einem Musterverfahren erhobene Be-

weise einführen; es kann nach seinem Ermessen die wiederholte Vernehmung eines Zeugen oder eine neue Begutachtung durch denselben oder andere Sachverständige anordnen. Beweisanträge zu Tatsachen, über die bereits im Musterverfahren Beweis erhoben wurde, kann das Gericht ablehnen, wenn ihre Zulassung nach seiner freien Überzeugung nicht zum Nachweis neuer entscheidungserheblicher Tatsachen beitragen und die Erledigung des Rechtsstreits verzögern würde. Die Ablehnung kann in der Entscheidung nach Satz 1 erfolgen. Den Beteiligten steht gegen den Beschluss nach Satz 1 das Rechtsmittel zu, das zulässig wäre, wenn das Gericht durch Urteil entschieden hätte. Die Beteiligten sind über das Rechtsmittel zu belehren.

### § 115 (Verfahren bei Entfernung eines Beteiligten)

Ist ein bei der Verhandlung Beteiligter zur Aufrechterhaltung der Ordnung von dem Ort der Verhandlung entfernt worden, so kann gegen ihn in gleicher Weise verfahren werden, als wenn er sich freiwillig entfernt hätte. Das gleiche gilt im Falle des § 73 Abs. 3 Satz 1 und 3, sofern die Zurückweisung bereits in einer früheren Verhandlung geschehen war.

### § 116 (Beweistermine)

Die Beteiligten werden von allen Beweisaufnahmeterminen benachrichtigt und können der Beweisaufnahme beiwohnen. Sie können an Zeugen und Sachverständige sachdienliche Fragen richten lassen. Wird eine Frage beanstandet, so entscheidet das Gericht.

### § 117 (Verfahren bei Beweiserhebung)

Das Gericht erhebt Beweis in der mündlichen Verhandlung, soweit die Beweiserhebung nicht einen besonderen Termin erfordert.

### § 118 (Beweisaufnahme)

(1) Soweit dieses Gesetz nichts anderes bestimmt, sind auf die Beweisaufnahme die §§ 358 bis 363, 365 bis 378, 380 bis 386, 387 Abs. 1 und 2, §§ 388 bis 390, 392 bis 444, 478 bis 484 der Zivilprozeßordnung ent-

sprechend anzuwenden. Die Entscheidung über die Rechtmäßigkeit der Weigerung nach § 387 der Zivilprozeßordnung ergeht durch Beschluß.

(2) Zeugen und Sachverständige werden nur beeidigt, wenn das Gericht dies im Hinblick auf die Bedeutung des Zeugnisses oder Gutachtens für die Entscheidung des Rechtsstreits für notwendig erachtet.

(3) Der Vorsitzende kann das Auftreten eines Prozeßbevollmächtigten untersagen, solange die Partei trotz Anordnung ihres persönlichen Erscheinens unbegründet ausgeblieben ist und hierdurch der Zweck der Anordnung vereitelt wird.

### § 119 (Vorlage von Behördenakten und Auskunftspflicht)

(1) Eine Behörde ist zur Vorlage von Urkunden oder Akten, zur Übermittlung elektronischer Dokumente und zu Auskünften nicht verpflichtet, wenn die zuständige oberste Aufsichtsbehörde erklärt, dass das Bekanntwerden des Inhalts dieser Urkunden, Akten, elektronischer Dokumente oder Auskünfte dem Wohl des Bundes oder eines deutschen Landes nachteilig sein würde oder dass die Vorgänge nach einem Gesetz oder ihrem Wesen nach geheim gehalten werden müssen.

(2) Handelt es sich um Urkunden, elektronische Dokumente oder Akten und um Auskünfte einer obersten Bundesbehörde, so darf die Vorlage der Urkunden oder Akten, die Übermittlung elektronischer Dokumente und die Erteilung der Auskunft nur unterbleiben, wenn die Erklärung nach Absatz 1 von der Bundesregierung abgegeben wird. Die Landesregierung hat die Erklärung abzugeben, wenn diese Voraussetzungen bei einer obersten Landesbehörde vorliegen.

### § 120 (Akteneinsicht und Abschriften)

(1) Die Beteiligten haben das Recht der Einsicht in die Akten, soweit die übermittelnde Behörde dieses nicht ausschließt.

(2) Beteiligte können sich auf ihre Kosten durch die Geschäftsstelle Ausfertigungen, Auszüge, Ausdrucke und Abschriften erteilen lassen. Nach dem Ermessen des Vorsitzenden

kann einem Bevollmächtigten, der zu den in § 73 Abs. 2 Satz 1 und 2 Nr. 3 bis 9 bezeichneten natürlichen Personen gehört, die Mitnahme der Akte in die Wohnung oder Geschäftsräume, der elektronische Zugriff auf den Inhalt der Akten gestattet oder der Inhalt der Akten elektronisch übermittelt werden. § 155 Abs. 4 gilt entsprechend. Bei einem elektronischen Zugriff auf den Inhalt der Akten ist sicherzustellen, dass der Zugriff nur durch den Bevollmächtigten erfolgt. Für die Übermittlung von elektronischen Dokumenten ist die Gesamtheit der Dokumente mit einer qualifizierten elektronischen Signatur nach § 2 Nr. 3 des Signaturgesetzes zu versehen und gegen unbefugte Kenntnisnahme zu schützen. Für die Versendung von Akten, die Übermittlung elektronischer Dokumente und die Gewährung des elektronischen Zugriffs auf Akten werden Kosten nicht erhoben, sofern nicht nach § 197a das Gerichtskostengesetz gilt.

(3) Der Vorsitzende kann aus besonderen Gründen die Einsicht in die Akten oder in Aktenteile sowie die Fertigung oder Erteilung von Auszügen und Abschriften versagen oder beschränken. Gegen die Versagung oder die Beschränkung der Akteneinsicht kann das Gericht angerufen werden; es entscheidet endgültig.

(4) Die Entwürfe zu Urteilen, Beschlüssen und Verfügungen, die zu ihrer Vorbereitung angefertigten Arbeiten sowie die Dokumente, welche Abstimmungen betreffen, werden weder vorgelegt noch abschriftlich mitgeteilt.

### § 121 (Schluß und Wiedereröffnung der mündlichen Verhandlung)

Nach genügender Erörterung der Streitsache erklärt der Vorsitzende die mündliche Verhandlung für geschlossen. Das Gericht kann die Wiedereröffnung beschließen.

### § 122 (Protokoll)

Für die Niederschrift gelten die §§ 159 bis 165 der Zivilprozeßordnung entsprechend.

Fünfter Unterabschnitt
Urteile und Beschlüsse

### § 123 (Urteilstenor)

Das Gericht entscheidet über die vom Kläger erhobenen Ansprüche, ohne an die Fassung der Anträge gebunden zu sein.

### § 124 (Entscheidungsgrundlage)

(1) Das Gericht entscheidet, soweit nichts anderes bestimmt ist, auf Grund mündlicher Verhandlung.

(2) Mit Einverständnis der Beteiligten kann das Gericht ohne mündliche Verhandlung durch Urteil entscheiden.

(3) Entscheidungen des Gerichts, die nicht Urteile sind, können ohne mündliche Verhandlung ergehen, soweit nichts anderes bestimmt ist.

### § 125 (Urteil)

Über die Klage wird, soweit nichts anderes bestimmt ist, durch Urteil entschieden.

### § 126 (Entscheidung bei Ausbleiben von Beteiligten)

Das Gericht kann, sofern in der Ladung auf diese Möglichkeit hingewiesen worden ist, nach Lage der Akten entscheiden, wenn in einem Termin keiner der Beteiligten erscheint oder beim Ausbleiben von Beteiligten die erschienenen Beteiligten es beantragen.

### § 127 (Verbot von Überraschungsentscheidungen)

Ist ein Beteiligter nicht benachrichtigt worden, daß in der mündlichen Verhandlung eine Beweiserhebung stattfindet, und ist er in der mündlichen Verhandlung nicht zugegen oder vertreten, so kann in diesem Termin ein ihm ungünstiges Urteil nicht erlassen werden.

### § 128 (Freie Beweiswürdigung)

(1) Das Gericht entscheidet nach seiner freien, aus dem Gesamtergebnis des Verfahrens gewonnenen Überzeugung. In dem Urteil sind die Gründe anzugeben, die für die richterliche Überzeugung leitend gewesen sind.

**2**

(2) Das Urteil darf nur auf Tatsachen und Beweisergebnisse gestützt werden, zu denen sich die Beteiligten äußern können.

### § 129 (Erkennende Richter bei mündlicher Verhandlung)

Das Urteil kann nur von den Richtern gefällt werden, die an der dem Urteil zugrunde liegenden Verhandlung teilgenommen haben.

### § 130 (Grundurteil)

(1) Wird gemäß § 54 Abs. 4 oder 5 eine Leistung in Geld begehrt, auf die ein Rechtsanspruch besteht, so kann auch zur Leistung nur dem Grunde nach verurteilt werden. Hierbei kann im Urteil eine einmalige oder laufende vorläufige Leistung angeordnet werden. Die Anordnung der vorläufigen Leistung ist nicht anfechtbar.

(2) Das Gericht kann durch Zwischenurteil über eine entscheidungserhebliche Sach- oder Rechtsfrage vorab entscheiden, wenn dies sachdienlich ist.

### § 131 (Urteilsinhalt)

(1) Wird ein Verwaltungsakt oder ein Widerspruchsbescheid, der bereits vollzogen ist, aufgehoben, so kann das Gericht aussprechen, daß und in welcher Weise die Vollziehung des Verwaltungsaktes rückgängig zu machen ist. Dies ist nur zulässig, wenn die Verwaltungsstelle rechtlich dazu in der Lage und diese Frage ohne weiteres in jeder Beziehung spruchreif ist. Hat sich der Verwaltungsakt vorher durch Zurücknahme oder anders erledigt, so spricht das Gericht auf Antrag durch Urteil aus, daß der Verwaltungsakt rechtswidrig ist, wenn der Kläger ein berechtigtes Interesse an dieser Feststellung hat.

(2) Hält das Gericht die Verurteilung zum Erlaß eines abgelehnten Verwaltungsakts für begründet und die Sache in jeder Beziehung für spruchreif, so ist im Urteil die Verpflichtung auszusprechen, den beantragten Verwaltungsakt zu erlassen. Dies gilt auch bei Klagen auf Verurteilung zum Erlass eines Verwaltungsaktes und bei Klagen nach § 54 Abs. 4. Absatz 3 gilt entsprechend.

(3) Hält das Gericht die Unterlassung eines Verwaltungsakts für rechtswidrig, so ist im Urteil die Verpflichtung auszusprechen, den Kläger unter Beachtung der Rechtsauffassung des Gerichts zu bescheiden.

(4) Hält das Gericht eine Wahl im Sinne des § 57b oder eine Wahl zu den Selbstverwaltungsorganen der Kassenärztlichen Vereinigungen oder der Kassenärztlichen Bundesvereinigungen ganz oder teilweise oder eine Ergänzung der Selbstverwaltungsorgane für ungültig, so spricht es dies im Urteil aus und bestimmt die Folgerungen, die sich aus der Ungültigkeit ergeben.

(5) Hält das Gericht in den Fällen des § 54 Abs. 1 Satz 1 und Abs. 4 eine weitere Sachaufklärung für erforderlich, kann es, ohne in der Sache selbst zu entscheiden, den Verwaltungsakt und den Widerspruchsbescheid aufheben, soweit nach Art oder Umfang die noch erforderlichen Ermittlungen erheblich sind und die Aufhebung auch unter Berücksichtigung der Belange der Beteiligten sachdienlich ist. Auf Antrag kann das Gericht bis zum Erlass des neuen Verwaltungsakts eine einstweilige Regelung treffen, insbesondere bestimmen, dass Sicherheiten geleistet werden oder ganz oder zum Teil bestehen bleiben und Leistungen zunächst nicht zurückgewährt werden müssen. Der Beschluss kann jederzeit geändert oder aufgehoben werden. Eine Entscheidung nach Satz 1 kann nur binnen sechs Monaten seit Eingang der Akten der Behörde bei Gericht ergehen.

### § 132 (Urteilsverkündung; Zeit)

(1) Das Urteil ergeht im Namen des Volkes. Es wird grundsätzlich in dem Termin verkündet, in dem die mündliche Verhandlung geschlossen wird. Ausnahmsweise kann das Urteil in einem sofort anzuberaumenden Termin, der nicht über zwei Wochen hinaus angesetzt werden soll, verkündet werden. Eine Ladung der Beteiligten ist nicht erforderlich.

(2) Das Urteil wird durch Verlesen der Urteilsformel verkündet. Bei der Verkündung soll der wesentliche Inhalt der Entscheidungsgründe mitgeteilt werden, wenn Beteiligte anwesend sind.

### § 133 (Ersatz der Verkündung eines schriftlichen Verfahrens)

Bei Urteilen, die nicht auf Grund mündlicher Verhandlung ergehen, wird die Verkündung durch Zustellung ersetzt. Dies gilt für die Verkündung von Beschlüssen entsprechend.

### § 134 (Unterschrift des Vorsitzenden)

(1) Das Urteil ist vom Vorsitzenden zu unterschreiben.

(2) Das Urteil soll vor Ablauf eines Monats, vom Tag der Verkündung an gerechnet, vollständig abgefasst der Geschäftsstelle übermittelt werden. Im Falle des § 170a verlängert sich die Frist um die zur Anhörung der ehrenamtlichen Richter benötigte Zeit.

(3) Der Urkundsbeamte der Geschäftsstelle hat auf dem Urteil den Tag der Verkündung oder Zustellung zu vermerken und diesen Vermerk zu unterschreiben. Werden die Akten elektronisch geführt, hat der Urkundsbeamte der Geschäftsstelle den Vermerk in einem gesonderten Dokument festzuhalten. Das Dokument ist mit dem Urteil untrennbar zu verbinden.

### § 135 (Urteilszustellung)

Das Urteil ist den Beteiligten unverzüglich zuzustellen.

### § 136 (Form und Inhalt des Urteils)

(1) Das Urteil enthält

1. die Bezeichnung der Beteiligten, ihrer gesetzlichen Vertreter und der Bevollmächtigten nach Namen, Wohnort und ihrer Stellung im Verfahren,

2. die Bezeichnung des Gerichts und die Namen der Mitglieder, die bei der Entscheidung mitgewirkt haben,

3. den Ort und Tag der mündlichen Verhandlung,

4. die Urteilsformel,

5. die gedrängte Darstellung des Tatbestandes,

6. die Entscheidungsgründe,

7. die Rechtsmittelbelehrung.

(2) Die Darstellung des Tatbestandes kann durch eine Bezugnahme auf den Inhalt der vorbereitenden Schriftsätze und auf die zur Sitzungsniederschrift erfolgten Feststellungen ersetzt werden, soweit sich aus ihnen der Sach- und Streitstand richtig und vollständig ergibt. In jedem Falle sind jedoch die erhobenen Ansprüche genügend zu kennzeichnen und die dazu vorgebrachten Angriffs- und Verteidigungsmittel ihrem Wesen nach hervorzuheben.

(3) Das Gericht kann von einer weiteren Darstellung der Entscheidungsgründe absehen, soweit es der Begründung des Verwaltungsaktes oder des Widerspruchsbescheides folgt und dies in seiner Entscheidung feststellt.

(4) Wird das Urteil in dem Termin, in dem die mündliche Verhandlung geschlossen worden ist, verkündet, so bedarf es des Tatbestandes und der Entscheidungsgründe nicht, wenn Kläger, Beklagter und sonstige rechtsmittelberechtigte Beteiligte auf Rechtsmittel gegen das Urteil verzichten.

### § 137 (Ausfertigungen des Urteils)

Die Ausfertigungen des Urteils sind von dem Urkundsbeamten der Geschäftsstelle zu unterschreiben und mit dem Gerichtssiegel zu versehen. Ausfertigungen, Auszüge und Abschriften eines als elektronisches Dokument (§ 65a Abs. 3) vorliegenden Urteils können von einem Urteilsausdruck gemäß § 65b Abs. 4 erteilt werden. Ausfertigungen, Auszüge und Abschriften eines in Papierform vorliegenden Urteils können durch Telekopie oder als elektronisches Dokument (§ 65a Abs. 3) erteilt werden. Die Telekopie hat eine Wiedergabe der Unterschrift des Urkundsbeamten der Geschäftsstelle sowie des Gerichtssiegels zu enthalten. Das elektronische Dokument ist mit einer qualifizierten elektronischen Signatur des Urkundsbeamten der Geschäftsstelle zu versehen.

### § 138 (Berichtigung des Urteils)

Schreibfehler, Rechenfehler und ähnliche offenbare Unrichtigkeiten im Urteil sind jederzeit von Amts wegen zu berichtigen. Der Vorsitzende entscheidet hierüber durch Beschluß. Der Berichtigungsbeschluß wird auf dem Urteil und den Ausfertigungen vermerkt. Werden die Akten elektronisch geführt, hat der Urkundsbeamte der Geschäftsstelle den

Vermerk in einem gesonderten Dokument festzuhalten. Das Dokument ist mit dem Urteil untrennbar zu verbinden.

### § 139 (Tatbestandsberichtigung)

(1) Enthält der Tatbestand des Urteils andere Unrichtigkeiten oder Unklarheiten, so kann die Berichtigung binnen zwei Wochen nach Zustellung des Urteils beantragt werden.

(2) Das Gericht entscheidet ohne Beweisaufnahme durch Beschluß. Der Beschluß ist unanfechtbar. Bei der Entscheidung wirken nur die Richter mit, die beim Urteil mitgewirkt haben. Ist ein Richter verhindert, so entscheidet bei Stimmengleichheit die Stimme des Vorsitzenden. Der Berichtigungsbeschluß wird auf dem Urteil und den Ausfertigungen vermerkt.

(3) Ist das Urteil elektronisch abgefasst, ist auch der Beschluss elektronisch abzufassen und mit dem Urteil untrennbar zu verbinden.

### § 140 (Urteilsergänzung)

(1) Hat das Urteil einen von einem Beteiligten erhobenen Anspruch oder den Kostenpunkt ganz oder teilweise übergangen, so wird es auf Antrag nachträglich ergänzt. Die Entscheidung muß binnen eines Monats nach Zustellung des Urteils beantragt werden.

(2) Über den Antrag wird in einem besonderen Verfahren entschieden. Die Entscheidung ergeht, wenn es sich nur um den Kostenpunkt handelt, durch Beschluß, der lediglich mit der Entscheidung in der Hauptsache angefochten werden kann, im übrigen durch Urteil, das mit dem bei dem übergangenen Anspruch zulässigen Rechtsmittel angefochten werden kann.

(3) Die mündliche Verhandlung hat nur den nicht erledigten Teil des Rechtsstreits zum Gegenstand.

(4) Die ergänzende Entscheidung wird auf der Urschrift des Urteils und den Ausfertigungen vermerkt.

### § 141 (Rechtskraftumfang)

(1) Rechtskräftige Urteile binden, soweit über den Streitgegenstand entschieden worden ist,

1. die Beteiligten und ihre Rechtsnachfolger,
2. im Falle des § 75 Abs. 2a die Personen, die einen Antrag auf Beiladung nicht oder nicht fristgemäß gestellt haben.

(2) Hat der Beklagte die Aufrechnung einer Gegenforderung geltend gemacht, so ist die Entscheidung, daß die Gegenforderung nicht besteht, bis zur Höhe des Betrags der Rechtskraft fähig, für den die Aufrechnung geltend gemacht worden ist.

### § 142 (Vorschriften für Beschlüsse)

(1) Für Beschlüsse gelten § 128 Abs. 1 Satz 1, die §§ 134 und 138, nach mündlicher Verhandlung auch die §§ 129, 132, 135 und 136 entsprechend.

(2) Beschlüsse sind zu begründen, wenn sie durch Rechtsmittel angefochten werden können oder über einen Rechtsbehelf entscheiden. Beschlüsse über die Wiederherstellung der aufschiebenden Wirkung und über einstweilige Anordnungen (§ 86b) sowie Beschlüsse nach Erledigung des Rechtsstreits in der Hauptsache sind stets zu begründen. Beschlüsse, die über ein Rechtsmittel entscheiden, bedürfen keiner weiteren Begründung, soweit das Gericht das Rechtsmittel aus den Gründen der angefochtenen Entscheidung als unbegründet zurückweist.

(3) Ausfertigungen der Beschlüsse sind von dem Urkundsbeamten der Geschäftsstelle zu unterschreiben.

### Zweiter Abschnitt
### Rechtsmittel

Erster Unterabschnitt
Berufung

### § 143 (Statthaftigkeit der Berufung)

Gegen die Urteile der Sozialgerichte findet die Berufung an das Landessozialgericht statt, soweit sich aus den Vorschriften dieses Unterabschnittes nichts anderes ergibt.

### § 144 (Zulassung der Berufung)

(1) Die Berufung bedarf der Zulassung in dem Urteil des Sozialgerichts oder auf Beschwerde

durch Beschluß des Landessozialgerichts, wenn der Wert des Beschwerdegegenstandes

1. bei einer Klage, die eine Geld-, Dienst- oder Sachleistung oder einen hierauf gerichteten Verwaltungsakt betrifft, 750 Euro oder

2. bei einer Erstattungsstreitigkeit zwischen juristischen Personen des öffentlichen Rechts oder Behörden 10 000 Euro

nicht übersteigt. Das gilt nicht, wenn die Berufung wiederkehrende oder laufende Leistungen für mehr als ein Jahr betrifft.

(2) Die Berufung ist zuzulassen, wenn

1. die Rechtssache grundsätzliche Bedeutung hat,

2. das Urteil von einer Entscheidung des Landessozialgerichts, des Bundessozialgerichts, des Gemeinsamen Senats der obersten Gerichtshöfe des Bundes oder des Bundesverfassungsgerichts abweicht und auf dieser Abweichung beruht oder

3. ein der Beurteilung des Berufungsgerichts unterliegender Verfahrensmangel geltend gemacht wird und vorliegt, auf dem die Entscheidung beruhen kann.

(3) Das Landessozialgericht ist an die Zulassung gebunden.

(4) Die Berufung ist ausgeschlossen, wenn es sich um die Kosten des Verfahrens handelt.

### § 145 (Nichtzulassungsbeschwerde)

(1) Die Nichtzulassung der Berufung durch das Sozialgericht kann durch Beschwerde angefochten werden. Die Beschwerde ist bei dem Landessozialgericht innerhalb eines Monats nach Zustellung des vollständigen Urteils schriftlich oder zur Niederschrift des Urkundsbeamten einzulegen.

(2) Die Beschwerde soll das angefochtene Urteil bezeichnen und die zur Begründung dienenden Tatsachen und Beweismittel angeben.

(3) Die Einlegung der Beschwerde hemmt die Rechtskraft des Urteils.

(4) Das Landessozialgericht entscheidet durch Beschluss. Die Zulassung der Berufung bedarf keiner Begründung. Der Ablehnung der Beschwerde soll eine kurze Begründung

beigefügt werden. Mit der Ablehnung der Beschwerde wird das Urteil rechtskräftig.

(5) Läßt das Landessozialgericht die Berufung zu, wird das Beschwerdeverfahren als Berufungsverfahren fortgesetzt; der Einlegung einer Berufung durch den Beschwerdeführer bedarf es nicht. Darauf ist in dem Beschluß hinzuweisen.

### §§ 146 bis 150 (weggefallen)

### § 151 (Einlegung der Berufung und Frist)

(1) Die Berufung ist bei dem Landessozialgericht innerhalb eines Monats nach Zustellung des Urteils schriftlich oder zur Niederschrift des Urkundsbeamten der Geschäftsstelle einzulegen.

(2) Die Berufungsfrist ist auch gewahrt, wenn die Berufung innerhalb der Frist bei dem Sozialgericht schriftlich oder zur Niederschrift des Urkundsbeamten der Geschäftsstelle eingelegt wird. In diesem Falle legt das Sozialgericht die Berufungsschrift oder die Niederschrift mit seinen Akten unverzüglich dem Landessozialgericht vor.

(3) Die Berufungsschrift soll das angefochtene Urteil bezeichnen, einen bestimmten Antrag enthalten und die zur Begründung dienenden Tatsachen und Beweismittel angeben.

### § 152 (Aktenanforderung)

(1) Die Geschäftsstelle des Landessozialgerichts hat unverzüglich, nachdem die Berufungsschrift eingereicht ist, von der Geschäftsstelle des Sozialgerichts die Prozeßakten anzufordern.

(2) Nach Erledigung der Berufung sind die Akten der Geschäftsstelle des Sozialgerichts nebst einer beglaubigten Abschrift des in der Berufungsinstanz erlassenen Urteils zurückzusenden.

### § 153 (Berufungsverfahren)

(1) Für das Verfahren vor den Landessozialgerichten gelten die Vorschriften über das Verfahren im ersten Rechtszug mit Ausnahme der §§ 91, 105 entsprechend, soweit sich aus diesem Unterabschnitt nichts anderes ergibt.

**2**

(2) Das Landessozialgericht kann in dem Urteil über die Berufung von einer weiteren Darstellung der Entscheidungsgründe absehen, soweit es die Berufung aus den Gründen der angefochtenen Entscheidung als unbegründet zurückweist.

(3) Das Urteil ist von den Mitgliedern des Senats zu unterschreiben. Ist ein Mitglied verhindert, so vermerkt der Vorsitzende, bei dessen Verhinderung der dienstälteste beisitzende Berufsrichter, dies unter dem Urteil mit Angabe des Hinderungsgrundes.

(4) Das Landessozialgericht kann, außer in den Fällen des § 105 Abs. 2 Satz 1, die Berufung durch Beschluß zurückweisen, wenn es sie einstimmig für unbegründet und eine mündliche Verhandlung nicht für erforderlich hält. Die Beteiligten sind vorher zu hören. § 158 Satz 3 und 4 gilt entsprechend.

(5) Der Senat kann in den Fällen des § 105 Abs. 2 Satz 1 durch Beschluss die Berufung dem Berichterstatter übertragen, der zusammen mit den ehrenamtlichen Richtern entscheidet.

### § 154 (Aufschiebende Wirkung der Berufung und Beschwerde)

(1) Die Berufung und die Beschwerde nach § 144 Abs. 1 haben aufschiebende Wirkung, soweit die Klage nach § 86a Aufschub bewirkt.

(2) Die Berufung und die Beschwerde nach § 144 Abs. 1 eines Versicherungsträgers oder in der Kriegsopferversorgung eines Landes bewirken Aufschub, soweit es sich um Beträge handelt, die für die Zeit vor Erlaß des angefochtenen Urteils nachgezahlt werden sollen.

### § 155 (Vorbereitung der Verhandlung, Berichterstatter, Vorsitzender)

(1) Der Vorsitzende kann seine Aufgaben nach den §§ 104, 106 bis 108 und 120 einem Berufsrichter des Senats übertragen.

(2) Der Vorsitzende entscheidet, wenn die Entscheidung im vorbereitenden Verfahren ergeht,

1. über die Aussetzung und das Ruhen des Verfahrens;

2. bei Zurücknahme der Klage oder der Berufung, Verzicht auf den geltend gemachten Anspruch oder Anerkenntnis des Anspruchs, auch über einen Antrag auf Prozesskostenhilfe;

3. bei Erledigung des Rechtsstreits in der Hauptsache, auch über einen Antrag auf Prozesskostenhilfe;

4. über den Streitwert;

5. über Kosten.

In dringenden Fällen entscheidet der Vorsitzende auch über den Antrag nach § 86b Abs. 1 oder 2.

(3) Im Einverständnis der Beteiligten kann der Vorsitzende auch sonst anstelle des Senats entscheiden.

(4) Ist ein Berichterstatter bestellt, so entscheidet dieser anstelle des Vorsitzenden.

### § 156 (Zurücknahme der Berufung)

(1) Die Berufung kann bis zur Rechtskraft des Urteils oder des nach § 153 Abs. 4 oder § 158 Satz 2 ergangenen Beschlusses zurückgenommen werden. Die Zurücknahme nach Schluss der mündlichen Verhandlung setzt die Einwilligung des Berufungsbeklagten voraus.

(2) Die Zurücknahme bewirkt den Verlust des Rechtsmittels. Über die Kosten entscheidet das Gericht auf Antrag durch Beschluß.

### § 157 (Neues Vorbringen)

Das Landessozialgericht prüft den Streitfall im gleichen Umfang wie das Sozialgericht. Es hat auch neu vorgebrachte Tatsachen und Beweismittel zu berücksichtigen.

### § 157a (Zurückweisung und Ausschluss von Erklärungen und Beweismitteln)

(1) Neue Erklärungen und Beweismittel, die im ersten Rechtszug entgegen einer hierfür gesetzten Frist (§ 106a Abs. 1 und 2) nicht vorgebracht worden sind, kann das Gericht unter den Voraussetzungen des § 106a Abs. 3 zurückweisen.

(2) Erklärungen und Beweismittel, die das Sozialgericht zu Recht zurückgewiesen hat,

bleiben auch im Berufungsverfahren ausgeschlossen.

## § 158 (Verwerfung der Berufung)

Ist die Berufung nicht statthaft oder nicht in der gesetzlichen Frist oder nicht schriftlich oder nicht in elektronischer Form oder nicht zur Niederschrift des Urkundsbeamten der Geschäftsstelle eingelegt, so ist sie als unzulässig zu verwerfen. Die Entscheidung kann durch Beschluß ergehen. Gegen den Beschluß steht den Beteiligten das Rechtsmittel zu, das zulässig wäre, wenn das Gericht durch Urteil entschieden hätte. Die Beteiligten sind über dieses Rechtsmittel zu belehren.

## § 159 (Zurückverweisung)

(1) Das Landessozialgericht kann durch Urteil die angefochtene Entscheidung aufheben und die Sache an das Sozialgericht zurückverweisen, wenn

1. dieses die Klage abgewiesen hat, ohne in der Sache selbst zu entscheiden,
2. das Verfahren an einem wesentlichen Mangel leidet,
3. nach dem Erlaß des angefochtenen Urteils neue Tatsachen oder Beweismittel bekannt werden, die für die Entscheidung wesentlich sind.

(2) Das Sozialgericht hat die rechtliche Beurteilung, die der Aufhebung zugrunde gelegt ist, seiner Entscheidung zugrunde zu legen.

Zweiter Unterabschnitt
Revision

## § 160 (Zulassungsprinzip)

(1) Gegen das Urteil eines Landessozialgerichts steht den Beteiligten die Revision an das Bundessozialgericht nur zu, wenn sie in dem Urteil des Landessozialgerichts oder in dem Beschluß des Bundessozialgerichts nach § 160a Abs. 4 Satz 2 zugelassen worden ist.

(2) Sie ist nur zuzulassen, wenn

1. die Rechtssache grundsätzliche Bedeutung hat oder
2. das Urteil von einer Entscheidung des Bundessozialgerichts, des Gemeinsamen Senats der obersten Gerichtshöfe des Bundes oder des Bundesverfassungsgerichts abweicht und auf dieser Abweichung beruht oder
3. ein Verfahrensmangel geltend gemacht wird, auf dem die angefochtene Entscheidung beruhen kann; der geltend gemachte Verfahrensmangel kann nicht auf eine Verletzung der §§ 109 und 128 Abs. 1 Satz 1 und auf eine Verletzung des § 103 nur gestützt werden, wenn er sich auf einen Beweisantrag bezieht, dem das Landessozialgericht ohne hinreichende Begründung nicht gefolgt ist.

(3) Das Bundessozialgericht ist an die Zulassung gebunden.

## § 160a (Anfechtung der Nichtzulassung der Revision)

(1) Die Nichtzulassung der Revision kann selbständig durch Beschwerde angefochten werden. Die Beschwerde ist bei dem Bundessozialgericht innerhalb eines Monats nach Zustellung des Urteils einzulegen. Der Beschwerdeschrift soll eine Ausfertigung oder beglaubigte Abschrift des Urteils, gegen das die Revision eingelegt werden soll, beigefügt werden. Satz 3 gilt nicht, soweit nach § 65a elektronische Dokumente übermittelt werden.

(2) Die Beschwerde ist innerhalb von zwei Monaten nach Zustellung des Urteils zu begründen. Die Begründungsfrist kann auf einen vor ihrem Ablauf gestellten Antrag von dem Vorsitzenden einmal bis zu einem Monat verlängert werden. In der Begründung muß die grundsätzliche Bedeutung der Rechtssache dargelegt oder die Entscheidung, von der das Urteil des Landessozialgerichts abweicht, oder der Verfahrensmangel bezeichnet werden.

(3) Die Einlegung der Beschwerde hemmt die Rechtskraft des Urteils.

(4) Das Bundessozialgericht entscheidet unter Zuziehung der ehrenamtlichen Richter durch Beschluß; § 169 gilt entsprechend. Dem Beschluß soll eine kurze Begründung beigefügt werden; von einer Begründung kann abgesehen werden, wenn sie nicht geeignet ist, zur Klärung der Voraussetzungen

**2**

der Revisionszulassung beizutragen. Mit der Ablehnung der Beschwerde durch das Bundessozialgericht wird das Urteil rechtskräftig. Wird der Beschwerde stattgegeben, so beginnt mit der Zustellung dieser Entscheidung der Lauf der Revisionsfrist.

(5) Liegen die Voraussetzungen des § 160 Abs. 2 Nr. 3 vor, kann das Bundessozialgericht in dem Beschluss das angefochtene Urteil aufheben und die Sache zur erneuten Verhandlung und Entscheidung zurückverweisen.

### § 161 (Sprungrevision)

(1) Gegen das Urteil eines Sozialgerichts steht den Beteiligten die Revision unter Übergehung der Berufungsinstanz zu, wenn der Gegner schriftlich zustimmt und wenn sie von dem Sozialgericht im Urteil oder auf Antrag durch Beschluß zugelassen wird. Der Antrag ist innerhalb eines Monats nach Zustellung des Urteils schriftlich zu stellen. Die Zustimmung des Gegners ist dem Antrag oder, wenn die Revision im Urteil zugelassen ist, der Revisionsschrift beizufügen.

(2) Die Revision ist nur zuzulassen, wenn die Voraussetzungen des § 160 Abs. 2 Nr. 1 oder 2 vorliegen. Das Bundessozialgericht ist an die Zulassung gebunden. Die Ablehnung der Zulassung ist unanfechtbar.

(3) Lehnt das Sozialgericht den Antrag auf Zulassung der Revision durch Beschluß ab, so beginnt mit der Zustellung dieser Entscheidung der Lauf der Berufungsfrist oder der Frist für die Beschwerde gegen die Nichtzulassung der Berufung von neuem, sofern der Antrag in der gesetzlichen Form und Frist gestellt und die Zustimmungserklärung des Gegners beigefügt war. Läßt das Sozialgericht die Revision durch Beschluß zu, so beginnt mit der Zustellung dieser Entscheidung der Lauf der Revisionsfrist.

(4) Die Revision kann nicht auf Mängel des Verfahrens gestützt werden.

(5) Die Einlegung der Revision und die Zustimmung des Gegners gelten als Verzicht auf die Berufung, wenn das Sozialgericht die Revision zugelassen hat.

### § 162 (Revisionsgründe)

Die Revision kann nur darauf gestützt werden, daß das angefochtene Urteil auf der Verletzung einer Vorschrift des Bundesrechts oder einer sonstigen im Bezirk des Berufungsgerichts geltenden Vorschrift beruht, deren Geltungsbereich sich über den Bezirk des Berufungsgerichts hinaus erstreckt.

### § 163 (Keine neue Tatsachenfeststellung)

Das Bundessozialgericht ist an die in dem angefochtenen Urteil getroffenen tatsächlichen Feststellungen gebunden, außer wenn in bezug auf diese Feststellungen zulässige und begründete Revisionsgründe vorgebracht sind.

### § 164 (Einlegung der Revision und Frist)

(1) Die Revision ist bei dem Bundessozialgericht innerhalb eines Monats nach Zustellung des Urteils oder des Beschlusses über die Zulassung der Revision (§ 160a Abs. 4 Satz 2 oder § 161 Abs. 3 Satz 2) schriftlich einzulegen. Die Revision muß das angefochtene Urteil angeben; eine Ausfertigung oder beglaubigte Abschrift des angefochtenen Urteils soll beigefügt werden, sofern dies nicht schon nach § 160a Abs. 1 Satz 3 geschehen ist. Satz 2 zweiter Halbsatz gilt nicht, soweit nach § 65a elektronische Dokumente übermittelt werden.

(2) Die Revision ist innerhalb von zwei Monaten nach Zustellung des Urteils oder des Beschlusses über die Zulassung der Revision zu begründen. Die Begründungsfrist kann auf einen vor ihrem Ablauf gestellten Antrag von dem Vorsitzenden verlängert werden. Die Begründung muß einen bestimmten Antrag enthalten, die verletzte Rechtsnorm und, soweit Verfahrensmängel gerügt werden, die Tatsachen bezeichnen, die den Mangel ergeben.

### § 165 (Verfahren)

Für die Revision gelten die Vorschriften über die Berufung entsprechend, soweit sich aus diesem Unterabschnitt nichts anderes ergibt. § 153 Abs. 2 und 4 sowie § 155 Abs. 2 bis 4 finden keine Anwendung.

§ 166 (weggefallen)

§ 167 (weggefallen)

### § 168 (Unzulässigkeit von Klageänderungen und Beiladungen)

Klageänderungen und Beiladungen sind im Revisionsverfahren unzulässig. Dies gilt nicht für die Beiladung der Bundesrepublik Deutschland in Angelegenheiten des sozialen Entschädigungsrechts nach § 75 Abs. 1 Satz 2 und, sofern der Beizuladende zustimmt, für Beiladungen nach § 75 Abs. 2.

### § 169 (Prüfung der Zulässigkeit)

Das Bundessozialgericht hat zu prüfen, ob die Revision statthaft und ob sie in der gesetzlichen Form und Frist eingelegt und begründet worden ist. Mangelt es an einem dieser Erfordernisse, so ist die Revision als unzulässig zu verwerfen. Die Verwerfung ohne mündliche Verhandlung erfolgt durch Beschluß ohne Zuziehung der ehrenamtlichen Richter.

### § 170 (Inhalt der Revisionsentscheidungen)

(1) Ist die Revision unbegründet, so weist das Bundessozialgericht die Revision zurück. Ergeben die Entscheidungsgründe zwar eine Gesetzesverletzung, stellt sich die Entscheidung selbst aber aus anderen Gründen als richtig dar, so ist die Revision ebenfalls zurückzuweisen.

(2) Ist die Revision begründet, so hat das Bundessozialgericht in der Sache selbst zu entscheiden. Sofern dies untunlich ist, kann es das angefochtene Urteil mit den ihm zugrunde liegenden Feststellungen aufheben und die Sache zur erneuten Verhandlung und Entscheidung an das Gericht zurückverweisen, welches das angefochtene Urteil erlassen hat.

(3) Die Entscheidung über die Revision braucht nicht begründet zu werden, soweit das Bundessozialgericht Rügen von Verfahrensmängeln nicht für durchgreifend erachtet. Dies gilt nicht für Rügen nach § 202 in Verbindung mit § 547 der Zivilprozeßordnung und, wenn mit der Revision ausschließlich Verfahrensmängel geltend gemacht werden,

für Rügen, auf denen die Zulassung der Revision beruht.

(4) Verweist das Bundessozialgericht die Sache bei der Sprungrevision nach § 161 zur anderweitigen Verhandlung und Entscheidung zurück, so kann es nach seinem Ermessen auch an das Landessozialgericht zurückverweisen, das für die Berufung zuständig gewesen wäre. Für das Verfahren vor dem Landessozialgericht gelten dann die gleichen Grundsätze, wie wenn der Rechtsstreit auf eine ordnungsgemäß eingelegte Berufung beim Landessozialgericht anhängig geworden wäre.

(5) Das Gericht, an das die Sache zur erneuten Verhandlung und Entscheidung zurückverwiesen ist, hat seiner Entscheidung die rechtliche Beurteilung des Revisionsgerichts zugrunde zu legen.

### § 170a (Mitwirkung der ehrenamtlichen Richter)

Eine Abschrift des Urteils ist den ehrenamtlichen Richtern, die bei der Entscheidung mitgewirkt haben, vor Übermittlung an die Geschäftsstelle zu übermitteln. Die ehrenamtlichen Richter können sich dazu innerhalb von zwei Wochen gegenüber dem Vorsitzenden des erkennenden Senats äußern.

### § 171 (Ablehnung; Streitgegenstand)

(1) Über die Ablehnung einer Gerichtsperson (§ 60) entscheidet der Senat.

(2) Wird während des Revisionsverfahrens der angefochtene Verwaltungsakt durch einen neuen abgeändert oder ersetzt, so gilt der neue Verwaltungsakt als mit der Klage beim Sozialgericht angefochten, es sei denn, daß der Kläger durch den neuen Verwaltungsakt klaglos gestellt oder dem Klagebegehren durch die Entscheidung des Revisionsgerichts zum ersten Verwaltungsakt in vollem Umfange genügt wird.

**2**

Dritter Unterabschnitt
Beschwerde, Erinnerung, Anhörungsrüge

### § 172 (Statthaftigkeit)

(1) Gegen die Entscheidungen der Sozialgerichte mit Ausnahme der Urteile und gegen Entscheidungen der Vorsitzenden dieser Gerichte findet die Beschwerde an das Landessozialgericht statt, soweit nicht in diesem Gesetz anderes bestimmt ist.

(2) Prozeßleitende Verfügungen, Aufklärungsanordnungen, Vertagungsbeschlüsse, Fristbestimmungen, Beweisbeschlüsse, Beschlüsse über Ablehnung von Beweisanträgen, über Verbindung und Trennung von Verfahren und Ansprüchen und über die Ablehnung von Gerichtspersonen können nicht mit der Beschwerde angefochten werden.

(3) Die Beschwerde ist ausgeschlossen

1. in Verfahren des einstweiligen Rechtsschutzes, wenn in der Hauptsache die Berufung nicht zulässig wäre,

2. gegen die Ablehnung von Prozesskostenhilfe, wenn das Gericht ausschließlich die persönlichen oder wirtschaftlichen Voraussetzungen für die Prozesskostenhilfe verneint,

3. gegen Kostengrundentscheidungen nach § 193,

4. gegen Entscheidungen nach § 192 Abs. 2, wenn in der Hauptsache kein Rechtsmittel gegeben ist und der Wert des Beschwerdegegenstandes 200 Euro nicht übersteigt.

### § 173 (Form und Frist)

Die Beschwerde ist binnen eines Monats nach Bekanntgabe der Entscheidung beim Sozialgericht schriftlich oder zur Niederschrift des Urkundsbeamten der Geschäftsstelle einzulegen; § 181 des Gerichtsverfassungsgesetzes bleibt unberührt. Die Beschwerdefrist ist auch gewahrt, wenn die Beschwerde innerhalb der Frist bei dem Landessozialgericht schriftlich oder zur Niederschrift des Urkundsbeamten der Geschäftsstelle eingelegt wird. Die Belehrung über das Beschwerderecht ist auch mündlich möglich; sie ist dann aktenkundig zu machen.

### § 174 (weggefallen)

### § 175 (Aufschiebende Wirkung)

Die Beschwerde hat aufschiebende Wirkung, wenn sie die Festsetzung eines Ordnungs- oder Zwangsmittels zum Gegenstand hat. Soweit dieses Gesetz auf Vorschriften der Zivilprozeßordnung und des Gerichtsverfassungsgesetzes verweist, regelt sich die aufschiebende Wirkung nach diesen Gesetzen. Das Gericht oder der Vorsitzende, dessen Entscheidung angefochten wird, kann bestimmen, daß der Vollzug der angefochtenen Entscheidung einstweilen auszusetzen ist.

### § 176 (Beschlußentscheidung)

Über die Beschwerde entscheidet das Landessozialgericht durch Beschluß.

### § 177 (Beschwerde zum Bundessozialgericht)

Entscheidungen des Landessozialgerichts, seines Vorsitzenden oder des Berichterstatters können vorbehaltlich des § 160a Abs. 1 dieses Gesetzes und des § 17a Abs. 4 Satz 4 des Gerichtsverfassungsgesetzes nicht mit der Beschwerde an das Bundessozialgericht angefochten werden.

### § 178 (Anrufung des Gerichts)

Gegen die Entscheidungen des ersuchten oder beauftragten Richters oder des Urkundsbeamten kann binnen eines Monats nach Bekanntgabe das Gericht angerufen werden, das endgültig entscheidet. Die §§ 173 bis 175 gelten entsprechend.

### § 178a (Rüge eines beschwerten Beteiligten)

(1) Auf die Rüge eines durch eine gerichtliche Entscheidung beschwerten Beteiligten ist das Verfahren fortzuführen, wenn

1. ein Rechtsmittel oder ein anderer Rechtsbehelf gegen die Entscheidung nicht gegeben ist und

2. das Gericht den Anspruch dieses Beteiligten auf rechtliches Gehör in entscheidungserheblicher Weise verletzt hat.

Gegen eine der Endentscheidung vorausgehende Entscheidung findet die Rüge nicht statt.

(2) Die Rüge ist innerhalb von zwei Wochen nach Kenntnis von der Verletzung des rechtlichen Gehörs zu erheben; der Zeitpunkt der Kenntniserlangung ist glaubhaft zu machen. Nach Ablauf eines Jahres seit Bekanntgabe der angegriffenen Entscheidung kann die Rüge nicht mehr erhoben werden. Formlos mitgeteilte Entscheidungen gelten mit dem dritten Tage nach Aufgabe zur Post als bekannt gegeben. Die Rüge ist schriftlich oder zur Niederschrift des Urkundsbeamten der Geschäftsstelle bei dem Gericht zu erheben, dessen Entscheidung angegriffen wird. Die Rüge muss die angegriffene Entscheidung bezeichnen und das Vorliegen der in Absatz 1 Satz 1 Nr. 2 genannten Voraussetzungen darlegen.

(3) Den übrigen Beteiligten ist, soweit erforderlich, Gelegenheit zur Stellungnahme zu geben.

(4) Ist die Rüge nicht statthaft oder nicht in der gesetzlichen Form oder Frist erhoben, so ist sie als unzulässig zu verwerfen. Ist die Rüge unbegründet, weist das Gericht sie zurück. Die Entscheidung ergeht durch unanfechtbaren Beschluss. Der Beschluss soll kurz begründet werden.

(5) Ist die Rüge begründet, so hilft ihr das Gericht ab, indem es das Verfahren fortführt, soweit dies aufgrund der Rüge geboten ist. Das Verfahren wird in die Lage zurückversetzt, in der es sich vor dem Schluss der mündlichen Verhandlung befand. In schriftlichen Verfahren tritt an die Stelle des Schlusses der mündlichen Verhandlung der Zeitpunkt, bis zu dem Schriftsätze eingereicht werden können. Für den Ausspruch des Gerichts ist § 343 der Zivilprozessordnung entsprechend anzuwenden.

(6) § 175 Satz 3 ist entsprechend anzuwenden.

### Dritter Abschnitt
### Wiederaufnahme des Verfahrens und besondere Verfahrensvorschriften

### § 179 (Zulässigkeit)

(1) Ein rechtskräftig beendetes Verfahren kann entsprechend den Vorschriften des Vier-

ten Buches der Zivilprozeßordnung wieder aufgenommen werden.

(2) Die Wiederaufnahme des Verfahrens ist ferner zulässig, wenn ein Beteiligter strafgerichtlich verurteilt worden ist, weil er Tatsachen, die für die Entscheidung der Streitsache von wesentlicher Bedeutung waren, wissentlich falsch behauptet oder vorsätzlich verschwiegen hat.

(3) Auf Antrag kann das Gericht anordnen, daß die gewährten Leistungen zurückzuerstatten sind.

### § 180 (Weitere Zulässigkeitsgründe – Form)

(1) Eine Wiederaufnahme des Verfahrens ist auch zulässig, wenn

1. mehrere Versicherungsträger denselben Anspruch endgültig anerkannt haben oder wegen desselben Anspruchs rechtskräftig zur Leistung verurteilt worden sind,

2. ein oder mehrere Versicherungsträger denselben Anspruch endgültig abgelehnt haben oder wegen desselben Anspruchs rechtskräftig von der Leistungspflicht befreit worden sind, weil ein anderer Versicherungsträger leistungspflichtig sei, der seine Leistung bereits endgültig abgelehnt hat oder von ihr rechtskräftig befreit worden ist.

(2) Das gleiche gilt im Verhältnis zwischen Versicherungsträgern und einem Land, wenn streitig ist, ob eine Leistung aus der Sozialversicherung oder nach dem sozialen Entschädigungsrecht zu gewähren ist.

(3) Der Antrag auf Wiederaufnahme des Verfahrens ist bei einem der gemäß § 179 Abs. 1 für die Wiederaufnahme zuständigen Gerichte der Sozialgerichtsbarkeit zu stellen. Dieses verständigt die an dem Wiederaufnahmeverfahren Beteiligten und die Gerichte, die über den Anspruch entschieden haben. Es gibt die Sache zur Entscheidung an das gemeinsam nächsthöhere Gericht ab.

(4) Das zur Entscheidung berufene Gericht bestimmt unter Aufhebung der entgegenstehenden Bescheide oder richterlichen Entscheidungen den Leistungspflichtigen.

**2**

(5) Für die Durchführung des Verfahrens nach Absatz 4 gelten im übrigen die Vorschriften über die Wiederaufnahme des Verfahrens entsprechend.

### § 181 (Verfahren bei Bedenken gegen die Passivlegitimation)

Will das Gericht die Klage gegen einen Versicherungsträger ablehnen, weil es einen anderen Versicherungsträger für leistungspflichtig hält, obwohl dieser bereits den Anspruch endgültig abgelehnt hat oder in einem früheren Verfahren rechtskräftig befreit worden ist, so verständigt es den anderen Versicherungsträger und das Gericht, das über den Anspruch rechtskräftig entschieden hat, und gibt die Sache zur Entscheidung an das gemeinsam nächsthöhere Gericht ab. Im übrigen gilt § 180 Abs. 2 und Abs. 4 und 5.

### § 182 (Bindung der Entscheidung über Passivlegitimation)

(1) Hat das Bundessozialgericht oder ein Landessozialgericht die Leistungspflicht eines Versicherungsträgers rechtskräftig verneint, weil ein anderer Versicherungsträger verpflichtet sei, so kann der Anspruch gegen den anderen Versicherungsträger nicht abgelehnt werden, weil der im früheren Verfahren befreite Versicherungsträger leistungspflichtig sei.

(2) Das gleiche gilt im Verhältnis zwischen einem Versicherungsträger und einem Land, wenn die Leistungspflicht nach dem sozialen Entschädigungsrecht streitig ist.

### § 182a (Mahnverfahren)

(1) Beitragsansprüche von Unternehmen der privaten Pflegeversicherung nach dem Elften Buch Sozialgesetzbuch können nach den Vorschriften der Zivilprozeßordnung im Mahnverfahren vor dem Amtsgericht geltend gemacht werden. Im Antrag auf Erlaß des Mahnbescheids können mit dem Beitragsanspruch Ansprüche anderer Art nicht verbunden werden. Der Widerspruch gegen den Mahnbescheid kann zurückgenommen werden, solange die Abgabe an das Sozialgericht nicht verfügt ist.

(2) Mit Eingang der Akten beim Sozialgericht ist nach den Vorschriften dieses Gesetzes zu verfahren. Für die Entscheidung des Sozialgerichts über den Einspruch gegen den Vollstreckungsbescheid gelten § 700 Abs. 1 und § 343 der Zivilprozeßordnung entsprechend.

### Vierter Abschnitt
### Kosten und Vollstreckung

Erster Unterabschnitt
Kosten

### § 183 (Gerichtskostenfreiheit)

Das Verfahren vor den Gerichten der Sozialgerichtsbarkeit ist für Versicherte, Leistungsempfänger einschließlich Hinterbliebenenleistungsempfänger, behinderte Menschen oder deren Sonderrechtsnachfolger nach § 56 des Ersten Buches Sozialgesetzbuch kostenfrei, soweit sie in dieser jeweiligen Eigenschaft als Kläger oder Beklagte beteiligt sind. Nimmt ein sonstiger Rechtsnachfolger das Verfahren auf, bleibt das Verfahren in dem Rechtszug kostenfrei. Den in Satz 1 und 2 genannten Personen steht gleich, wer im Falle des Obsiegens zu diesen Personen gehören würde. § 93 Satz 3, § 109 Abs. 1 Satz 2, § 120 Abs. 2 Satz 1 und § 192 bleiben unberührt.

### § 184 (Gebühren)

(1) Kläger und Beklagte, die nicht zu den in § 183 genannten Personen gehören, haben für jede Streitsache eine Gebühr zu entrichten. Die Gebühr entsteht, sobald die Streitsache rechtshängig geworden ist; sie ist für jeden Rechtszug zu zahlen. Soweit wegen derselben Streitsache ein Mahnverfahren (§ 182a) vorausgegangen ist, wird die Gebühr für das Verfahren über den Antrag auf Erlass eines Mahnbescheids nach dem Gerichtskostengesetz angerechnet.

(2) Die Höhe der Gebühr wird für das Verfahren

vor den Sozialgerichten auf 150 Euro,
vor den Landessozialgerichten auf 225 Euro,
vor dem Bundessozialgericht auf 300 Euro
festgesetzt.

(3) § 2 des Gerichtskostengesetzes gilt entsprechend.

### § 185 (Fälligkeit der Gebühr)

Die Gebühr wird fällig, sobald die Streitsache durch Zurücknahme des Rechtsbehelfs, durch Vergleich, Anerkenntnis, Beschluß oder durch Urteil erledigt ist.

### § 186 (Ermäßigung und Entfallen der Gebühr)

Wird eine Sache nicht durch Urteil erledigt, so ermäßigt sich die Gebühr auf die Hälfte. Die Gebühr entfällt, wenn die Erledigung auf einer Rechtsänderung beruht.

### § 187 (Gebührenteilung bei mehreren Beteiligten)

Sind an einer Streitsache mehrere nach § 184 Abs. 1 Gebührenpflichtige beteiligt, so haben sie die Gebühr zu gleichen Teilen zu entrichten.

### § 188 (Wiederaufnahmeverfahren als neue Streitsache)

Wird ein durch rechtskräftiges Urteil abgeschlossenes Verfahren wieder aufgenommen, so ist das neue Verfahren eine besondere Streitsache.

### § 189 (Gebührenverzeichnis)

(1) Die Gebühren für die Streitsachen werden in einem Verzeichnis zusammengestellt. Die Mitteilung eines Auszuges aus diesem Verzeichnis an die nach § 184 Abs. 1 Gebührenpflichtigen gilt als Feststellung der Gebührenschuld und als Aufforderung, den Gebührenbetrag binnen eines Monats an die in der Mitteilung angegebene Stelle zu zahlen.

(2) Die Feststellung erfolgt durch den Urkundsbeamten der Geschäftsstelle. Gegen diese Feststellung kann binnen eines Monats nach Mitteilung das Gericht angerufen werden, das endgültig entscheidet.

### § 190 (Niederschlagung einer Gebühr bei fehlerhafter Sachbehandlung)

Die Präsidenten und die aufsichtführenden Richter der Gerichte der Sozialgerichtsbarkeit sind befugt, eine Gebühr, die durch unrichtige

Behandlung der Sache ohne Schuld der gebührenpflichtigen Beteiligten entstanden ist, niederzuschlagen. Sie können von der Einziehung absehen, wenn sie mit Kosten oder Verwaltungsaufwand verknüpft ist, die in keinem Verhältnis zu der Einnahme stehen.

### § 191 (Entschädigung bei persönlichem Erscheinen)

Ist das persönliche Erscheinen eines Beteiligten angeordnet worden, so werden ihm auf Antrag bare Auslagen und Zeitverlust wie einem Zeugen vergütet; sie können vergütet werden, wenn er ohne Anordnung erscheint und das Gericht das Erscheinen für geboten hält.

### § 192 (Kostenauferlegung)

(1) Das Gericht kann im Urteil oder, wenn das Verfahren anders beendet wird, durch Beschluss einem Beteiligten ganz oder teilweise die Kosten auferlegen, die dadurch verursacht werden, dass

1. durch Verschulden des Beteiligten die Vertagung einer mündlichen Verhandlung oder die Anberaumung eines neuen Termins zur mündlichen Verhandlung nötig geworden ist oder

2. der Beteiligte den Rechtsstreit fortführt, obwohl ihm vom Vorsitzenden die Missbräuchlichkeit der Rechtsverfolgung oder -verteidigung dargelegt worden und er auf die Möglichkeit der Kostenauferlegung bei Fortführung des Rechtsstreites hingewiesen worden ist.

Dem Beteiligten steht gleich sein Vertreter oder Bevollmächtigter. Als verursachter Kostenbetrag gilt dabei mindestens der Betrag nach § 184 Abs. 2 für die jeweilige Instanz.

(2) Betrifft das Verfahren die Anfechtung eines Bescheides der Kassenärztlichen Vereinigung oder Kassenzahnärztlichen Vereinigung auf Zahlung der nach § 28 Abs. 4 des Fünften Buches Sozialgesetzbuch zu zahlenden Zuzahlung, hat das Gericht dem Kläger einen Kostenbetrag mindestens in Höhe des Betrages nach § 184 Abs. 2 für die jeweilige Instanz aufzuerlegen, wenn

1. die Einlegung der Klage missbräuchlich war,

**2**

2. die Kassenärztliche Vereinigung oder Kassenzahnärztliche Vereinigung spätestens in dem Bescheid den Kläger darauf hingewiesen hat, dass den Kläger die Pflicht zur Zahlung eines Kostenbetrages treffen kann.

Die Gebührenpflicht der Kassenärztlichen Vereinigung oder Kassenzahnärztlichen Vereinigung nach § 184 entfällt in diesem Fall.

(3) Die Entscheidung nach Absatz 1 und Absatz 2 wird in ihrem Bestand nicht durch die Rücknahme der Klage berührt. Sie kann nur durch eine zu begründende Kostenentscheidung im Rechtsmittelverfahren aufgehoben werden.

(4) Das Gericht kann der Behörde ganz oder teilweise die Kosten auferlegen, die dadurch verursacht werden, dass die Behörde erkennbare und notwendige Ermittlungen im Verwaltungsverfahren unterlassen hat, die im gerichtlichen Verfahren nachgeholt wurden. Die Entscheidung ergeht durch gesonderten Beschluss.

### § 193 (Erstattung der notwendigen Kosten)

(1) Das Gericht hat im Urteil zu entscheiden, ob und in welchem Umfang die Beteiligten einander Kosten zu erstatten haben. Ist ein Mahnverfahren vorausgegangen (§ 182a), entscheidet das Gericht auch, welcher Beteiligte die Gerichtskosten zu tragen hat. Das Gericht entscheidet auf Antrag durch Beschluß, wenn das Verfahren anders beendet wird.

(2) Kosten sind die zur zweckentsprechenden Rechtsverfolgung oder Rechtsverteidigung notwendigen Aufwendungen der Beteiligten.

(3) Die gesetzliche Vergütung eines Rechtsanwalts oder Rechtsbeistands ist stets erstattungsfähig.

(4) Nicht erstattungsfähig sind die Aufwendungen der in § 184 Abs. 1 genannten Gebührenpflichtigen.

### § 194 (Mehrere Kostenpflichtige)

Sind mehrere Beteiligte kostenpflichtig, so gilt § 100 der Zivilprozeßordnung entsprechend. Die Kosten können ihnen als Gesamt-

schuldnern auferlegt werden, wenn das Streitverhältnis ihnen gegenüber nur einheitlich entschieden werden kann.

### § 195 (Kostenaufhebung bei Vergleich)

Wird der Rechtsstreit durch gerichtlichen Vergleich erledigt und haben die Beteiligten keine Bestimmung über die Kosten getroffen, so trägt jeder Beteiligte seine Kosten.

### § 196 (weggefallen)

### § 197 (Kostenfestsetzungsverfahren)

(1) Auf Antrag der Beteiligten oder ihrer Bevollmächtigten setzt der Urkundsbeamte des Gerichts des ersten Rechtszugs den Betrag der zu erstattenden Kosten fest. § 104 Abs. 1 Satz 2 und Abs. 2 der Zivilprozeßordnung findet entsprechende Anwendung.

(2) Gegen die Entscheidung des Urkundsbeamten der Geschäftsstelle kann binnen eines Monats nach Bekanntgabe das Gericht angerufen werden, das endgültig entscheidet.

### § 197a (Kosten)

(1) Gehört in einem Rechtszug weder der Kläger noch der Beklagte zu den in § 183 genannten Personen, werden Kosten nach den Vorschriften des Gerichtskostengesetzes erhoben; die §§ 184 bis 195 finden keine Anwendung; die §§ 154 bis 162 der Verwaltungsgerichtsordnung sind entsprechend anzuwenden. Wird die Klage zurückgenommen, findet § 161 Abs. 2 der Verwaltungsgerichtsordnung keine Anwendung.

(2) Dem Beigeladenen werden die Kosten außer in den Fällen des § 154 Abs. 3 der Verwaltungsgerichtsordnung auch auferlegt, soweit er verurteilt wird (§ 75 Abs. 5). Ist eine der in § 183 genannten Personen beigeladen, können dieser Kosten nur unter den Voraussetzungen von § 192 auferlegt werden. Aufwendungen des Beigeladenen werden unter den Voraussetzungen des § 191 vergütet; sie gehören nicht zu den Gerichtskosten.

(3) Die Absätze 1 und 2 gelten auch für Träger der Sozialhilfe, soweit sie an Erstattungsstreitigkeiten mit anderen Trägern beteiligt sind.

### § 197b (Kosten beim Bundessozialgericht)

Für Ansprüche, die beim Bundessozialgericht entstehen, gelten die Justizverwaltungskostenordnung und die Justizbeitreibungsordnung entsprechend, soweit sie nicht unmittelbar Anwendung finden. Vollstreckungsbehörde ist die Justizbeitreibungsstelle des Bundessozialgerichts.

Zweiter Unterabschnitt
Vollstreckung

### § 198 (Anwendung der ZPO)

(1) Für die Vollstreckung gilt das Achte Buch der Zivilprozeßordnung entsprechend, soweit sich aus diesem Gesetz nichts anderes ergibt.

(2) Die Vorschriften über die vorläufige Vollstreckbarkeit sind nicht anzuwenden.

(3) An die Stelle der sofortigen Beschwerde tritt die Beschwerde (§§ 172 bis 177).

### § 199 (Titel)

(1) Vollstreckt wird

1. aus gerichtlichen Entscheidungen, soweit nach den Vorschriften dieses Gesetzes kein Aufschub eintritt,

2. aus einstweiligen Anordnungen,

3. aus Anerkenntnissen und gerichtlichen Vergleichen,

4. aus Kostenfestsetzungsbeschlüssen,

5. aus Vollstreckungsbescheiden.

(2) Hat ein Rechtsmittel keine aufschiebende Wirkung, so kann der Vorsitzende des Gerichts, das über das Rechtsmittel zu entscheiden hat, die Vollstreckung durch einstweilige Anordnung aussetzen. Er kann die Aussetzung und Vollstreckung von einer Sicherheitsleistung abhängig machen; die §§ 108, 109, 113 der Zivilprozeßordnung gelten entsprechend. Die Anordnung ist unanfechtbar; sie kann jederzeit aufgehoben werden.

(3) Absatz 2 Satz 1 gilt entsprechend, wenn ein Urteil nach § 131 Abs. 4 bestimmt hat, daß eine Wahl oder eine Ergänzung der Selbstverwaltungsorgane zu wiederholen ist. Die einstweilige Anordnung ergeht dahin,

daß die Wiederholungswahl oder die Ergänzung der Selbstverwaltungsorgane für die Dauer des Rechtsmittelverfahrens unterbleibt.

(4) Für die Vollstreckung können den Beteiligten auf ihren Antrag Ausfertigungen des Urteils ohne Tatbestand und ohne Entscheidungsgründe erteilt werden, deren Zustellung in den Wirkungen der Zustellung eines vollständigen Urteils gleichsteht.

### § 200 (Geltung des Verwaltungsvollstreckungsgesetzes)

(1) Soll zugunsten einer Bundesbehörde oder einer bundesunmittelbaren Körperschaft des öffentlichen Rechts oder einer bundesunmittelbaren Anstalt des öffentlichen Rechts vollstreckt werden, so richtet sich die Vollstreckung nach dem Verwaltungsvollstreckungsgesetz.

(2) Bei der Vollstreckung zugunsten einer Behörde, die nicht Bundesbehörde ist, sowie zugunsten einer nicht bundesunmittelbaren Körperschaft oder Anstalt des öffentlichen Rechts gelten die Vorschriften des Verwaltungsvollstreckungsgesetzes entsprechend. In diesem Falle bestimmt das Land die Vollstreckungsbehörde.

### § 201 (Zwangsgeld bei Verpflichtungsurteilen)

(1) Kommt die Behörde in den Fällen des § 131 der im Urteil auferlegten Verpflichtung nicht nach, so kann das Gericht des ersten Rechtszugs auf Antrag unter Fristsetzung ein Zwangsgeld bis zu tausend Euro durch Beschluß androhen und nach vergeblichem Fristablauf festsetzen. Das Zwangsgeld kann wiederholt festgesetzt werden.

(2) Für die Vollstreckung gilt § 200.

# Dritter Teil
# Übergangs- und Schlußvorschriften

### § 202 (Subsidiäre Anwendung des GVG und der ZPO)

Soweit dieses Gesetz keine Bestimmungen über das Verfahren enthält, sind das Gerichtsverfassungsgesetz und die Zivilprozeßordnung entsprechend anzuwenden, wenn die grundsätzlichen Unterschiede der beiden Verfahrensarten dies nicht ausschließen.

### § 203 (Verweisungen)

Soweit in anderen Gesetzen auf Vorschriften oder Bezeichnungen verwiesen wird, die durch dieses Gesetz aufgehoben werden, treten an deren Stelle die entsprechenden Vorschriften oder die Bezeichnungen dieses Gesetzes.

### § 203a (Sitzungen des Bundessozialgerichts in Berlin)

Die Senate des Bundessozialgerichts können Sitzungen auch in Berlin abhalten.

### § 204 (Überleitung)

Vor die Gerichte der Sozialgerichtsbarkeit gehören auch Streitigkeiten, für welche durch Rechtsverordnung die Zuständigkeit der früheren Versicherungsbehörden oder Versorgungsgerichte begründet worden war.

### § 205 (Rechtshilfe nach SGB X)

Erfolgt die Vernehmung oder die Vereidigung von Zeugen und Sachverständigen nach dem Zehnten Buch Sozialgesetzbuch durch das Sozialgericht, findet sie vor dem dafür im Geschäftsverteilungsplan bestimmten Richter statt. Über die Rechtmäßigkeit einer Verweigerung des Zeugnisses, des Gutachtens oder der Eidesleistung nach dem Zehnten Buch Sozialgesetzbuch entscheidet das Sozialgericht durch Beschluß.

### § 206 (Übergangsvorschriften)

(1) Auf Verfahren in Angelegenheiten der Sozialhilfe und des Asylbewerberleistungsgesetzes, die nicht auf die Gerichte der Sozialgerichtsbarkeit übergehen, ist § 188 der Verwaltungsgerichtsordnung in der bis zum 31. Dezember 2004 geltenden Fassung anzuwenden.

(2) Auf Verfahren, die am 1. Januar 2009 bei den besonderen Spruchkörpern der Gerichte der Verwaltungsgerichtsbarkeit anhängig sind, sind die §§ 1, 50a bis 50c und 60 in der bis zum 31. Dezember 2008 geltenden Fassung anzuwenden. Für einen Rechtsbehelf gegen Entscheidungen eines besonderen Spruchkörpers des Verwaltungsgerichts, die nach dem 31. Dezember 2008 ergehen, ist das Landessozialgericht zuständig.

### §§ 207 bis 217 (weggefallen)

### § 218 (gegenstandslos)

### § 219 (Abweichungen für bestimmte Länder)

Die Länder können Abweichungen von den Vorschriften des § 85 Abs. 2 Nr. 1 zulassen.

**3**

# Zivilprozessordnung

**in der Fassung der Bekanntmachung
vom 5. Dezember 2005 (BGBl. I S. 3202; 2006 S. 431; 2007 S. 1781)**

Zuletzt geändert durch
Gesetz zur Klärung der Vaterschaft unabhängig vom Anfechtungsverfahren
vom 26. März 2008 (BGBl. I 2008 S. 441)

**– Auszug –**

**3**

## Inhaltsübersicht

**3**

**3**

**Titel 2**
**Zwangsvollstreckung in das unbewegliche Vermögen**

**Titel 3**
**Verteilungsverfahren**

**Titel 4**
**Zwangsvollstreckung gegen juristische Personen des öffentlichen Rechts**

3

**3**

**3**

# Buch 8
# Zwangsvollstreckung

## Abschnitt 1
## Allgemeine Vorschriften

### § 704 Vollstreckbare Endurteile

(1) Die Zwangsvollstreckung findet statt aus Endurteilen, die rechtskräftig oder für vorläufig vollstreckbar erklärt sind.

(2) Urteile in Ehe- und Kindschaftssachen dürfen nicht für vorläufig vollstreckbar erklärt werden.

### § 705 Formelle Rechtskraft

Die Rechtskraft der Urteile tritt vor Ablauf der für die Einlegung des zulässigen Rechtsmittels oder des zulässigen Einspruchs bestimmten Frist nicht ein. Der Eintritt der Rechtskraft wird durch rechtzeitige Einlegung des Rechtsmittels oder des Einspruchs gehemmt.

### § 706 Rechtskraft- und Notfristzeugnis

(1) Zeugnisse über die Rechtskraft der Urteile sind auf Grund der Prozessakten von der Geschäftsstelle des Gerichts des ersten Rechtszuges und, solange der Rechtsstreit in einem höheren Rechtszug anhängig ist, von der Geschäftsstelle des Gerichts dieses Rechtszuges zu erteilen. In Ehe- und Kindschaftssachen wird den Parteien von Amts wegen ein Rechtskraftzeugnis auf einer weiteren Ausfertigung in der Form des § 317 Abs. 2 Satz 2 Halbsatz 1 erteilt.

(2) Insoweit die Erteilung des Zeugnisses davon abhängt, dass gegen das Urteil ein Rechtsmittel nicht eingelegt ist, genügt ein Zeugnis der Geschäftsstelle des für das Rechtsmittel zuständigen Gerichts, dass bis zum Ablauf der Notfrist eine Rechtsmittelschrift nicht eingereicht sei. Eines Zeugnisses der Geschäftsstelle des Revisionsgerichts, dass ein Antrag auf Zulassung der Revision nach § 566 nicht eingereicht sei, bedarf es nicht.

### § 707 Einstweilige Einstellung der Zwangsvollstreckung

(1) Wird die Wiedereinsetzung in den vorigen Stand oder eine Wiederaufnahme des Verfahrens beantragt oder die Rüge nach § 321a erhoben oder wird der Rechtsstreit nach der Verkündung eines Vorbehaltsurteils fortgesetzt, so kann das Gericht auf Antrag anordnen, dass die Zwangsvollstreckung gegen oder ohne Sicherheitsleistung einstweilen eingestellt werde oder nur gegen Sicherheitsleistung stattfinde und dass die Vollstreckungsmaßregeln gegen Sicherheitsleistung aufzuheben seien. Die Einstellung der Zwangsvollstreckung ohne Sicherheitsleistung ist nur zulässig, wenn glaubhaft gemacht wird, dass der Schuldner zur Sicherheitsleistung nicht in der Lage ist und die Vollstreckung einen nicht zu ersetzenden Nachteil bringen würde.

(2) Die Entscheidung ergeht durch Beschluss. Eine Anfechtung des Beschlusses findet nicht statt.

### § 708 Vorläufige Vollstreckbarkeit ohne Sicherheitsleistung

Für vorläufig vollstreckbar ohne Sicherheitsleistung sind zu erklären:

1. Urteile, die auf Grund eines Anerkenntnisses oder eines Verzichts ergehen;

2. Versäumnisurteile und Urteile nach Lage der Akten gegen die säumige Partei gemäß § 331a;

3. Urteile, durch die gemäß § 341 der Einspruch als unzulässig verworfen wird;

4. Urteile, die im Urkunden-, Wechsel- oder Scheckprozess erlassen werden;

5. Urteile, die ein Vorbehaltsurteil, das im Urkunden-, Wechsel- oder Scheckprozess erlassen wurde, für vorbehaltlos erklären;

6. Urteile, durch die Arreste oder einstweilige Verfügungen abgelehnt oder aufgehoben werden;

7. Urteile in Streitigkeiten zwischen dem Vermieter und dem Mieter oder Untermieter von Wohnräumen oder anderen Räumen oder zwischen dem Mieter und dem Untermieter solcher Räume wegen Überlassung, Benutzung oder Räumung, wegen Fortsetzung des Mietverhältnisses über Wohnraum auf Grund der §§ 574 bis 574b des Bürgerlichen Gesetzbuchs sowie wegen Zurückhaltung der von dem

Mieter oder dem Untermieter in die Mieträume eingebrachten Sachen;

8. Urteile, die die Verpflichtung aussprechen, Unterhalt, Renten wegen Entziehung einer Unterhaltsforderung oder Renten wegen einer Verletzung des Körpers oder der Gesundheit zu entrichten, soweit sich die Verpflichtung auf die Zeit nach der Klageerhebung und auf das ihr vorausgehende letzte Vierteljahr bezieht;

9. Urteile nach §§ 861, 862 des Bürgerlichen Gesetzbuchs auf Wiedereinräumung des Besitzes oder auf Beseitigung oder Unterlassung einer Besitzstörung;

10. Berufungsurteile in vermögensrechtlichen Streitigkeiten;

11. andere Urteile in vermögensrechtlichen Streitigkeiten, wenn der Gegenstand der Verurteilung in der Hauptsache 1250 Euro nicht übersteigt oder wenn nur die Entscheidung über die Kosten vollstreckbar ist und eine Vollstreckung im Wert von nicht mehr als 1500 Euro ermöglicht.

### § 709 Vorläufige Vollstreckbarkeit gegen Sicherheitsleistung

Andere Urteile sind gegen eine der Höhe nach zu bestimmende Sicherheit für vorläufig vollstreckbar zu erklären. Soweit wegen einer Geldforderung zu vollstrecken ist, genügt es, wenn die Höhe der Sicherheitsleistung in einem bestimmten Verhältnis zur Höhe des jeweils zu vollstreckenden Betrages angegeben wird. Handelt es sich um ein Urteil, das ein Versäumnisurteil aufrechterhält, so ist auszusprechen, dass die Vollstreckung aus dem Versäumnisurteil nur gegen Leistung der Sicherheit fortgesetzt werden darf.

### § 710 Ausnahmen von der Sicherheitsleistung des Gläubigers

Kann der Gläubiger die Sicherheit nach § 709 nicht oder nur unter erheblichen Schwierigkeiten leisten, so ist das Urteil auf Antrag auch ohne Sicherheitsleistung für vorläufig vollstreckbar zu erklären, wenn die Aussetzung der Vollstreckung dem Gläubiger einen schwer zu ersetzenden oder schwer abzusehenden Nachteil bringen würde oder aus einem sonstigen Grund für den Gläubiger unbillig wäre, insbesondere weil er die Leistung für seine Lebenshaltung oder seine Erwerbstätigkeit dringend benötigt.

### § 711 Abwendungsbefugnis

In den Fällen des § 708 Nr. 4 bis 11 hat das Gericht auszusprechen, dass der Schuldner die Vollstreckung durch Sicherheitsleistung oder Hinterlegung abwenden darf, wenn nicht der Gläubiger vor der Vollstreckung Sicherheit leistet. § 709 Satz 2 gilt entsprechend, für den Schuldner jedoch mit der Maßgabe, dass Sicherheit in einem bestimmten Verhältnis zur Höhe des auf Grund des Urteils vollstreckbaren Betrages zu leisten ist. Für den Gläubiger gilt § 710 entsprechend.

### § 712 Schutzantrag des Schuldners

(1) Würde die Vollstreckung dem Schuldner einen nicht zu ersetzenden Nachteil bringen, so hat ihm das Gericht auf Antrag zu gestatten, die Vollstreckung durch Sicherheitsleistung oder Hinterlegung ohne Rücksicht auf eine Sicherheitsleistung des Gläubigers abzuwenden; § 709 Satz 2 gilt in den Fällen des § 709 Satz 1 entsprechend. Ist der Schuldner dazu nicht in der Lage, so ist das Urteil nicht für vorläufig vollstreckbar zu erklären oder die Vollstreckung auf die in § 720a Abs. 1, 2 bezeichneten Maßregeln zu beschränken.

(2) Dem Antrag des Schuldners ist nicht zu entsprechen, wenn ein überwiegendes Interesse des Gläubigers entgegensteht. In den Fällen des § 708 kann das Gericht anordnen, dass das Urteil nur gegen Sicherheitsleistung vorläufig vollstreckbar ist.

### § 713 Unterbleiben von Schuldnerschutzanordnungen

Die in den §§ 711, 712 zugunsten des Schuldners zugelassenen Anordnungen sollen nicht ergehen, wenn die Voraussetzungen, unter denen ein Rechtsmittel gegen das Urteil stattfindet, unzweifelhaft nicht vorliegen.

**3**

### § 714 Anträge zur vorläufigen Voll- streckbarkeit

(1) Anträge nach den §§ 710, 711 Satz 3, § 712 sind vor Schluss der mündlichen Verhandlung zu stellen, auf die das Urteil ergeht.

(2) Die tatsächlichen Voraussetzungen sind glaubhaft zu machen.

### § 715 Rückgabe der Sicherheit

(1) Das Gericht, das eine Sicherheitsleistung des Gläubigers angeordnet oder zugelassen hat, ordnet auf Antrag die Rückgabe der Sicherheit an, wenn ein Zeugnis über die Rechtskraft des für vorläufig vollstreckbar erklärten Urteils vorgelegt wird. Ist die Sicherheit durch eine Bürgschaft bewirkt worden, so ordnet das Gericht das Erlöschen der Bürgschaft an.

(2) § 109 Abs. 3 gilt entsprechend.

### § 716 Ergänzung des Urteils

Ist über die vorläufige Vollstreckbarkeit nicht entschieden, so sind wegen Ergänzung des Urteils die Vorschriften des § 321 anzuwenden.

### § 717 Wirkungen eines aufhebenden oder abändernden Urteils

(1) Die vorläufige Vollstreckbarkeit tritt mit der Verkündung eines Urteils, das die Entscheidung in der Hauptsache oder die Vollstreckbarkeitserklärung aufhebt oder abändert, insoweit außer Kraft, als die Aufhebung oder Abänderung ergeht.

(2) Wird ein für vorläufig vollstreckbar erklärtes Urteil aufgehoben oder abgeändert, so ist der Kläger zum Ersatz des Schadens verpflichtet, der dem Beklagten durch die Vollstreckung des Urteils oder durch eine zur Abwendung der Vollstreckung gemachte Leistung entstanden ist. Der Beklagte kann den Anspruch auf Schadensersatz in dem anhängigen Rechtsstreit geltend machen; wird der Anspruch geltend gemacht, so ist er als zur Zeit der Zahlung oder Leistung rechtshängig geworden anzusehen.

(3) Die Vorschriften des Absatzes 2 sind auf die im § 708 Nr. 10 bezeichneten Berufungsurteile, mit Ausnahme der Versäumnisurteile,

nicht anzuwenden. Soweit ein solches Urteil aufgehoben oder abgeändert wird, ist der Kläger auf Antrag des Beklagten zur Erstattung des von diesem auf Grund des Urteils Gezahlten oder Geleisteten zu verurteilen. Die Erstattungspflicht des Klägers bestimmt sich nach den Vorschriften über die Herausgabe einer ungerechtfertigten Bereicherung. Wird der Antrag gestellt, so ist der Anspruch auf Erstattung als zur Zeit der Zahlung von Leistung rechtshängig geworden anzusehen; die mit der Rechtshängigkeit nach den Vorschriften des bürgerlichen Rechts verbundenen Wirkungen treten mit der Zahlung oder Leistung auch dann ein, wenn der Antrag nicht gestellt wird.

### § 718 Vorabentscheidung über vorläufige Vollstreckbarkeit

(1) In der Berufungsinstanz ist über die vorläufige Vollstreckbarkeit auf Antrag vorab zu verhandeln und zu entscheiden.

(2) Eine Anfechtung der in der Berufungsinstanz über die vorläufige Vollstreckbarkeit erlassenen Entscheidung findet nicht statt.

### § 719 Einstweilige Einstellung bei Rechtsmittel und Einspruch

(1) Wird gegen ein für vorläufig vollstreckbar erklärtes Urteil der Einspruch oder die Berufung eingelegt, so gelten die Vorschriften des § 707 entsprechend. Die Zwangsvollstreckung aus einem Versäumnisurteil darf nur gegen Sicherheitsleistung eingestellt werden, es sei denn, dass das Versäumnisurteil nicht in gesetzlicher Weise ergangen ist oder die säumige Partei glaubhaft macht, dass ihre Säumnis unverschuldet war.

(2) Wird Revision gegen ein für vorläufig vollstreckbar erklärtes Urteil eingelegt, so ordnet das Revisionsgericht auf Antrag an, dass die Zwangsvollstreckung einstweilen eingestellt wird, wenn die Vollstreckung dem Schuldner einen nicht zu ersetzenden Nachteil bringen würde und nicht ein überwiegendes Interesse des Gläubigers entgegensteht. Die Parteien haben die tatsächlichen Voraussetzungen glaubhaft zu machen.

(3) Die Entscheidung ergeht durch Beschluss.

### § 720 Hinterlegung bei Abwendung der Vollstreckung

Darf der Schuldner nach § 711 Satz 1, § 712 Abs. 1 Satz 1 die Vollstreckung durch Sicherheitsleistung oder Hinterlegung abwenden, so ist gepfändetes Geld oder der Erlös gepfändeter Gegenstände zu hinterlegen.

### § 720a Sicherungsvollstreckung

(1) Aus einem nur gegen Sicherheit vorläufig vollstreckbaren Urteil, durch das der Schuldner zur Leistung von Geld verurteilt worden ist, darf der Gläubiger ohne Sicherheitsleistung die Zwangsvollstreckung insoweit betreiben, als

a) bewegliches Vermögen gepfändet wird,

b) im Wege der Zwangsvollstreckung in das unbewegliche Vermögen eine Sicherungshypothek oder Schiffshypothek eingetragen wird.

Der Gläubiger kann sich aus dem belasteten Gegenstand nur nach Leistung der Sicherheit befriedigen.

(2) Für die Zwangsvollstreckung in das bewegliche Vermögen gilt § 930 Abs. 2, 3 entsprechend.

(3) Der Schuldner ist befugt, die Zwangsvollstreckung nach Absatz 1 durch Leistung einer Sicherheit in Höhe des Hauptanspruchs abzuwenden, wegen dessen der Gläubiger vollstrecken kann, wenn nicht der Gläubiger vorher die ihm obliegende Sicherheit geleistet hat.

### § 721 Räumungsfrist

(1) Wird auf Räumung von Wohnraum erkannt, so kann das Gericht auf Antrag oder von Amts wegen dem Schuldner eine den Umständen nach angemessene Räumungsfrist gewähren. Der Antrag ist vor dem Schluss der mündlichen Verhandlung zu stellen, auf die das Urteil ergeht. Ist der Antrag bei der Entscheidung übergangen, so gilt § 321; bis zur Entscheidung kann das Gericht auf Antrag die Zwangsvollstreckung wegen des Räumungsanspruchs einstweilen einstellen.

(2) Ist auf künftige Räumung erkannt und über eine Räumungsfrist noch nicht entschie-

den, so kann dem Schuldner eine den Umständen nach angemessene Räumungsfrist gewährt werden, wenn er spätestens zwei Wochen vor dem Tag, an dem nach dem Urteil zu räumen ist, einen Antrag stellt. §§ 233 bis 238 gelten sinngemäß.

(3) Die Räumungsfrist kann auf Antrag verlängert oder verkürzt werden. Der Antrag auf Verlängerung ist spätestens zwei Wochen vor Ablauf der Räumungsfrist zu stellen. §§ 233 bis 238 gelten sinngemäß.

(4) Über Anträge nach den Absätzen 2 oder 3 entscheidet das Gericht erster Instanz, solange die Sache in der Berufungsinstanz anhängig ist, das Berufungsgericht. Die Entscheidung ergeht durch Beschluss. Vor der Entscheidung ist der Gegner zu hören. Das Gericht ist befugt, die im § 732 Abs. 2 bezeichneten Anordnungen zu erlassen.

(5) Die Räumungsfrist darf insgesamt nicht mehr als ein Jahr betragen. Die Jahresfrist rechnet vom Tage der Rechtskraft des Urteils oder, wenn nach einem Urteil auf künftige Räumung an einem späteren Tage zu räumen ist, von diesem Tage an.

(6) Die sofortige Beschwerde findet statt

1. gegen Urteile, durch die auf Räumung von Wohnraum erkannt ist, wenn sich das Rechtsmittel lediglich gegen die Versagung, Gewährung oder Bemessung einer Räumungsfrist richtet;

2. gegen Beschlüsse über Anträge nach den Absätzen 2 oder 3.

(7) Die Absätze 1 bis 6 gelten nicht für Mietverhältnisse über Wohnraum im Sinne des § 549 Abs. 2 Nr. 3 sowie in den Fällen des § 575 des Bürgerlichen Gesetzbuchs. Endet ein Mietverhältnis im Sinne des § 575 des Bürgerlichen Gesetzbuchs durch außerordentliche Kündigung, kann eine Räumungsfrist höchstens bis zum vertraglich bestimmten Zeitpunkt der Beendigung gewährt werden.

### § 722 Vollstreckbarkeit ausländischer Urteile

(1) Aus dem Urteil eines ausländischen Gerichts findet die Zwangsvollstreckung nur

**3**

statt, wenn ihre Zulässigkeit durch ein Vollstreckungsurteil ausgesprochen ist.

(2) Für die Klage auf Erlass des Urteils ist das Amtsgericht oder Landgericht, bei dem der Schuldner seinen allgemeinen Gerichtsstand hat, und sonst das Amtsgericht oder Landgericht zuständig, bei dem nach § 23 gegen den Schuldner Klage erhoben werden kann.

### § 723 Vollstreckungsurteil

(1) Das Vollstreckungsurteil ist ohne Prüfung der Gesetzmäßigkeit der Entscheidung zu erlassen.

(2) Das Vollstreckungsurteil ist erst zu erlassen, wenn das Urteil des ausländischen Gerichts nach dem für dieses Gericht geltenden Recht die Rechtskraft erlangt hat. Es ist nicht zu erlassen, wenn die Anerkennung des Urteils nach § 328 ausgeschlossen ist.

### § 724 Vollstreckbare Ausfertigung

(1) Die Zwangsvollstreckung wird auf Grund einer mit der Vollstreckungsklausel versehenen Ausfertigung des Urteils (vollstreckbare Ausfertigung) durchgeführt.

(2) Die vollstreckbare Ausfertigung wird von dem Urkundsbeamten der Geschäftsstelle des Gerichts des ersten Rechtszuges und, wenn der Rechtsstreit bei einem höheren Gericht anhängig ist, von dem Urkundsbeamten der Geschäftsstelle dieses Gerichts erteilt.

### § 725 Vollstreckungsklausel

Die Vollstreckungsklausel:

„Vorstehende Ausfertigung wird dem usw. (Bezeichnung der Partei) zum Zwecke der Zwangsvollstreckung erteilt"

ist der Ausfertigung des Urteils am Schluss beizufügen, von dem Urkundsbeamten der Geschäftsstelle zu unterschreiben und mit dem Gerichtssiegel zu versehen.

### § 726 Vollstreckbare Ausfertigung bei bedingten Leistungen

(1) Von Urteilen, deren Vollstreckung nach ihrem Inhalt von dem durch den Gläubiger zu beweisenden Eintritt einer anderen Tatsache als einer dem Gläubiger obliegenden Sicherheitsleistung abhängt, darf eine vollstreck-

bare Ausfertigung nur erteilt werden, wenn der Beweis durch öffentliche oder öffentlich beglaubigte Urkunden geführt wird.

(2) Hängt die Vollstreckung von einer Zug um Zug zu bewirkenden Leistung des Gläubigers an den Schuldner ab, so ist der Beweis, dass der Schuldner befriedigt oder im Verzug der Annahme ist, nur dann erforderlich, wenn die dem Schuldner obliegende Leistung in der Abgabe einer Willenserklärung besteht.

### § 727 Vollstreckbare Ausfertigung für und gegen Rechtsnachfolger

(1) Eine vollstreckbare Ausfertigung kann für den Rechtsnachfolger des in dem Urteil bezeichneten Gläubigers sowie gegen denjenigen Rechtsnachfolger des in dem Urteil bezeichneten Schuldners und denjenigen Besitzer in Streit befangenen Sache, gegen die das Urteil nach § 325 wirksam ist, erteilt werden, sofern die Rechtsnachfolge oder das Besitzverhältnis bei dem Gericht offenkundig ist oder durch öffentliche oder öffentlich beglaubigte Urkunden nachgewiesen wird.

(2) Ist die Rechtsnachfolge oder das Besitzverhältnis bei dem Gericht offenkundig, so ist dies in der Vollstreckungsklausel zu erwähnen.

### § 728 Vollstreckbare Ausfertigung bei Nacherbe oder Testamentsvollstrecker

(1) Ist gegenüber dem Vorerben ein nach § 326 dem Nacherben gegenüber wirksames Urteil ergangen, so sind auf die Erteilung einer vollstreckbaren Ausfertigung für und gegen den Nacherben die Vorschriften des § 727 entsprechend anzuwenden.

(2) Das Gleiche gilt, wenn gegenüber einem Testamentsvollstrecker ein nach § 327 dem Erben gegenüber wirksames Urteil ergangen ist, für die Erteilung einer vollstreckbaren Ausfertigung für und gegen den Erben. Eine vollstreckbare Ausfertigung kann gegen den Erben erteilt werden, auch wenn die Verwaltung des Testamentsvollstreckers noch besteht.

### § 729 Vollstreckbare Ausfertigung gegen Vermögens- und Firmenübernehmer

(1) Hat jemand das Vermögen eines anderen durch Vertrag mit diesem nach der rechtskräftigen Feststellung einer Schuld des anderen übernommen, so sind auf die Erteilung einer vollstreckbaren Ausfertigung des Urteils gegen den Übernehmer die Vorschriften des § 727 entsprechend anzuwenden.

(2) Das Gleiche gilt für die Erteilung einer vollstreckbaren Ausfertigung gegen denjenigen, der ein unter Lebenden erworbenes Handelsgeschäft unter der bisherigen Firma fortführt, in Ansehung der Verbindlichkeiten, für die er nach § 25 Abs. 1 Satz 1, Abs. 2 des Handelsgesetzbuchs haftet, sofern sie vor dem Erwerb des Geschäfts gegen den früheren Inhaber rechtskräftig festgestellt worden sind.

### § 730 Anhörung des Schuldners

In den Fällen des § 726 Abs. 1 und der §§ 727 bis 729 kann der Schuldner vor der Erteilung der vollstreckbaren Ausfertigung gehört werden.

### § 731 Klage auf Erteilung der Vollstreckungsklausel

Kann der nach dem § 726 Abs. 1 und den §§ 727 bis 729 erforderliche Nachweis durch öffentliche oder öffentlich beglaubigte Urkunden nicht geführt werden, so hat der Gläubiger bei dem Prozessgericht des ersten Rechtszuges aus dem Urteil auf Erteilung der Vollstreckungsklausel Klage zu erheben.

### § 732 Erinnerung gegen Erteilung der Vollstreckungsklausel

(1) Über Einwendungen des Schuldners, welche die Zulässigkeit der Vollstreckungsklausel betreffen, entscheidet das Gericht, von dessen Geschäftsstelle die Vollstreckungsklausel erteilt ist. Die Entscheidung ergeht durch Beschluss.

(2) Das Gericht kann vor der Entscheidung eine einstweilige Anordnung erlassen; es kann insbesondere anordnen, dass die Zwangsvollstreckung gegen oder ohne Sicherheitsleistung einstweilen einzustellen oder nur gegen Sicherheitsleistung fortzusetzen sei.

### § 733 Weitere vollstreckbare Ausfertigung

(1) Vor der Erteilung einer weiteren vollstreckbaren Ausfertigung kann der Schuldner gehört werden, sofern nicht die zuerst erteilte Ausfertigung zurückgegeben wird.

(2) Die Geschäftsstelle hat von der Erteilung der weiteren Ausfertigung den Gegner in Kenntnis zu setzen.

(3) Die weitere Ausfertigung ist als solche ausdrücklich zu bezeichnen.

### § 734 Vermerk über Ausfertigungserteilung auf der Urteilsurschrift

Vor der Aushändigung einer vollstreckbaren Ausfertigung ist auf der Urschrift des Urteils zu vermerken, für welche Partei und zu welcher Zeit die Ausfertigung erteilt ist. Werden die Prozessakten elektronisch geführt, so ist der Vermerk in einem gesonderten elektronischen Dokument festzuhalten. Das Dokument ist mit dem Urteil untrennbar zu verbinden.

### § 735 Zwangsvollstreckung gegen nicht rechtsfähigen Verein

Zur Zwangsvollstreckung in das Vermögen eines nicht rechtsfähigen Vereins genügt ein gegen den Verein ergangenes Urteil.

### § 736 Zwangsvollstreckung gegen BGB-Gesellschaft

Zur Zwangsvollstreckung in das Gesellschaftsvermögen einer nach § 705 des Bürgerlichen Gesetzbuchs eingegangenen Gesellschaft ist ein gegen alle Gesellschafter ergangenes Urteil erforderlich.

### § 737 Zwangsvollstreckung bei Vermögens- oder Erbschaftsnießbrauch

(1) Bei dem Nießbrauch an einem Vermögen ist wegen der vor der Bestellung des Nießbrauchs entstandenen Verbindlichkeiten des Bestellers die Zwangsvollstreckung in die dem Nießbrauch unterliegenden Gegenstände ohne Rücksicht auf den Nießbrauch zuläs-

**3**

**3**

sig, wenn der Besteller zu der Leistung und der Nießbraucher zur Duldung der Zwangsvollstreckung verurteilt ist.

(2) Das Gleiche gilt bei dem Nießbrauch an einer Erbschaft für die Nachlassverbindlichkeiten.

### § 738 Vollstreckbare Ausfertigung gegen Nießbraucher

(1) Ist die Bestellung des Nießbrauchs an einem Vermögen nach der rechtskräftigen Feststellung einer Schuld des Bestellers erfolgt, so sind auf die Erteilung einer in Ansehung der dem Nießbrauch unterliegenden Gegenstände vollstreckbaren Ausfertigung des Urteils gegen den Nießbraucher die Vorschriften der §§ 727, 730 bis 732 entsprechend anzuwenden.

(2) Das Gleiche gilt bei dem Nießbrauch an einer Erbschaft für die Erteilung einer vollstreckbaren Ausfertigung des gegen den Erblasser ergangenen Urteils.

### § 739 Gewahrsamsvermutung bei Zwangsvollstreckung gegen Ehegatten und Lebenspartner

(1) Wird zugunsten der Gläubiger eines Ehemannes oder der Gläubiger einer Ehefrau gemäß § 1362 des Bürgerlichen Gesetzbuchs vermutet, dass der Schuldner Eigentümer beweglicher Sachen ist, so gilt, unbeschadet der Rechte Dritter, für die Durchführung der Zwangsvollstreckung nur der Schuldner als Gewahrsamsinhaber und Besitzer.

(2) Absatz 1 gilt entsprechend für die Vermutung des § 8 Abs. 1 des Lebenspartnerschaftsgesetzes zugunsten der Gläubiger eines der Lebenspartner.

### § 740 Zwangsvollstreckung in das Gesamtgut

(1) Leben die Ehegatten in Gütergemeinschaft und verwaltet einer von ihnen das Gesamtgut allein, so ist zur Zwangsvollstreckung in das Gesamtgut ein Urteil gegen diesen Ehegatten erforderlich und genügend.

(2) Verwalten die Ehegatten das Gesamtgut gemeinschaftlich, so ist die Zwangsvollstreckung in das Gesamtgut nur zulässig, wenn beide Ehegatten zur Leistung verurteilt sind.

### § 741 Zwangsvollstreckung in das Gesamtgut bei Erwerbsgeschäft

Betreibt ein Ehegatte, der in Gütergemeinschaft lebt und das Gesamtgut nicht oder nicht allein verwaltet, selbständig ein Erwerbsgeschäft, so ist zur Zwangsvollstreckung in das Gesamtgut ein gegen ihn ergangenes Urteil genügend, es sei denn, dass zur Zeit des Eintritts der Rechtshängigkeit der Einspruch des anderen Ehegatten gegen den Betrieb des Erwerbsgeschäfts oder der Widerruf seiner Einwilligung zu dem Betrieb im Güterrechtsregister eingetragen war.

### § 742 Vollstreckbare Ausfertigung bei Gütergemeinschaft während des Rechtsstreits

Ist die Gütergemeinschaft erst eingetreten, nachdem ein von einem Ehegatten oder gegen einen Ehegatten geführter Rechtsstreit rechtshängig geworden ist, und verwaltet dieser Ehegatte das Gesamtgut nicht oder nicht allein, so sind auf die Erteilung einer in Ansehung des Gesamtgutes vollstreckbaren Ausfertigung des Urteils für oder gegen den anderen Ehegatten die Vorschriften der §§ 727, 730 bis 732 entsprechend anzuwenden.

### § 743 Beendete Gütergemeinschaft

Nach der Beendigung der Gütergemeinschaft ist vor der Auseinandersetzung die Zwangsvollstreckung in das Gesamtgut nur zulässig, wenn beide Ehegatten zu der Leistung oder der eine Ehegatte zu der Leistung und der andere zur Duldung der Zwangsvollstreckung verurteilt sind.

### § 744 Vollstreckbare Ausfertigung bei beendeter Gütergemeinschaft

Ist die Beendigung der Gütergemeinschaft nach der Beendigung eines Rechtsstreits des Ehegatten eingetreten, der das Gesamtgut allein verwaltet, so sind auf die Erteilung einer in Ansehung des Gesamtgutes vollstreckbaren Ausfertigung des Urteils gegen den anderen Ehegatten die Vorschriften der §§ 727, 730 bis 732 entsprechend anzuwenden.

### § 744a Zwangsvollstreckung bei Eigentums- und Vermögensgemeinschaft

Leben die Ehegatten gemäß Artikel 234 § 4 Abs. 2 des Einführungsgesetzes zum Bürgerlichen Gesetzbuch im Güterstand der Eigentums- und Vermögensgemeinschaft, sind für die Zwangsvollstreckung in Gegenstände des gemeinschaftlichen Eigentums und Vermögens die §§ 740 bis 744, 774 und 860 entsprechend anzuwenden.

### § 745 Zwangsvollstreckung bei fortgesetzter Gütergemeinschaft

(1) Im Falle der fortgesetzten Gütergemeinschaft ist zur Zwangsvollstreckung in das Gesamtgut ein gegen den überlebenden Ehegatten ergangenes Urteil erforderlich und genügend.

(2) Nach der Beendigung der fortgesetzten Gütergemeinschaft gelten die Vorschriften der §§ 743, 744 mit der Maßgabe, dass an die Stelle des Ehegatten, der das Gesamtgut allein verwaltet, der überlebende Ehegatte, an die Stelle des anderen Ehegatten die anteilsberechtigten Abkömmlinge treten.

### § 746 (weggefallen)

### § 747 Zwangsvollstreckung in ungeteilten Nachlass

Zur Zwangsvollstreckung in einen Nachlass ist, wenn mehrere Erben vorhanden sind, bis zur Teilung ein gegen alle Erben ergangenes Urteil erforderlich.

### § 748 Zwangsvollstreckung bei Testamentsvollstrecker

(1) Unterliegt ein Nachlass der Verwaltung eines Testamentsvollstreckers, so ist zur Zwangsvollstreckung in den Nachlass ein gegen den Testamentsvollstrecker ergangenes Urteil erforderlich und genügend.

(2) Steht dem Testamentsvollstrecker nur die Verwaltung einzelner Nachlassgegenstände zu, so ist die Zwangsvollstreckung in diese Gegenstände nur zulässig, wenn der Erbe zu der Leistung, der Testamentsvollstrecker zur Duldung der Zwangsvollstreckung verurteilt ist.

(3) Zur Zwangsvollstreckung wegen eines Pflichtteilsanspruchs ist im Falle des Absatzes 1 wie im Falle des Absatzes 2 ein sowohl gegen den Erben als gegen den Testamentsvollstrecker ergangenes Urteil erforderlich.

### § 749 Vollstreckbare Ausfertigung für und gegen Testamentsvollstrecker

Auf die Erteilung einer vollstreckbaren Ausfertigung eines für oder gegen den Erblasser ergangenen Urteils für oder gegen den Testamentsvollstrecker sind die Vorschriften der §§ 727, 730 bis 732 entsprechend anzuwenden. Auf Grund einer solchen Ausfertigung ist die Zwangsvollstreckung nur in die der Verwaltung des Testamentsvollstreckers unterliegenden Nachlassgegenstände zulässig.

### § 750 Voraussetzungen der Zwangsvollstreckung

(1) Die Zwangsvollstreckung darf nur beginnen, wenn die Personen, für und gegen die sie stattfinden soll, in dem Urteil oder in der ihm beigefügten Vollstreckungsklausel namentlich bezeichnet sind und das Urteil bereits zugestellt ist oder gleichzeitig zugestellt wird. Eine Zustellung durch den Gläubiger genügt; in diesem Fall braucht die Ausfertigung des Urteils Tatbestand und Entscheidungsgründe nicht zu enthalten.

(2) Handelt es sich um die Vollstreckung eines Urteils, dessen vollstreckbare Ausfertigung nach § 726 Abs. 1 erteilt worden ist, oder soll ein Urteil, das nach den §§ 727 bis 729, 738, 742, 744, dem § 745 Abs. 2 und dem § 749 für oder gegen eine der dort bezeichneten Personen wirksam ist, für oder gegen eine dieser Personen vollstreckt werden, so muss außer dem zu vollstreckenden Urteil auch die ihm beigefügte Vollstreckungsklausel und, sofern die Vollstreckungsklausel auf Grund öffentlicher oder öffentlich beglaubigter Urkunden erteilt ist, auch eine Abschrift dieser Urkunden vor Beginn der Zwangsvollstreckung zugestellt sein oder gleichzeitig mit ihrem Beginn zugestellt werden.

(3) Eine Zwangsvollstreckung nach § 720a darf nur beginnen, wenn das Urteil und die

**3**

Vollstreckungsklausel mindestens zwei Wochen vorher zugestellt sind.

### § 751 Bedingungen für Vollstreckungsbeginn

(1) Ist die Geltendmachung des Anspruchs von dem Eintritt eines Kalendertages abhängig, so darf die Zwangsvollstreckung nur beginnen, wenn der Kalendertag abgelaufen ist.

(2) Hängt die Vollstreckung von einer dem Gläubiger obliegenden Sicherheitsleistung ab, so darf mit der Zwangsvollstreckung nur begonnen oder sie nur fortgesetzt werden, wenn die Sicherheitsleistung durch eine öffentliche oder öffentlich beglaubigte Urkunde nachgewiesen und eine Abschrift dieser Urkunde bereits zugestellt ist oder gleichzeitig zugestellt wird.

### § 752 Sicherheitsleistung bei Teilvollstreckung

Vollstreckt der Gläubiger im Fall des § 751 Abs. 2 nur wegen eines Teilbetrages, so bemisst sich die Höhe der Sicherheitsleistung nach dem Verhältnis des Teilbetrages zum Gesamtbetrag. Darf der Schuldner in den Fällen des § 709 die Vollstreckung gemäß § 712 Abs. 1 Satz 1 abwenden, so gilt für ihn Satz 1 entsprechend.

### § 753 Vollstreckung durch Gerichtsvollzieher

(1) Die Zwangsvollstreckung wird, soweit sie nicht den Gerichten zugewiesen ist, durch Gerichtsvollzieher durchgeführt, die sie im Auftrag des Gläubigers zu bewirken haben.

(2) Der Gläubiger kann wegen Erteilung des Auftrags zur Zwangsvollstreckung die Mitwirkung der Geschäftsstelle in Anspruch nehmen. Der von der Geschäftsstelle beauftragte Gerichtsvollzieher gilt als von dem Gläubiger beauftragt.

### § 754 Vollstreckungsauftrag

In dem schriftlichen, elektronischen oder mündlichen Auftrag zur Zwangsvollstreckung in Verbindung mit der Übermittlung der vollstreckbaren Ausfertigung liegt die Beauftragung des Gerichtsvollziehers, die Zahlungen oder sonstigen Leistungen in Empfang zu nehmen, über das Empfangene wirksam zu quittieren und dem Schuldner, wenn dieser seiner Verbindlichkeit genügt hat, die vollstreckbare Ausfertigung auszuliefern.

### § 755 Ermächtigung des Gerichtsvollziehers

Dem Schuldner und Dritten gegenüber wird der Gerichtsvollzieher zur Vornahme der Zwangsvollstreckung und der im § 754 bezeichneten Handlungen durch den Besitz der vollstreckbaren Ausfertigung ermächtigt. Der Mangel oder die Beschränkung des Auftrags kann diesen Personen gegenüber von dem Gläubiger nicht geltend gemacht werden.

### § 756 Zwangsvollstreckung bei Leistung Zug um Zug

(1) Hängt die Vollstreckung von einer Zug um Zug zu bewirkenden Leistung des Gläubigers an den Schuldner ab, so darf der Gerichtsvollzieher die Zwangsvollstreckung nicht beginnen, bevor er dem Schuldner die diesem gebührende Leistung in einer den Verzug der Annahme begründenden Weise angeboten hat, sofern nicht der Beweis, dass der Schuldner befriedigt oder im Verzug der Annahme ist, durch öffentliche oder öffentlich beglaubigte Urkunden geführt wird und eine Abschrift dieser Urkunden bereits zugestellt ist oder gleichzeitig zugestellt wird.

(2) Der Gerichtsvollzieher darf mit der Zwangsvollstreckung beginnen, wenn der Schuldner auf das wörtliche Angebot des Gerichtsvollziehers erklärt, dass er die Leistung nicht annehmen werde.

### § 757 Übergabe des Titels und Quittung

(1) Der Gerichtsvollzieher hat nach Empfang der Leistungen dem Schuldner die vollstreckbare Ausfertigung nebst einer Quittung auszuliefern, bei teilweiser Leistung diese auf der vollstreckbaren Ausfertigung zu vermerken und dem Schuldner Quittung zu erteilen.

(2) Das Recht des Schuldners, nachträglich eine Quittung des Gläubigers selbst zu fordern, wird durch diese Vorschriften nicht berührt.

### § 758 Durchsuchung; Gewaltanwendung

(1) Der Gerichtsvollzieher ist befugt, die Wohnung und die Behältnisse des Schuldners zu durchsuchen, soweit der Zweck der Vollstreckung dies erfordert.

(2) Er ist befugt, die verschlossenen Haustüren, Zimmertüren und Behältnisse öffnen zu lassen.

(3) Er ist, wenn er Widerstand findet, zur Anwendung von Gewalt befugt und kann zu diesem Zweck die Unterstützung der polizeilichen Vollzugsorgane nachsuchen.

### § 758a Richterliche Durchsuchungsanordnung; Vollstreckung zur Unzeit

(1) Die Wohnung des Schuldners darf ohne dessen Einwilligung nur auf Grund einer Anordnung des Richters bei dem Amtsgericht durchsucht werden, in dessen Bezirk die Durchsuchung erfolgen soll. Dies gilt nicht, wenn die Einholung der Anordnung den Erfolg der Durchsuchung gefährden würde.

(2) Auf die Vollstreckung eines Titels auf Räumung oder Herausgabe von Räumen und auf die Vollstreckung eines Haftbefehls nach § 901 ist Absatz 1 nicht anzuwenden.

(3) Willigt der Schuldner in die Durchsuchung ein oder ist eine Anordnung gegen ihn nach Absatz 1 Satz 1 ergangen oder nach Absatz 1 Satz 2 entbehrlich, so haben Personen, die Mitgewahrsam an der Wohnung des Schuldners haben, die Durchsuchung zu dulden. Unbillige Härten gegenüber Mitgewahrsamsinhabern sind zu vermeiden.

(4) Der Gerichtsvollzieher nimmt eine Vollstreckungshandlung zur Nachtzeit und an Sonn- und Feiertagen nicht vor, wenn dies für den Schuldner und die Mitgewahrsamsinhaber eine unbillige Härte darstellt oder der zu erwartende Erfolg in einem Missverhältnis zu dem Eingriff steht, in Wohnungen nur auf Grund einer besonderen Anordnung des Richters bei dem Amtsgericht. Die Nachtzeit umfasst die Stunden von 21 bis 6 Uhr.

(5) Die Anordnung nach Absatz 1 ist bei der Zwangsvollstreckung vorzuzeigen.

(6) Das Bundesministerium der Justiz wird ermächtigt, durch Rechtsverordnung mit Zustimmung des Bundesrates Formulare für den Antrag auf Erlass einer richterlichen Durchsuchungsanordnung nach Absatz 1 einzuführen. Soweit nach Satz 1 Formulare eingeführt sind, muss sich der Antragsteller ihrer bedienen. Für Verfahren bei Gerichten, die die Verfahren elektronisch bearbeiten, und für Verfahren bei Gerichten, die die Verfahren nicht elektronisch bearbeiten, können unterschiedliche Formulare eingeführt werden.

### § 759 Zuziehung von Zeugen

Wird bei einer Vollstreckungshandlung Widerstand geleistet oder ist bei einer in der Wohnung des Schuldners vorzunehmenden Vollstreckungshandlung weder der Schuldner noch eine zu seiner Familie gehörige oder in dieser Familie dienende erwachsene Person anwesend, so hat der Gerichtsvollzieher zwei erwachsene Personen oder einen Gemeinde- oder Polizeibeamten als Zeugen zuzuziehen.

### § 760 Akteneinsicht; Aktenabschrift

Jeder Person, die bei dem Vollstreckungsverfahren beteiligt ist, muss auf Begehren Einsicht der Akten des Gerichtsvollziehers gestattet und Abschrift einzelner Aktenstücke erteilt werden. Werden die Akten des Gerichtsvollziehers elektronisch geführt, erfolgt die Gewährung von Akteneinsicht durch Erteilung von Ausdrucken, durch Übermittlung von elektronischen Dokumenten oder durch Wiedergabe auf einem Bildschirm.

### § 761 (weggefallen)

### § 762 Protokoll über Vollstreckungshandlungen

(1) Der Gerichtsvollzieher hat über jede Vollstreckungshandlung ein Protokoll aufzunehmen.

(2) Das Protokoll muss enthalten:

1. Ort und Zeit der Aufnahme;
2. den Gegenstand der Vollstreckungshandlung unter kurzer Erwähnung der wesentlichen Vorgänge;
3. die Namen der Personen, mit denen verhandelt ist;

4. die Unterschrift dieser Personen und den Vermerk, dass die Unterzeichnung nach Vorlesung oder Vorlegung zur Durchsicht und nach Genehmigung erfolgt sei;

5. die Unterschrift des Gerichtsvollziehers.

(3) Hat einem der unter Nummer 4 bezeichneten Erfordernisse nicht genügt werden können, so ist der Grund anzugeben.

### § 763 Aufforderungen und Mitteilungen

(1) Die Aufforderungen und sonstigen Mitteilungen, die zu den Vollstreckungshandlungen gehören, sind von dem Gerichtsvollzieher mündlich zu erlassen und vollständig in das Protokoll aufzunehmen.

(2) Kann dies mündlich nicht ausgeführt werden, so hat der Gerichtsvollzieher eine Abschrift des Protokolls zuzustellen oder durch die Post zu übersenden. Es muss im Protokoll vermerkt werden, dass diese Vorschrift befolgt ist. Eine öffentliche Zustellung findet nicht statt.

### § 764 Vollstreckungsgericht

(1) Die den Gerichten zugewiesene Anordnung von Vollstreckungshandlungen und Mitwirkung bei solchen gehört zur Zuständigkeit der Amtsgerichte als Vollstreckungsgerichte.

(2) Als Vollstreckungsgericht ist, sofern nicht das Gesetz ein anderes Amtsgericht bezeichnet, das Amtsgericht anzusehen, in dessen Bezirk das Vollstreckungsverfahren stattfinden soll oder stattgefunden hat.

(3) Die Entscheidungen des Vollstreckungsgerichts ergehen durch Beschluss.

### § 765 Vollstreckungsgerichtliche Anordnungen bei Leistung Zug um Zug

Hängt die Vollstreckung von einer Zug um Zug zu bewirkenden Leistung des Gläubigers an den Schuldner ab, so darf das Vollstreckungsgericht eine Vollstreckungsmaßregel nur anordnen, wenn

1. der Beweis, dass der Schuldner befriedigt oder im Verzug der Annahme ist, durch öffentliche oder öffentlich beglaubigte Urkunden geführt wird und eine Abschrift dieser Urkunden bereits zugestellt ist; der Zustellung bedarf es nicht, wenn bereits

der Gerichtsvollzieher die Zwangsvollstreckung nach § 756 Abs. 1 begonnen hatte und der Beweis durch das Protokoll des Gerichtsvollziehers geführt wird; oder

2. der Gerichtsvollzieher eine Vollstreckungsmaßnahme nach § 756 Abs. 2 durchgeführt hat und diese durch das Protokoll des Gerichtsvollziehers nachgewiesen ist.

### § 765a Vollstreckungsschutz

(1) Auf Antrag des Schuldners kann das Vollstreckungsgericht eine Maßnahme der Zwangsvollstreckung ganz oder teilweise aufheben, untersagen oder einstweilen einstellen, wenn die Maßnahme unter voller Würdigung des Schutzbedürfnisses des Gläubigers wegen ganz besonderer Umstände eine Härte bedeutet, die mit den guten Sitten nicht vereinbar ist. Es ist befugt, die in § 732 Abs. 2 bezeichneten Anordnungen zu erlassen. Betrifft die Maßnahme ein Tier, so hat das Vollstreckungsgericht bei der von ihm vorzunehmenden Abwägung die Verantwortung des Menschen für das Tier zu berücksichtigen.

(2) Eine Maßnahme zur Erwirkung der Herausgabe von Sachen kann der Gerichtsvollzieher bis zur Entscheidung des Vollstreckungsgerichts, jedoch nicht länger als eine Woche, aufschieben, wenn ihm die Voraussetzungen des Absatzes 1 Satz 1 glaubhaft gemacht werden und dem Schuldner die rechtzeitige Anrufung des Vollstreckungsgerichts nicht möglich war.

(3) In Räumungssachen ist der Antrag nach Absatz 1 spätestens zwei Wochen vor dem festgesetzten Räumungstermin zu stellen, es sei denn, dass die Gründe, auf denen der Antrag beruht, erst nach diesem Zeitpunkt entstanden sind oder der Schuldner ohne sein Verschulden an einer rechtzeitigen Antragstellung gehindert war.

(4) Das Vollstreckungsgericht hebt seinen Beschluss auf Antrag auf oder ändert ihn, wenn dies mit Rücksicht auf eine Änderung der Sachlage geboten ist.

(5) Die Aufhebung von Vollstreckungsmaßregeln erfolgt in den Fällen des Absatzes 1 Satz 1 und des Absatzes 4 erst nach Rechtskraft des Beschlusses.

## § 766 Erinnerung gegen Art und Weise der Zwangsvollstreckung

(1) Über Anträge, Einwendungen und Erinnerungen, welche die Art und Weise der Zwangsvollstreckung oder das vom Gerichtsvollzieher bei ihr zu beobachtende Verfahren betreffen, entscheidet das Vollstreckungsgericht. Es ist befugt, die im § 732 Abs. 2 bezeichneten Anordnungen zu erlassen.

(2) Dem Vollstreckungsgericht steht auch die Entscheidung zu, wenn ein Gerichtsvollzieher sich weigert, einen Vollstreckungsauftrag zu übernehmen oder eine Vollstreckungshandlung dem Auftrag gemäß auszuführen, oder wenn wegen der von dem Gerichtsvollzieher in Ansatz gebrachten Kosten Erinnerungen erhoben werden.

## § 767 Vollstreckungsabwehrklage

(1) Einwendungen, die den durch das Urteil festgestellten Anspruch selbst betreffen, sind von dem Schuldner im Wege der Klage bei dem Prozessgericht des ersten Rechtszuges geltend zu machen.

(2) Sie sind nur insoweit zulässig, als die Gründe, auf denen sie beruhen, erst nach dem Schluss der mündlichen Verhandlung, in der Einwendungen nach den Vorschriften dieses Gesetzes spätestens hätten geltend gemacht werden müssen, entstanden sind und durch Einspruch nicht mehr geltend gemacht werden können.

(3) Der Schuldner muss in der von ihm zu erhebenden Klage alle Einwendungen geltend machen, die er zur Zeit der Erhebung der Klage geltend zu machen imstande war.

## § 768 Klage gegen Vollstreckungsklausel

Die Vorschriften des § 767 Abs. 1, 3 gelten entsprechend, wenn in den Fällen des § 726 Abs. 1, der §§ 727 bis 729, 738, 742, 744, des § 745 Abs. 2 und des § 749 der Schuldner den bei der Erteilung der Vollstreckungsklausel als bewiesen angenommenen Eintritt der Voraussetzung für die Erteilung der Vollstreckungsklausel bestreitet, unbeschadet der Befugnis des Schuldners, in diesen Fällen Einwendungen gegen die Zulässigkeit der Vollstreckungsklausel nach § 732 zu erheben.

## § 769 Einstweilige Anordnungen

(1) Das Prozessgericht kann auf Antrag anordnen, dass bis zum Erlass des Urteils über die in den §§ 767, 768 bezeichneten Einwendungen die Zwangsvollstreckung gegen oder ohne Sicherheitsleistung eingestellt oder nur gegen Sicherheitsleistung fortgesetzt werde und dass Vollstreckungsmaßregeln gegen Sicherheitsleistung aufzuheben seien. Die tatsächlichen Behauptungen, die den Antrag begründen, sind glaubhaft zu machen.

(2) In dringenden Fällen kann das Vollstreckungsgericht eine solche Anordnung erlassen, unter Bestimmung einer Frist, innerhalb der die Entscheidung des Prozessgerichts beizubringen sei. Nach fruchtlosem Ablauf der Frist wird die Zwangsvollstreckung fortgesetzt.

(3) Die Entscheidung über diese Anträge ergeht durch Beschluss.

## § 770 Einstweilige Anordnungen im Urteil

Das Prozessgericht kann in dem Urteil, durch das über die Einwendungen entschieden wird, die in dem vorstehenden Paragraphen bezeichneten Anordnungen erlassen oder die bereits erlassenen Anordnungen aufheben, abändern oder bestätigen. Für die Anfechtung einer solchen Entscheidung gelten die Vorschriften des § 718 entsprechend.

## § 771 Drittwiderspruchsklage

(1) Behauptet ein Dritter, dass ihm an dem Gegenstand der Zwangsvollstreckung ein die Veräußerung hinderndes Recht zustehe, so ist der Widerspruch gegen die Zwangsvollstreckung im Wege der Klage bei dem Gericht geltend zu machen, in dessen Bezirk die Zwangsvollstreckung erfolgt.

(2) Wird die Klage gegen den Gläubiger und den Schuldner gerichtet, so sind diese als Streitgenossen anzusehen.

(3) Auf die Einstellung der Zwangsvollstreckung und die Aufhebung der bereits getroffenen Vollstreckungsmaßregeln sind die Vorschriften der §§ 769, 770 entsprechend anzuwenden. Die Aufhebung einer Vollstre-

ckungsmaßregel ist auch ohne Sicherheitsleistung zulässig.

### § 772 Drittwiderspruchsklage bei Veräußerungsverbot

Solange ein Veräußerungsverbot der in den §§ 135, 136 des Bürgerlichen Gesetzbuchs bezeichneten Art besteht, soll der Gegenstand, auf den es sich bezieht, wegen eines persönlichen Anspruchs oder auf Grund eines infolge des Verbots unwirksamen Rechts nicht im Wege der Zwangsvollstreckung veräußert oder überwiesen werden. Auf Grund des Veräußerungsverbots kann nach Maßgabe des § 771 Widerspruch erhoben werden.

### § 773 Drittwiderspruchsklage des Nacherben

Ein Gegenstand, der zu einer Vorerbschaft gehört, soll nicht im Wege der Zwangsvollstreckung veräußert oder überwiesen werden, wenn die Veräußerung oder die Überweisung im Falle des Eintritts der Nacherbfolge nach § 2115 des Bürgerlichen Gesetzbuchs dem Nacherben gegenüber unwirksam ist. Der Nacherbe kann nach Maßgabe des § 771 Widerspruch erheben.

### § 774 Drittwiderspruchsklage des Ehegatten

Findet nach § 741 die Zwangsvollstreckung in das Gesamtgut statt, so kann ein Ehegatte nach Maßgabe des § 771 Widerspruch erheben, wenn das gegen den anderen Ehegatten ergangene Urteil in Ansehung des Gesamtgutes ihm gegenüber unwirksam ist.

### § 775 Einstellung oder Beschränkung der Zwangsvollstreckung

Die Zwangsvollstreckung ist einzustellen oder zu beschränken:

1. wenn die Ausfertigung einer vollstreckbaren Entscheidung vorgelegt wird, aus der sich ergibt, dass das zu vollstreckende Urteil oder seine vorläufige Vollstreckbarkeit aufgehoben oder dass die Zwangsvollstreckung für unzulässig erklärt oder ihre Einstellung angeordnet ist;

2. wenn die Ausfertigung einer gerichtlichen Entscheidung vorgelegt wird, aus der sich ergibt, dass die einstweilige Einstellung der Vollstreckung oder einer Vollstreckungsmaßregel angeordnet ist oder dass die Vollstreckung nur gegen Sicherheitsleistung fortgesetzt werden darf;

3. wenn eine öffentliche Urkunde vorgelegt wird, aus der sich ergibt, dass die zur Abwendung der Vollstreckung erforderliche Sicherheitsleistung oder Hinterlegung erfolgt ist;

4. wenn eine öffentliche Urkunde oder eine von dem Gläubiger ausgestellte Privaturkunde vorgelegt wird, aus der sich ergibt, dass der Gläubiger nach Erlass des zu vollstreckenden Urteils befriedigt ist oder Stundung bewilligt hat;

5. wenn der Einzahlungs- oder Überweisungsnachweis einer Bank oder Sparkasse vorgelegt wird, aus dem sich ergibt, dass der zur Befriedigung des Gläubigers erforderliche Betrag zur Auszahlung an den Gläubiger oder auf dessen Konto eingezahlt oder überwiesen worden ist.

### § 776 Aufhebung von Vollstreckungsmaßregeln

In den Fällen des § 775 Nr. 1, 3 sind zugleich die bereits getroffenen Vollstreckungsmaßregeln aufzuheben. In den Fällen der Nummern 4, 5 bleiben diese Maßregeln einstweilen bestehen; dasselbe gilt in den Fällen der Nummer 2, sofern nicht durch die Entscheidung auch die Aufhebung der bisherigen Vollstreckungshandlungen angeordnet ist.

### § 777 Erinnerung bei genügender Sicherung des Gläubigers

Hat der Gläubiger eine bewegliche Sache des Schuldners im Besitz, in Ansehung deren ihm ein Pfandrecht oder ein Zurückbehaltungsrecht für seine Forderung zusteht, so kann der Schuldner der Zwangsvollstreckung in sein übriges Vermögen nach § 766 widersprechen, soweit die Forderung durch den Wert der Sache gedeckt ist. Steht dem Gläubiger ein solches Recht in Ansehung der Sache auch für eine andere Forderung zu, so ist der Widerspruch nur zulässig, wenn auch diese Forderung durch den Wert der Sache gedeckt ist.

## § 778 Zwangsvollstreckung vor Erbschaftsannahme

(1) Solange der Erbe die Erbschaft nicht angenommen hat, ist eine Zwangsvollstreckung wegen eines Anspruchs, der sich gegen den Nachlass richtet, nur in den Nachlass zulässig.

(2) Wegen eigener Verbindlichkeiten des Erben ist eine Zwangsvollstreckung in den Nachlass vor der Annahme der Erbschaft nicht zulässig.

## § 779 Fortsetzung der Zwangsvollstreckung nach dem Tod des Schuldners

(1) Eine Zwangsvollstreckung, die zur Zeit des Todes des Schuldners gegen ihn bereits begonnen hatte, wird in seinen Nachlass fortgesetzt.

(2) Ist bei einer Vollstreckungshandlung die Zuziehung des Schuldners nötig, so hat, wenn die Erbschaft noch nicht angenommen oder wenn der Erbe unbekannt oder es ungewiss ist, ob er die Erbschaft angenommen hat, das Vollstreckungsgericht auf Antrag des Gläubigers dem Erben einen einstweiligen besonderen Vertreter zu bestellen. Die Bestellung hat zu unterbleiben, wenn ein Nachlasspfleger bestellt ist oder wenn die Verwaltung des Nachlasses einem Testamentsvollstrecker zusteht.

## § 780 Vorbehalt der beschränkten Erbenhaftung

(1) Der als Erbe des Schuldners verurteilte Beklagte kann die Beschränkung seiner Haftung nur geltend machen, wenn sie ihm im Urteil vorbehalten ist.

(2) Der Vorbehalt ist nicht erforderlich, wenn der Fiskus als gesetzlicher Erbe verurteilt wird oder wenn das Urteil über eine Nachlassverbindlichkeit gegen einen Nachlassverwalter oder einen anderen Nachlasspfleger oder gegen einen Testamentsvollstrecker, dem die Verwaltung des Nachlasses zusteht, erlassen wird.

## § 781 Beschränkte Erbenhaftung in der Zwangsvollstreckung

Bei der Zwangsvollstreckung gegen den Erben des Schuldners bleibt die Beschränkung der Haftung unberücksichtigt, bis auf Grund derselben gegen die Zwangsvollstreckung von dem Erben Einwendungen erhoben werden.

## § 782 Einreden des Erben gegen Nachlassgläubiger

Der Erbe kann auf Grund der ihm nach den §§ 2014, 2015 des Bürgerlichen Gesetzbuchs zustehenden Einreden nur verlangen, dass die Zwangsvollstreckung für die Dauer der dort bestimmten Fristen auf solche Maßregeln beschränkt wird, die zur Vollziehung eines Arrestes zulässig sind. Wird vor dem Ablauf der Frist die Eröffnung des Nachlassinsolvenzverfahrens beantragt, so ist auf Antrag die Beschränkung der Zwangsvollstreckung auch nach dem Ablauf der Frist aufrechtzuerhalten, bis über die Eröffnung des Insolvenzverfahrens rechtskräftig entschieden ist.

## § 783 Einreden des Erben gegen persönliche Gläubiger

In Ansehung der Nachlassgegenstände kann der Erbe die Beschränkung der Zwangsvollstreckung nach § 782 auch gegenüber den Gläubigern verlangen, die nicht Nachlassgläubiger sind, es sei denn, dass er für die Nachlassverbindlichkeiten unbeschränkt haftet.

## § 784 Zwangsvollstreckung bei Nachlassverwaltung und -insolvenzverfahren

(1) Ist eine Nachlassverwaltung angeordnet oder das Nachlassinsolvenzverfahren eröffnet, so kann der Erbe verlangen, dass Maßregeln der Zwangsvollstreckung, die zugunsten eines Nachlassgläubigers in sein nicht zum Nachlass gehörendes Vermögen erfolgt sind, aufgehoben werden, es sei denn, dass er für die Nachlassverbindlichkeiten unbeschränkt haftet.

(2) Im Falle der Nachlassverwaltung steht dem Nachlassverwalter das gleiche Recht ge-

**3**

genüber Maßregeln der Zwangsvollstreckung zu, die zugunsten eines anderen Gläubigers als eines Nachlassgläubigers in den Nachlass erfolgt sind.

### § 785 Vollstreckungsabwehrklage des Erben

Die auf Grund der §§ 781 bis 784 erhobenen Einwendungen werden nach den Vorschriften der §§ 767, 769, 770 erledigt.

### § 786 Vollstreckungsabwehrklage bei beschränkter Haftung

(1) Die Vorschriften des § 780 Abs. 1 und der §§ 781 bis 785 sind auf die nach § 1489 des Bürgerlichen Gesetzbuchs eintretende beschränkte Haftung, die Vorschriften des § 780 Abs. 1 und der §§ 781, 785 sind auf die nach den §§ 1480, 1504, 1629a, 2187 des Bürgerlichen Gesetzbuchs eintretende beschränkte Haftung entsprechend anzuwenden.

(2) Bei der Zwangsvollstreckung aus Urteilen, die bis zum Inkrafttreten des Minderjährigenhaftungsbeschränkungsgesetzes vom 25. August 1998 (BGBl. I S. 2487) am 1. Juli 1999 ergangen sind, kann die Haftungsbeschränkung nach § 1629a des Bürgerlichen Gesetzbuchs auch dann geltend gemacht werden, wenn sie nicht gemäß § 780 Abs. 1 dieses Gesetzes im Urteil vorbehalten ist.

### § 786a See- und Binnenschifffahrtsrechtliche Haftungsbeschränkung

(1) Die Vorschriften des § 780 Abs. 1 und des § 781 sind auf die nach § 486 Abs. 1, 3, §§ 487 bis 487d des Handelsgesetzbuchs oder nach den §§ 4 bis 5m des Binnenschifffahrtsgesetzes eintretende beschränkte Haftung entsprechend anzuwenden.

(2) Ist das Urteil nach § 305a unter Vorbehalt ergangen, so gelten für die Zwangsvollstreckung die folgenden Vorschriften:

1. Wird die Eröffnung eines Seerechtlichen oder eines Binnenschifffahrtsrechtlichen Verteilungsverfahrens nach der Schifffahrtsrechtlichen Verteilungsordnung beantragt, an dem der Gläubiger mit dem Anspruch teilnimmt, so entscheidet das Gericht nach § 5 Abs. 3 der Schifffahrts-

rechtlichen Verteilungsordnung über die Einstellung der Zwangsvollstreckung; nach Eröffnung des Seerechtlichen Verteilungsverfahrens sind die Vorschriften des § 8 Abs. 4 und 5 der Schifffahrtsrechtlichen Verteilungsordnung, nach Eröffnung des Binnenschifffahrtsrechtlichen Verteilungsverfahrens die Vorschriften des § 8 Abs. 4 und 5 in Verbindung mit § 41 der Schifffahrtsrechtlichen Verteilungsordnung anzuwenden.

2. Ist nach Artikel 11 des Haftungsbeschränkungsübereinkommens (§ 486 Abs. 1 des Handelsgesetzbuchs) von dem Schuldner oder für ihn ein Fonds in einem anderen Vertragsstaat des Übereinkommens errichtet worden, so sind, sofern der Gläubiger den Anspruch gegen den Fonds geltend gemacht hat, die Vorschriften des § 50 der Schifffahrtsrechtlichen Verteilungsordnung anzuwenden. Hat der Gläubiger den Anspruch nicht gegen den Fonds geltend gemacht oder sind die Voraussetzungen des § 50 Abs. 2 der Schifffahrtsrechtlichen Verteilungsordnung nicht gegeben, so werden Einwendungen, die auf Grund des Rechts auf Beschränkung der Haftung erhoben werden, nach den Vorschriften der §§ 767, 769, 770 erledigt; das Gleiche gilt, wenn der Fonds in dem anderen Vertragsstaat erst bei Geltendmachung des Rechts auf Beschränkung der Haftung errichtet wird.

3. Ist von dem Schuldner oder für diesen ein Fonds in einem anderen Vertragsstaat des Straßburger Übereinkommens über die Beschränkung der Haftung in der Binnenschifffahrt – CLNI (BGBl. 1988 II S. 1643) errichtet worden, so ist, sofern der Gläubiger den Anspruch gegen den Fonds geltend gemacht hat, § 52 der Schifffahrtsrechtlichen Verteilungsordnung anzuwenden. Hat der Gläubiger den Anspruch nicht gegen den Fonds geltend gemacht oder sind die Voraussetzungen des § 52 Abs. 3 der Schifffahrtsrechtlichen Verteilungsordnung nicht gegeben, so werden Einwendungen, die auf Grund des Rechts auf Beschränkung der Haftung nach den §§ 4 bis 5m des Binnenschifffahrtsgesetzes er-

hoben werden, nach den Vorschriften der §§ 767, 769, 770 erledigt; das Gleiche gilt, wenn der Fonds in dem anderen Vertragsstaat erst bei Geltendmachung des Rechts auf Beschränkung der Haftung errichtet wird.

(3) Ist das Urteil eines ausländischen Gerichts unter dem Vorbehalt ergangen, dass der Beklagte das Recht auf Beschränkung der Haftung geltend machen kann, wenn ein Fonds nach Artikel 11 des Haftungsbeschränkungsübereinkommens oder nach Artikel 11 des Straßburger Übereinkommens über die Beschränkung der Haftung in der Binnenschifffahrt errichtet worden ist oder bei Geltendmachung des Rechts auf Beschränkung der Haftung errichtet wird, so gelten für die Zwangsvollstreckung wegen des durch das Urteil festgestellten Anspruchs die Vorschriften des Absatzes 2 entsprechend.

### § 787 Zwangsvollstreckung bei herrenlosem Grundstück oder Schiff

(1) Soll durch die Zwangsvollstreckung ein Recht an einem Grundstück, das von dem bisherigen Eigentümer nach § 928 des Bürgerlichen Gesetzbuchs aufgegeben und von dem Aneignungsberechtigten noch nicht erworben worden ist, geltend gemacht werden, so hat das Vollstreckungsgericht auf Antrag einen Vertreter zu bestellen, dem bis zur Eintragung eines neuen Eigentümers die Wahrnehmung der sich aus dem Eigentum ergebenden Rechte und Verpflichtungen im Zwangsvollstreckungsverfahren obliegt.

(2) Absatz 1 gilt entsprechend, wenn durch die Zwangsvollstreckung ein Recht an einem eingetragenen Schiff oder Schiffsbauwerk geltend gemacht werden soll, das von dem bisherigen Eigentümer nach § 7 des Gesetzes über Rechte an eingetragenen Schiffen und Schiffsbauwerken vom 15. November 1940 (RGBl. I S. 1499) aufgegeben und von dem Aneignungsberechtigten noch nicht erworben worden ist.

### § 788 Kosten der Zwangsvollstreckung

(1) Die Kosten der Zwangsvollstreckung fallen, soweit sie notwendig waren (§ 91), dem Schuldner zur Last; sie sind zugleich mit dem zur Zwangsvollstreckung stehenden Anspruch beizutreiben. Als Kosten der Zwangsvollstreckung gelten auch die Kosten der Ausfertigung und der Zustellung des Urteils. Soweit mehrere Schuldner als Gesamtschuldner verurteilt worden sind, haften sie auch für die Kosten der Zwangsvollstreckung als Gesamtschuldner; § 100 Abs. 3 und 4 gilt entsprechend.

(2) Auf Antrag setzt das Vollstreckungsgericht, bei dem zum Zeitpunkt der Antragstellung eine Vollstreckungshandlung anhängig ist, und nach Beendigung der Zwangsvollstreckung das Gericht, in dessen Bezirk die letzte Vollstreckungshandlung erfolgt ist, die Kosten gemäß § 103 Abs. 2, den §§ 104, 107 fest. Im Falle einer Vollstreckung nach den Vorschriften der §§ 887, 888 und 890 entscheidet das Prozessgericht des ersten Rechtszuges.

(3) Die Kosten der Zwangsvollstreckung sind dem Schuldner zu erstatten, wenn das Urteil, aus dem die Zwangsvollstreckung erfolgt ist, aufgehoben wird.

(4) Die Kosten eines Verfahrens nach den §§ 765a, 811a, 811b, 813b, 829, 850k, 851a und 851b kann das Gericht ganz oder teilweise dem Gläubiger auferlegen, wenn dies aus besonderen, in dem Verhalten des Gläubigers liegenden Gründen der Billigkeit entspricht.

### § 789 Einschreiten von Behörden

Wird zum Zwecke der Vollstreckung das Einschreiten einer Behörde erforderlich, so hat das Gericht die Behörde um ihr Einschreiten zu ersuchen.

### § 790 Bezifferung dynamisierter Unterhaltstitel zur Zwangsvollstreckung im Ausland

(1) Soll ein Unterhaltstitel, der den Unterhalt nach § 1612a des Bürgerlichen Gesetzbuchs als Prozentsatz des Mindestunterhalts festsetzt, im Ausland vollstreckt werden, so ist auf Antrag der geschuldete Unterhalt auf dem Titel zu beziffern.

(2) Für die Bezifferung sind die Gerichte, Behörden oder Notare zuständig, denen die

Erteilung einer vollstreckbaren Ausfertigung des Titels obliegt.

(3) Auf die Anfechtung der Entscheidung über die Bezifferung sind die Vorschriften über die Anfechtung der Entscheidung über die Erteilung einer Vollstreckungsklausel entsprechend anzuwenden.

### § 791 (weggefallen)

### § 792 Erteilung von Urkunden an Gläubiger

Bedarf der Gläubiger zum Zwecke der Zwangsvollstreckung eines Erbscheins oder einer anderen Urkunde, die dem Schuldner auf Antrag von einer Behörde, einem Beamten oder einem Notar zu erteilen ist, so kann er die Erteilung an Stelle des Schuldners verlangen.

### § 793 Sofortige Beschwerde

Gegen Entscheidungen, die im Zwangsvollstreckungsverfahren ohne mündliche Verhandlung ergehen können, findet sofortige Beschwerde statt.

### § 794 Weitere Vollstreckungstitel

(1) Die Zwangsvollstreckung findet ferner statt:

1. aus Vergleichen, die zwischen den Parteien oder zwischen einer Partei und einem Dritten zur Beilegung des Rechtsstreits seinem ganzen Umfang nach oder in Betreff eines Teiles des Streitgegenstandes vor einem deutschen Gericht oder vor einer durch die Landesjustizverwaltung eingerichteten oder anerkannten Gütestelle abgeschlossen sind, sowie aus Vergleichen, die gemäß § 118 Abs. 1 Satz 3 oder § 492 Abs. 3 zu richterlichem Protokoll genommen sind;

2. aus Kostenfestsetzungsbeschlüssen;

2a. aus Beschlüssen, die in einem vereinfachten Verfahren über den Unterhalt Minderjähriger den Unterhalt festsetzen, einen Unterhaltstitel abändern oder den Antrag zurückweisen;

3. aus Entscheidungen, gegen die das Rechtsmittel der Beschwerde stattfindet, dies gilt nicht für Entscheidungen nach

§ 620 Nr. 1, 3 und § 620b in Verbindung mit § 620 Nr. 1, 3;

3a. aus einstweiligen Anordnungen nach den §§ 127a, 620 Nr. 4 bis 10, dem § 621f und dem § 621g Satz 1, soweit Gegenstand des Verfahrens Regelungen nach der Verordnung über die Behandlung der Ehewohnung und des Hausrats sind, sowie nach dem § 644;

4. aus Vollstreckungsbescheiden;

4a. aus Entscheidungen, die Schiedssprüche für vollstreckbar erklären, sofern die Entscheidungen rechtskräftig oder für vorläufig vollstreckbar erklärt sind;

4b. aus Beschlüssen nach § 796b oder § 796c;

5. aus Urkunden, die von einem deutschen Gericht oder von einem deutschen Notar innerhalb der Grenzen seiner Amtsbefugnisse in der vorgeschriebenen Form aufgenommen sind, sofern die Urkunde über einen Anspruch errichtet ist, der einer vergleichsweisen Regelung zugänglich, nicht auf Abgabe einer Willenserklärung gerichtet ist und nicht den Bestand eines Mietverhältnisses über Wohnraum betrifft, und der Schuldner sich in der Urkunde wegen des zu bezeichnenden Anspruchs der sofortigen Zwangsvollstreckung unterworfen hat.

(2) Soweit nach den Vorschriften der §§ 737, 743, des § 745 Abs. 2 und des § 748 Abs. 2 die Verurteilung eines Beteiligten zur Duldung der Zwangsvollstreckung erforderlich ist, wird sie dadurch ersetzt, dass der Beteiligte in einer nach Absatz 1 Nr. 5 aufgenommenen Urkunde die sofortige Zwangsvollstreckung in die seinem Recht unterworfenen Gegenstände bewilligt.

### § 794a Zwangsvollstreckung aus Räumungsvergleich

(1) Hat sich der Schuldner in einem Vergleich, aus dem die Zwangsvollstreckung stattfindet, zur Räumung von Wohnraum verpflichtet, so kann ihm das Amtsgericht, in dessen Bezirk der Wohnraum belegen ist, auf Antrag eine den Umständen nach angemessene Räumungsfrist bewilligen. Der Antrag ist spätestens zwei Wochen vor dem Tag, an dem nach

dem Vergleich zu räumen ist, zu stellen; §§ 233 bis 238 gelten sinngemäß. Die Entscheidung ergeht durch Beschluss. Vor der Entscheidung ist der Gläubiger zu hören. Das Gericht ist befugt, die im § 732 Abs. 2 bezeichneten Anordnungen zu erlassen.

(2) Die Räumungsfrist kann auf Antrag verlängert oder verkürzt werden. Absatz 1 Satz 2 bis 5 gilt entsprechend.

(3) Die Räumungsfrist darf insgesamt nicht mehr als ein Jahr, gerechnet vom Tag des Abschlusses des Vergleichs, betragen. Ist nach dem Vergleich an einem späteren Tag zu räumen, so rechnet die Frist von diesem Tag an.

(4) Gegen die Entscheidung des Amtsgerichts findet die sofortige Beschwerde statt.

(5) Die Absätze 1 bis 4 gelten nicht für Mietverhältnisse über Wohnraum im Sinne des § 549 Abs. 2 Nr. 3 sowie in den Fällen des § 575 des Bürgerlichen Gesetzbuchs. Endet ein Mietverhältnis im Sinne des § 575 des Bürgerlichen Gesetzbuchs durch außerordentliche Kündigung, kann eine Räumungsfrist höchstens bis zum vertraglich bestimmten Zeitpunkt der Beendigung gewährt werden.

### § 795 Anwendung der allgemeinen Vorschriften auf die weiteren Vollstreckungstitel

Auf die Zwangsvollstreckung aus den in § 794 erwähnten Schuldtiteln sind die Vorschriften der §§ 724 bis 793 entsprechend anzuwenden, soweit nicht in den §§ 795a bis 800 abweichende Vorschriften enthalten sind. Auf die Zwangsvollstreckung aus den in § 794 Abs. 1 Nr. 2 erwähnten Schuldtiteln ist § 720a entsprechend anzuwenden, wenn die Schuldtitel auf Urteilen beruhen, die nur gegen Sicherheitsleistung vorläufig vollstreckbar sind.

### § 795a Zwangsvollstreckung aus Kostenfestsetzungsbeschluss

Die Zwangsvollstreckung aus einem Kostenfestsetzungsbeschluss, der nach § 105 auf das Urteil gesetzt ist, erfolgt auf Grund einer vollstreckbaren Ausfertigung des Urteils;

einer besonderen Vollstreckungsklausel für den Festsetzungsbeschluss bedarf es nicht.

### § 795b Vollstreckbarerklärung des gerichtlichen Vergleichs

Bei Vergleichen, die vor einem deutschen Gericht geschlossen sind (§ 794 Abs. 1 Nr. 1) und deren Wirksamkeit ausschließlich vom Eintritt einer sich aus der Verfahrensakte ergebenden Tatsache abhängig ist, wird die Vollstreckungsklausel von dem Urkundsbeamten der Geschäftsstelle des Gerichts des ersten Rechtszugs und, wenn der Rechtsstreit bei einem höheren Gericht anhängig ist, von dem Urkundsbeamten der Geschäftsstelle dieses Gerichts erteilt.

### § 796 Zwangsvollstreckung aus Vollstreckungsbescheiden

(1) Vollstreckungsbescheide bedürfen der Vollstreckungsklausel nur, wenn die Zwangsvollstreckung für einen anderen als den in dem Bescheid bezeichneten Gläubiger oder gegen einen anderen als den in dem Bescheid bezeichneten Schuldner erfolgen soll.

(2) Einwendungen, die den Anspruch selbst betreffen, sind nur insoweit zulässig, als die Gründe, auf denen sie beruhen, nach Zustellung des Vollstreckungsbescheids entstanden sind und durch Einspruch nicht mehr geltend gemacht werden können.

(3) Für Klagen auf Erteilung der Vollstreckungsklausel sowie für Klagen, durch welche die den Anspruch selbst betreffenden Einwendungen geltend gemacht werden oder der bei der Erteilung der Vollstreckungsklausel als bewiesen angenommene Eintritt der Voraussetzung für die Erteilung der Vollstreckungsklausel bestritten wird, ist das Gericht zuständig, das für eine Entscheidung im Streitverfahren zuständig gewesen wäre.

### § 796a Voraussetzungen für die Vollstreckbarerklärung des Anwaltsvergleichs

(1) Ein von Rechtsanwälten im Namen und mit Vollmacht der von ihnen vertretenen Parteien abgeschlossener Vergleich wird auf Antrag einer Partei für vollstreckbar erklärt, wenn sich der Schuldner darin der sofortigen

Zwangsvollstreckung unterworfen hat und der Vergleich unter Angabe des Tages seines Zustandekommens bei einem Amtsgericht niedergelegt ist, bei dem eine der Parteien zur Zeit des Vergleichsabschlusses ihren allgemeinen Gerichtsstand hat.

(2) Absatz 1 gilt nicht, wenn der Vergleich auf die Abgabe einer Willenserklärung gerichtet ist oder den Bestand eines Mietverhältnisses über Wohnraum betrifft.

(3) Die Vollstreckbarerklärung ist abzulehnen, wenn der Vergleich unwirksam ist oder seine Anerkennung gegen die öffentliche Ordnung verstoßen würde.

### § 796b  Vollstreckbarerklärung durch das Prozessgericht

(1) Für die Vollstreckbarerklärung nach § 796a Abs. 1 ist das Gericht als Prozessgericht zuständig, das für die gerichtliche Geltendmachung des zu vollstreckenden Anspruchs zuständig wäre.

(2) Vor der Entscheidung über den Antrag auf Vollstreckbarerklärung ist der Gegner zu hören. Die Entscheidung ergeht durch Beschluss. Eine Anfechtung findet nicht statt.

### § 796c  Vollstreckbarerklärung durch einen Notar

(1) Mit Zustimmung der Parteien kann ein Vergleich ferner von einem Notar, der seinen Amtssitz im Bezirk eines nach § 796a Abs. 1 zuständigen Gerichts hat, in Verwahrung genommen und für vollstreckbar erklärt werden. Die §§ 796a und 796b gelten entsprechend.

(2) Lehnt der Notar die Vollstreckbarerklärung ab, ist dies zu begründen. Die Ablehnung durch den Notar kann mit dem Antrag auf gerichtliche Entscheidung bei dem nach § 796b Abs. 1 zuständigen Gericht angefochten werden.

### § 797  Verfahren bei vollstreckbaren Urkunden

(1) Die vollstreckbare Ausfertigung gerichtlicher Urkunden wird von dem Urkundsbeamten der Geschäftsstelle des Gerichts erteilt, das die Urkunde verwahrt.

(2) Die vollstreckbare Ausfertigung notarieller Urkunden wird von dem Notar erteilt, der die Urkunde verwahrt. Befindet sich die Urkunde in der Verwahrung einer Behörde, so hat diese die vollstreckbare Ausfertigung zu erteilen.

(3) Die Entscheidung über Einwendungen, welche die Zulässigkeit der Vollstreckungsklausel betreffen, sowie die Entscheidung über Erteilung einer weiteren vollstreckbaren Ausfertigung wird bei gerichtlichen Urkunden von dem im ersten Absatz bezeichneten Gericht, bei notariellen Urkunden von dem Amtsgericht getroffen, in dessen Bezirk der im zweiten Absatz bezeichnete Notar oder die daselbst bezeichnete Behörde den Amtssitz hat.

(4) Auf die Geltendmachung von Einwendungen, die den Anspruch selbst betreffen, ist die beschränkende Vorschrift des § 767 Abs. 2 nicht anzuwenden.

(5) Für Klagen auf Erteilung der Vollstreckungsklausel sowie für Klagen, durch welche die den Anspruch selbst betreffenden Einwendungen geltend gemacht werden oder der bei der Erteilung der Vollstreckungsklausel als bewiesen angenommene Eintritt der Voraussetzung für die Erteilung der Vollstreckungsklausel bestritten wird, ist das Gericht, bei dem der Schuldner im Inland seinen allgemeinen Gerichtsstand hat, und sonst das Gericht zuständig, bei dem nach § 23 gegen den Schuldner Klage erhoben werden kann.

(6) Auf Beschlüsse nach § 796c sind die Absätze 2 bis 5 entsprechend anzuwenden.

### § 797a  Verfahren bei Gütestellenvergleichen

(1) Bei Vergleichen, die vor Gütestellen der im § 794 Abs. 1 Nr. 1 bezeichneten Art geschlossen sind, wird die Vollstreckungsklausel von dem Urkundsbeamten der Geschäftsstelle desjenigen Amtsgerichts erteilt, in dessen Bezirk die Gütestelle ihren Sitz hat.

(2) Über Einwendungen, welche die Zulässigkeit der Vollstreckungsklausel betreffen, entscheidet das im Absatz 1 bezeichnete Gericht.

(3) § 797 Abs. 5 gilt entsprechend.

(4) Die Landesjustizverwaltung kann Vorsteher von Gütestellen ermächtigen, die Vollstreckungsklausel für Vergleiche zu erteilen, die vor der Gütestelle geschlossen sind. Die Ermächtigung erstreckt sich nicht auf die Fälle des § 726 Abs. 1, der §§ 727 bis 729 und des § 733. Über Einwendungen, welche die Zulässigkeit der Vollstreckungsklausel betreffen, entscheidet das im Absatz 1 bezeichnete Gericht.

## § 798 Wartefrist

Aus einem Kostenfestsetzungsbeschluss, der nicht auf das Urteil gesetzt ist, aus Beschlüssen nach § 794 Abs. 1 Nr. 2a und § 794 Abs. 1 Nr. 4b sowie aus den nach § 794 Abs. 1 Nr. 5 aufgenommenen Urkunden darf die Zwangsvollstreckung nur beginnen, wenn der Schuldtitel mindestens zwei Wochen vorher zugestellt ist.

## § 798a Zwangsvollstreckung aus Unterhaltstiteln trotz weggefallener Minderjährigkeit

Soweit der Verpflichtete dem Kind nach Vollendung des 18. Lebensjahres Unterhalt zu gewähren hat, kann gegen den in einem Urteil oder in einem Schuldtitel nach § 794 festgestellten Anspruch auf Unterhalt im Sinne des § 1612a des Bürgerlichen Gesetzbuchs nicht eingewendet werden, dass Minderjährigkeit nicht mehr besteht.

## § 799 Vollstreckbare Urkunde bei Rechtsnachfolge

Hat sich der Eigentümer eines mit einer Hypothek, einer Grundschuld oder einer Rentenschuld belasteten Grundstücks in einer nach § 794 Abs. 1 Nr. 5 aufgenommenen Urkunde der sofortigen Zwangsvollstreckung unterworfen und ist dem Rechtsnachfolger des Gläubigers eine vollstreckbare Ausfertigung erteilt, so ist die Zustellung der die Rechtsnachfolge nachweisenden öffentlichen oder öffentlich beglaubigten Urkunde nicht erforderlich, wenn der Rechtsnachfolger als Gläubiger im Grundbuch eingetragen ist.

## § 800 Vollstreckbare Urkunde gegen den jeweiligen Grundstückseigentümer

(1) Der Eigentümer kann sich in einer nach § 794 Abs. 1 Nr. 5 aufgenommenen Urkunde in Ansehung einer Hypothek, einer Grundschuld oder einer Rentenschuld der sofortigen Zwangsvollstreckung in der Weise unterwerfen, dass die Zwangsvollstreckung aus der Urkunde gegen den jeweiligen Eigentümer des Grundstücks zulässig sein soll. Die Unterwerfung bedarf in diesem Fall der Eintragung in das Grundbuch.

(2) Bei der Zwangsvollstreckung gegen einen späteren Eigentümer, der im Grundbuch eingetragen ist, bedarf es nicht der Zustellung der den Erwerb des Eigentums nachweisenden öffentlichen oder öffentlich beglaubigten Urkunde.

(3) Ist die sofortige Zwangsvollstreckung gegen den jeweiligen Eigentümer zulässig, so ist für die im § 797 Abs. 5 bezeichneten Klagen das Gericht zuständig, in dessen Bezirk das Grundstück belegen ist.

## § 800a Vollstreckbare Urkunde bei Schiffshypothek

(1) Die Vorschriften der §§ 799, 800 gelten für eingetragene Schiffe und Schiffsbauwerke, die mit einer Schiffshypothek belastet sind, entsprechend.

(2) Ist die sofortige Zwangsvollstreckung gegen den jeweiligen Eigentümer zulässig, so ist für die im § 797 Abs. 5 bezeichneten Klagen das Gericht zuständig, in dessen Bezirk das Register für das Schiff oder das Schiffsbauwerk geführt wird.

## § 801 Landesrechtliche Vollstreckungstitel

(1) Die Landesgesetzgebung ist nicht gehindert, auf Grund anderer als der in den §§ 704, 794 bezeichneten Schuldtitel die gerichtliche Zwangsvollstreckung zuzulassen und insoweit von diesem Gesetz abweichende Vorschriften über die Zwangsvollstreckung zu treffen.

(2) Aus landesrechtlichen Schuldtiteln im Sinne des Absatzes 1 kann im gesamten Bundesgebiet vollstreckt werden.

### § 802 Ausschließlichkeit der Gerichtsstände

Die in diesem Buch angeordneten Gerichtsstände sind ausschließliche.

### Abschnitt 2
### Zwangsvollstreckung wegen Geldforderungen

Titel 1
Zwangsvollstreckung in das bewegliche Vermögen

Untertitel 1
Allgemeine Vorschriften

### § 803 Pfändung

(1) Die Zwangsvollstreckung in das bewegliche Vermögen erfolgt durch Pfändung. Sie darf nicht weiter ausgedehnt werden, als es zur Befriedigung des Gläubigers und zur Deckung der Kosten der Zwangsvollstreckung erforderlich ist.

(2) Die Pfändung hat zu unterbleiben, wenn sich von der Verwertung der zu pfändenden Gegenstände ein Überschuss über die Kosten der Zwangsvollstreckung nicht erwarten lässt.

### § 804 Pfändungspfandrecht

(1) Durch die Pfändung erwirbt der Gläubiger ein Pfandrecht an dem gepfändeten Gegenstande.

(2) Das Pfandrecht gewährt dem Gläubiger im Verhältnis zu anderen Gläubigern dieselben Rechte wie ein durch Vertrag erworbenes Faustpfandrecht; es geht Pfand- und Vorzugsrechten vor, die für den Fall eines Insolvenzverfahrens den Faustpfandrechten nicht gleichgestellt sind.

(3) Das durch eine frühere Pfändung begründete Pfandrecht geht demjenigen vor, das durch eine spätere Pfändung begründet wird.

### § 805 Klage auf vorzugsweise Befriedigung

(1) Der Pfändung einer Sache kann ein Dritter, der sich nicht im Besitz der Sache befindet, auf Grund eines Pfand- oder Vorzugsrechts nicht widersprechen; er kann jedoch seinen Anspruch auf vorzugsweise Befriedigung aus dem Erlös im Wege der Klage geltend machen, ohne Rücksicht darauf, ob seine Forderung fällig ist oder nicht.

(2) Die Klage ist bei dem Vollstreckungsgericht und, wenn der Streitgegenstand zur Zuständigkeit der Amtsgerichte nicht gehört, bei dem Landgericht zu erheben, in dessen Bezirk das Vollstreckungsgericht seinen Sitz hat.

(3) Wird die Klage gegen den Gläubiger und den Schuldner gerichtet, so sind diese als Streitgenossen anzusehen.

(4) Wird der Anspruch glaubhaft gemacht, so hat das Gericht die Hinterlegung des Erlöses anzuordnen. Die Vorschriften der §§ 769, 770 sind hierbei entsprechend anzuwenden.

### § 806 Keine Gewährleistung bei Pfandveräußerung

Wird ein Gegenstand auf Grund der Pfändung veräußert, so steht dem Erwerber wegen eines Mangels im Recht oder wegen eines Mangels der veräußerten Sache ein Anspruch auf Gewährleistung nicht zu.

### § 806a Mitteilungen und Befragung durch den Gerichtsvollzieher

(1) Erhält der Gerichtsvollzieher anlässlich der Zwangsvollstreckung durch Befragung des Schuldners oder durch Einsicht in Dokumente Kenntnis von Geldforderungen des Schuldners gegen Dritte und konnte eine Pfändung nicht bewirkt werden oder wird eine bewirkte Pfändung voraussichtlich nicht zur vollständigen Befriedigung des Gläubigers führen, so teilt er Namen und Anschriften der Drittschuldner sowie den Grund der Forderungen und für diese bestehende Sicherheiten dem Gläubiger mit.

(2) Trifft der Gerichtsvollzieher den Schuldner in der Wohnung nicht an und konnte eine Pfändung nicht bewirkt werden oder wird eine bewirkte Pfändung voraussichtlich nicht

zur vollständigen Befriedigung des Gläubigers führen, so kann der Gerichtsvollzieher die zum Hausstand des Schuldners gehörenden erwachsenen Personen nach dem Arbeitgeber des Schuldners befragen. Diese sind zu einer Auskunft nicht verpflichtet und vom Gerichtsvollzieher auf die Freiwilligkeit ihrer Angaben hinzuweisen. Seine Erkenntnisse teilt der Gerichtsvollzieher dem Gläubiger mit.

### § 806b Gütliche und zügige Erledigung

Der Gerichtsvollzieher soll in jeder Lage des Zwangsvollstreckungsverfahrens auf eine gütliche und zügige Erledigung hinwirken. Findet er pfändbare Gegenstände nicht vor, versichert der Schuldner aber glaubhaft, die Schuld kurzfristig in Teilbeträgen zu tilgen, so zieht der Gerichtsvollzieher die Teilbeträge ein, wenn der Gläubiger hiermit einverstanden ist. Die Tilgung soll in der Regel innerhalb von sechs Monaten erfolgt sein.

### § 807 Eidesstattliche Versicherung

(1) Der Schuldner ist nach Erteilung des Auftrags nach § 900 Abs. 1 verpflichtet, ein Verzeichnis seines Vermögens vorzulegen und für seine Forderungen den Grund und die Beweismittel zu bezeichnen, wenn

1. die Pfändung zu einer vollständigen Befriedigung des Gläubigers nicht geführt hat,
2. der Gläubiger glaubhaft macht, dass er durch die Pfändung seine Befriedigung nicht vollständig erlangen könne,
3. der Schuldner die Durchsuchung (§ 758) verweigert hat oder
4. der Gerichtsvollzieher den Schuldner wiederholt in seiner Wohnung nicht angetroffen hat, nachdem er einmal die Vollstreckung mindestens zwei Wochen vorher angekündigt hatte; dies gilt nicht, wenn der Schuldner seine Abwesenheit genügend entschuldigt und den Grund glaubhaft macht.

(2) Aus dem Vermögensverzeichnis müssen auch ersichtlich sein

1. die in den letzten zwei Jahren vor dem ersten zur Abgabe der eidesstattlichen Versicherung anberaumten Termin vor-

genommenen entgeltlichen Veräußerungen des Schuldners an eine nahe stehende Person (§ 138 der Insolvenzordnung);

2. die in den letzten vier Jahren vor dem ersten zur Abgabe der eidesstattlichen Versicherung anberaumten Termin von dem Schuldner vorgenommenen unentgeltlichen Leistungen, sofern sie sich nicht auf gebräuchliche Gelegenheitsgeschenke geringen Werts richteten.

Sachen, die nach § 811 Abs. 1 Nr. 1, 2 der Pfändung offensichtlich nicht unterworfen sind, brauchen in dem Vermögensverzeichnis nicht angegeben zu werden, es sei denn, dass eine Austauschpfändung in Betracht kommt.

(3) Der Schuldner hat zu Protokoll an Eides statt zu versichern, dass er die von ihm verlangten Angaben nach bestem Wissen und Gewissen richtig und vollständig gemacht habe. Die Vorschriften der §§ 478 bis 480, 483 gelten entsprechend.

Untertitel 2
Zwangsvollstreckung in körperliche Sachen

### § 808 Pfändung beim Schuldner

(1) Die Pfändung der im Gewahrsam des Schuldners befindlichen körperlichen Sachen wird dadurch bewirkt, dass der Gerichtsvollzieher sie in Besitz nimmt.

(2) Andere Sachen als Geld, Kostbarkeiten und Wertpapiere sind im Gewahrsam des Schuldners zu belassen, sofern nicht hierdurch die Befriedigung des Gläubigers gefährdet wird. Werden die Sachen im Gewahrsam des Schuldners belassen, so ist die Wirksamkeit der Pfändung dadurch bedingt, dass durch Anlegung von Siegeln oder auf sonstige Weise die Pfändung ersichtlich gemacht ist.

(3) Der Gerichtsvollzieher hat den Schuldner von der erfolgten Pfändung in Kenntnis zu setzen.

### § 809 Pfändung beim Gläubiger oder bei Dritten

Die vorstehenden Vorschriften sind auf die Pfändung von Sachen, die sich im Gewahr-

**3**

sam des Gläubigers oder eines zur Herausgabe bereiten Dritten befinden, entsprechend anzuwenden.

### § 810 Pfändung ungetrennter Früchte

(1) Früchte, die von dem Boden noch nicht getrennt sind, können gepfändet werden, solange nicht ihre Beschlagnahme im Wege der Zwangsvollstreckung in das unbewegliche Vermögen erfolgt ist. Die Pfändung darf nicht früher als einen Monat vor der gewöhnlichen Zeit der Reife erfolgen.

(2) Ein Gläubiger, der ein Recht auf Befriedigung aus dem Grundstück hat, kann der Pfändung nach Maßgabe des § 771 widersprechen, sofern nicht die Pfändung für einen im Falle der Zwangsvollstreckung in das Grundstück vorgehenden Anspruch erfolgt ist.

### § 811 Unpfändbare Sachen

(1) Folgende Sachen sind der Pfändung nicht unterworfen:

1. die dem persönlichen Gebrauch oder dem Haushalt dienenden Sachen, insbesondere Kleidungsstücke, Wäsche, Betten, Haus- und Küchengerät, soweit der Schuldner ihrer zu einer seiner Berufstätigkeit und seiner Verschuldung angemessenen, bescheidenen Lebens- und Haushaltsführung bedarf; ferner Gartenhäuser, Wohnlauben und ähnliche Wohnzwecken dienende Einrichtungen, die der Zwangsvollstreckung in das bewegliche Vermögen unterliegen und deren der Schuldner oder seine Familie zur ständigen Unterkunft bedarf;

2. die für den Schuldner, seine Familie und seine Hausangehörigen, die ihm im Haushalt helfen, auf vier Wochen erforderlichen Nahrungs-, Feuerungs- und Beleuchtungsmittel oder, soweit für diesen Zeitraum solche Vorräte nicht vorhanden und ihre Beschaffung auf anderem Wege nicht gesichert ist, der zur Beschaffung erforderliche Geldbetrag;

3. Kleintiere in beschränkter Zahl sowie eine Milchkuh oder nach Wahl des Schuldners statt einer solchen insgesamt zwei Schweine, Ziegen oder Schafe,

wenn diese Tiere für die Ernährung des Schuldners, seiner Familie oder Hausangehörigen, die ihm im Haushalt, in der Landwirtschaft oder im Gewerbe helfen, erforderlich sind; ferner die zur Fütterung und zur Streu auf vier Wochen erforderlichen Vorräte oder, soweit solche Vorräte nicht vorhanden sind und ihre Beschaffung für diesen Zeitraum auf anderem Wege nicht gesichert ist, der zu ihrer Beschaffung erforderliche Geldbetrag;

4. bei Personen, die Landwirtschaft betreiben, das zum Wirtschaftsbetrieb erforderliche Gerät und Vieh nebst dem nötigen Dünger sowie die landwirtschaftlichen Erzeugnisse, soweit sie zur Sicherung des Unterhalts des Schuldners, seiner Familie und seiner Arbeitnehmer oder zur Fortführung der Wirtschaft bis zur nächsten Ernte gleicher oder ähnlicher Erzeugnisse erforderlich sind;

4a. bei Arbeitnehmern in landwirtschaftlichen Betrieben die ihnen als Vergütung gelieferten Naturalien, soweit der Schuldner ihrer zu seinem und seiner Familie Unterhalt bedarf;

5. bei Personen, die aus ihrer körperlichen oder geistigen Arbeit oder sonstigen persönlichen Leistungen ihren Erwerb ziehen, die zur Fortsetzung dieser Erwerbstätigkeit erforderlichen Gegenstände;

6. bei den Witwen und minderjährigen Erben der unter Nummer 5 bezeichneten Personen, wenn sie die Erwerbstätigkeit für ihre Rechnung durch einen Stellvertreter fortführen, die zur Fortführung dieser Erwerbstätigkeit erforderlichen Gegenstände;

7. Dienstkleidungsstücke sowie Dienstausrüstungsgegenstände, soweit sie zum Gebrauch des Schuldners bestimmt sind, sowie bei Beamten, Geistlichen, Rechtsanwälten, Notaren, Ärzten und Hebammen die zur Ausübung des Berufes erforderlichen Gegenstände einschließlich angemessener Kleidung;

8. bei Personen, die wiederkehrende Einkünfte der in den §§ 850 bis 850b bezeichneten Art beziehen, ein Geldbetrag, der dem der Pfändung nicht unterworfe-

nen Teil der Einkünfte für die Zeit von der Pfändung bis zu dem nächsten Zahlungstermin entspricht;

9. die zum Betrieb einer Apotheke unentbehrlichen Geräte, Gefäße und Waren;

10. die Bücher, die zum Gebrauch des Schuldners und seiner Familie in der Kirche oder Schule oder einer sonstigen Unterrichtsanstalt oder bei der häuslichen Andacht bestimmt sind;

11. die in Gebrauch genommenen Haushaltungs- und Geschäftsbücher, die Familienpapiere sowie die Trauringe, Orden und Ehrenzeichen;

12. künstliche Gliedmaßen, Brillen und andere wegen körperlicher Gebrechen notwendige Hilfsmittel, soweit diese Gegenstände zum Gebrauch des Schuldners und seiner Familie bestimmt sind;

13. die zur unmittelbaren Verwendung für die Bestattung bestimmten Gegenstände.

(2) Eine in Absatz 1 Nr. 1, 4, 5 bis 7 bezeichnete Sache kann gepfändet werden, wenn der Verkäufer wegen einer durch Eigentumsvorbehalt gesicherten Geldforderung aus ihrem Verkauf vollstreckt. Die Vereinbarung des Eigentumsvorbehaltes ist durch Urkunden nachzuweisen.

### § 811a  Austauschpfändung

(1) Die Pfändung einer nach § 811 Abs. 1 Nr. 1, 5 und 6 unpfändbaren Sache kann zugelassen werden, wenn der Gläubiger dem Schuldner vor der Wegnahme der Sache ein Ersatzstück, das dem geschützten Verwendungszweck genügt, oder den zur Beschaffung eines solchen Ersatzstückes erforderlichen Geldbetrag überlässt; ist dem Gläubiger die rechtzeitige Ersatzbeschaffung nicht möglich oder nicht zuzumuten, so kann die Pfändung mit der Maßgabe zugelassen werden, dass dem Schuldner der zur Ersatzbeschaffung erforderliche Geldbetrag aus dem Vollstreckungserlös überlassen wird (Austauschpfändung).

(2) Über die Zulässigkeit der Austauschpfändung entscheidet das Vollstreckungsgericht auf Antrag des Gläubigers durch Beschluss. Das Gericht soll die Austausch-

pfändung nur zulassen, wenn sie nach Lage der Verhältnisse angemessen ist, insbesondere wenn zu erwarten ist, dass der Vollstreckungserlös den Wert des Ersatzstückes erheblich übersteigen werde. Das Gericht setzt den Wert eines vom Gläubiger angebotenen Ersatzstückes oder den zur Ersatzbeschaffung erforderlichen Betrag fest. Bei der Austauschpfändung nach Absatz 1 Halbsatz 1 ist der festgesetzte Betrag dem Gläubiger aus dem Vollstreckungserlös zu erstatten; er gehört zu den Kosten der Zwangsvollstreckung.

(3) Der dem Schuldner überlassene Geldbetrag ist unpfändbar.

(4) Bei der Austauschpfändung nach Absatz 1 Halbsatz 2 ist die Wegnahme der gepfändeten Sache erst nach Rechtskraft des Zulassungsbeschlusses zulässig.

### § 811b  Vorläufige Austauschpfändung

(1) Ohne vorgängige Entscheidung des Gerichts ist eine vorläufige Austauschpfändung zulässig, wenn eine Zulassung durch das Gericht zu erwarten ist. Der Gerichtsvollzieher soll die Austauschpfändung nur vornehmen, wenn zu erwarten ist, dass der Vollstreckungserlös den Wert des Ersatzstückes erheblich übersteigen wird.

(2) Die Pfändung ist aufzuheben, wenn der Gläubiger nicht binnen einer Frist von zwei Wochen nach Benachrichtigung von der Pfändung einen Antrag nach § 811a Abs. 2 bei dem Vollstreckungsgericht gestellt hat oder wenn ein solcher Antrag rechtskräftig zurückgewiesen ist.

(3) Bei der Benachrichtigung ist dem Gläubiger unter Hinweis auf die Antragsfrist und die Folgen ihrer Versäumung mitzuteilen, dass die Pfändung als Austauschpfändung erfolgt ist.

(4) Die Übergabe des Ersatzstückes oder des zu seiner Beschaffung erforderlichen Geldbetrages an den Schuldner und die Fortsetzung der Zwangsvollstreckung erfolgen erst nach Erlass des Beschlusses gemäß § 811a Abs. 2 auf Anweisung des Gläubigers. § 811a Abs. 4 gilt entsprechend.

**3**

### § 811c  Unpfändbarkeit von Haustieren

(1) Tiere, die im häuslichen Bereich und nicht zu Erwerbszwecken gehalten werden, sind der Pfändung nicht unterworfen.

(2) Auf Antrag des Gläubigers lässt das Vollstreckungsgericht eine Pfändung wegen des hohen Wertes des Tieres zu, wenn die Unpfändbarkeit für den Gläubiger eine Härte bedeuten würde, die auch unter Würdigung der Belange des Tierschutzes und der berechtigten Interessen des Schuldners nicht zu rechtfertigen ist.

### § 811d  Vorwegpfändung

(1) Ist zu erwarten, dass eine Sache demnächst pfändbar wird, so kann sie gepfändet werden, ist aber im Gewahrsam des Schuldners zu belassen. Die Vollstreckung darf erst fortgesetzt werden, wenn die Sache pfändbar geworden ist.

(2) Die Pfändung ist aufzuheben, wenn die Sache nicht binnen eines Jahres pfändbar geworden ist.

### § 812  Pfändung von Hausrat

Gegenstände, die zum gewöhnlichen Hausrat gehören und im Haushalt des Schuldners gebraucht werden, sollen nicht gepfändet werden, wenn ohne weiteres ersichtlich ist, dass durch ihre Verwertung nur ein Erlös erzielt werden würde, der zu dem Wert außer allem Verhältnis steht.

### § 813  Schätzung

(1) Die gepfändeten Sachen sollen bei der Pfändung auf ihren gewöhnlichen Verkaufswert geschätzt werden. Die Schätzung des Wertes von Kostbarkeiten soll einem Sachverständigen übertragen werden. In anderen Fällen kann das Vollstreckungsgericht auf Antrag des Gläubigers oder des Schuldners die Schätzung durch einen Sachverständigen anordnen.

(2) Ist die Schätzung des Wertes bei der Pfändung nicht möglich, so soll sie unverzüglich nachgeholt und ihr Ergebnis nachträglich in dem Pfändungsprotokoll vermerkt werden. Werden die Akten des Gerichtsvollziehers elektronisch geführt, so ist das Ergebnis der Schätzung in einem gesonderten elektro-

nischen Dokument zu vermerken. Das Dokument ist mit dem Pfändungsprotokoll untrennbar zu verbinden.

(3) Zur Pfändung von Früchten, die von dem Boden noch nicht getrennt sind, und zur Pfändung von Gegenständen der in § 811 Abs. 1 Nr. 4 bezeichneten Art bei Personen, die Landwirtschaft betreiben, soll ein landwirtschaftlicher Sachverständiger zugezogen werden, sofern anzunehmen ist, dass der Wert der zu pfändenden Gegenstände den Betrag von 500 Euro übersteigt.

(4) Die Landesjustizverwaltung kann bestimmen, dass auch in anderen Fällen ein Sachverständiger zugezogen werden soll.

### § 813a  Aufschub der Verwertung

(1) Hat der Gläubiger eine Zahlung in Teilbeträgen nicht ausgeschlossen, kann der Gerichtsvollzieher die Verwertung gepfändeter Sachen aufschieben, wenn sich der Schuldner verpflichtet, den Betrag, der zur Befriedigung des Gläubigers und zur Deckung der Kosten der Zwangsvollstreckung erforderlich ist, innerhalb eines Jahres zu zahlen; hierfür kann der Gerichtsvollzieher Raten nach Höhe und Zeitpunkt festsetzen. Einen Termin zur Verwertung kann der Gerichtsvollzieher auf einen Zeitpunkt bestimmen, der nach dem nächsten Zahlungstermin liegt; einen bereits bestimmten Termin kann er auf diesen Zeitpunkt verlegen.

(2) Hat der Gläubiger einer Zahlung in Teilbeträgen nicht bereits bei Erteilung des Vollstreckungsauftrags zugestimmt, hat ihn der Gerichtsvollzieher unverzüglich über den Aufschub der Verwertung und über die festgesetzten Raten zu unterrichten. In diesem Fall kann der Gläubiger dem Verwertungsaufschub widersprechen. Der Gerichtsvollzieher unterrichtet den Schuldner über den Widerspruch; mit der Unterrichtung endet der Aufschub. Dieselbe Wirkung tritt ein, wenn der Schuldner mit einer Zahlung ganz oder teilweise in Verzug kommt.

### § 813b  Aussetzung der Verwertung

(1) Das Vollstreckungsgericht kann auf Antrag des Schuldners die Verwertung gepfändeter Sachen unter Anordnung von Zahlungs-

fristen zeitweilig aussetzen, wenn dies nach der Persönlichkeit und den wirtschaftlichen Verhältnissen des Schuldners sowie nach der Art der Schuld angemessen erscheint und nicht überwiegende Belange des Gläubigers entgegenstehen. Es ist befugt, die in § 732 Abs. 2 bezeichneten Anordnungen zu erlassen.

(2) Wird der Antrag nicht binnen einer Frist von zwei Wochen gestellt, so ist er ohne sachliche Prüfung zurückzuweisen, wenn das Vollstreckungsgericht der Überzeugung ist, dass der Schuldner den Antrag in der Absicht der Verschleppung oder aus grober Nachlässigkeit nicht früher gestellt hat. Die Frist beginnt im Falle eines Verwertungsaufschubs nach § 813a mit dessen Ende, im Übrigen mit der Pfändung.

(3) Anordnungen nach Absatz 1 können mehrmals ergehen und, soweit es nach Lage der Verhältnisse, insbesondere wegen nicht ordnungsmäßiger Erfüllung der Zahlungsauflagen, geboten ist, auf Antrag aufgehoben oder abgeändert werden.

(4) Die Verwertung darf durch Anordnungen nach Absatz 1 und Absatz 3 nicht länger als insgesamt ein Jahr nach der Pfändung hinausgeschoben werden.

(5) Vor den in Absatz 1 und in Absatz 3 bezeichneten Entscheidungen ist, soweit dies ohne erhebliche Verzögerung möglich ist, der Gegner zu hören. Die für die Entscheidung wesentlichen tatsächlichen Verhältnisse sind glaubhaft zu machen. Das Gericht soll in geeigneten Fällen auf eine gütliche Abwicklung der Verbindlichkeiten hinwirken und kann hierzu eine mündliche Verhandlung anordnen. Die Entscheidungen nach den Absätzen 1, 2 und 3 sind unanfechtbar.

(6) In Wechselsachen findet eine Aussetzung der Verwertung gepfändeter Sachen nicht statt.

## § 814 Öffentliche Versteigerung

Die gepfändeten Sachen sind von dem Gerichtsvollzieher öffentlich zu versteigern;

Kostbarkeiten sind vor der Versteigerung durch einen Sachverständigen abzuschätzen.[*])

## § 815 Gepfändetes Geld

(1) Gepfändetes Geld ist dem Gläubiger abzuliefern.

(2) Wird dem Gerichtsvollzieher glaubhaft gemacht, dass an gepfändetem Geld ein die Veräußerung hinderndes Recht eines Dritten bestehe, so ist das Geld zu hinterlegen. Die Zwangsvollstreckung ist fortzusetzen, wenn nicht binnen einer Frist von zwei Wochen seit dem Tag der Pfändung eine Entscheidung des nach § 771 Abs. 1 zuständigen Gerichts über die Einstellung der Zwangsvollstreckung beigebracht wird.

(3) Die Wegnahme des Geldes durch den Gerichtsvollzieher gilt als Zahlung von Seiten des Schuldners, sofern nicht nach Absatz 2 oder nach § 720 die Hinterlegung zu erfolgen hat.

## § 816 Zeit und Ort der Versteigerung

(1) Die Versteigerung der gepfändeten Sachen darf nicht vor Ablauf einer Woche seit dem Tage der Pfändung geschehen, sofern nicht der Gläubiger und der Schuldner über eine frühere Versteigerung sich einigen oder diese erforderlich ist, um die Gefahr einer beträchtlichen Wertverringerung der zu versteigernden Sache abzuwenden oder um unverhältnismäßige Kosten einer längeren Aufbewahrung zu vermeiden.

(2) Die Versteigerung erfolgt in der Gemeinde, in der die Pfändung geschehen ist, oder an einem anderen Ort im Bezirk des Vollstreckungsgerichts, sofern nicht der Gläubiger und der Schuldner über einen dritten Ort sich einigen.

(3) Zeit und Ort der Versteigerung sind unter allgemeiner Bezeichnung der zu versteigernden Sachen öffentlich bekannt zu machen.

(4) Bei der Versteigerung gelten die Vorschriften des § 1239 Abs. 1 Satz 1, Abs. 2 des Bürgerlichen Gesetzbuchs entsprechend.

---

[*]) § 814 Halbsatz 2 gemäß Artikel 5 Nr. 1 des Gesetzes vom 20. August 1953 (BGBl. I S. 952) außer Kraft, soweit er sich nicht auf das Verwaltungsverfahren bezieht.

**3**

### § 817 Zuschlag und Ablieferung

(1) Dem Zuschlag an den Meistbietenden soll ein dreimaliger Aufruf vorausgehen; die Vorschriften des § 156 des Bürgerlichen Gesetzbuchs sind anzuwenden.

(2) Die Ablieferung einer zugeschlagenen Sache darf nur gegen bare Zahlung geschehen.

(3) Hat der Meistbietende nicht zu der in den Versteigerungsbedingungen bestimmten Zeit oder in Ermangelung einer solchen Bestimmung nicht vor dem Schluss des Versteigerungstermins die Ablieferung gegen Zahlung des Kaufgeldes verlangt, so wird die Sache anderweit versteigert. Der Meistbietende wird zu einem weiteren Gebot nicht zugelassen; er haftet für den Ausfall, auf den Mehrerlös hat er keinen Anspruch.

(4) Wird der Zuschlag dem Gläubiger erteilt, so ist dieser von der Verpflichtung zur baren Zahlung so weit befreit, als der Erlös nach Abzug der Kosten der Zwangsvollstreckung zu seiner Befriedigung zu verwenden ist, sofern nicht dem Schuldner nachgelassen ist, durch Sicherheitsleistung oder durch Hinterlegung die Vollstreckung abzuwenden. Soweit der Gläubiger von der Verpflichtung zur baren Zahlung befreit ist, gilt der Betrag als von dem Schuldner an den Gläubiger gezahlt.

### § 817a Mindestgebot

(1) Der Zuschlag darf nur auf ein Gebot erteilt werden, das mindestens die Hälfte des gewöhnlichen Verkaufswertes der Sache erreicht (Mindestgebot). Der gewöhnliche Verkaufswert und das Mindestgebot sollen bei dem Ausbieten bekannt gegeben werden.

(2) Wird der Zuschlag nicht erteilt, weil ein das Mindestgebot erreichendes Gebot nicht abgegeben ist, so bleibt das Pfandrecht des Gläubigers bestehen. Er kann jederzeit die Anberaumung eines neuen Versteigerungstermins oder die Anordnung anderweitiger Verwertung der gepfändeten Sache nach § 825 beantragen. Wird die anderweitige Verwertung angeordnet, so gilt Absatz 1 entsprechend.

(3) Gold- und Silbersachen dürfen auch nicht unter ihrem Gold- oder Silberwert zugeschla-

gen werden. Wird ein den Zuschlag gestattendes Gebot nicht abgegeben, so kann der Gerichtsvollzieher den Verkauf aus freier Hand zu dem Preise bewirken, der den Gold- oder Silberwert erreicht, jedoch nicht unter der Hälfte des gewöhnlichen Verkaufswertes.

### § 818 Einstellung der Versteigerung

Die Versteigerung wird eingestellt, sobald der Erlös zur Befriedigung des Gläubigers und zur Deckung der Kosten der Zwangsvollstreckung hinreicht.

### § 819 Wirkung des Erlösempfanges

Die Empfangnahme des Erlöses durch den Gerichtsvollzieher gilt als Zahlung von Seiten des Schuldners, sofern nicht dem Schuldner nachgelassen ist, durch Sicherheitsleistung oder durch Hinterlegung die Vollstreckung abzuwenden.

### § 820 (weggefallen)

### § 821 Verwertung von Wertpapieren

Gepfändete Wertpapiere sind, wenn sie einen Börsen- oder Marktpreis haben, von dem Gerichtsvollzieher aus freier Hand zum Tageskurs zu verkaufen und, wenn sie einen solchen Preis nicht haben, nach den allgemeinen Bestimmungen zu versteigern.

### § 822 Umschreibung von Namenspapieren

Lautet ein Wertpapier auf Namen, so kann der Gerichtsvollzieher durch das Vollstreckungsgericht ermächtigt werden, die Umschreibung auf den Namen des Käufers zu erwirken und die hierzu erforderlichen Erklärungen an Stelle des Schuldners abzugeben.

### § 823 Außer Kurs gesetzte Inhaberpapiere

Ist ein Inhaberpapier durch Einschreibung auf den Namen oder in anderer Weise außer Kurs gesetzt, so kann der Gerichtsvollzieher durch das Vollstreckungsgericht ermächtigt werden, die Wiederinkurssetzung zu erwirken und die hierzu erforderlichen Erklärungen an Stelle des Schuldners abzugeben.

### § 824 Verwertung ungetrennter Früchte

Die Versteigerung gepfändeter, von dem Boden noch nicht getrennter Früchte ist erst nach der Reife zulässig. Sie kann vor oder nach der Trennung der Früchte erfolgen; im letzteren Falle hat der Gerichtsvollzieher die Aberntung bewirken zu lassen.

### § 825 Andere Verwertungsart

(1) Auf Antrag des Gläubigers oder des Schuldners kann der Gerichtsvollzieher eine gepfändete Sache in anderer Weise oder an einem anderen Ort verwerten, als in den vorstehenden Paragraphen bestimmt ist. Über die beabsichtigte Verwertung hat der Gerichtsvollzieher den Antragsgegner zu unterrichten. Ohne Zustimmung des Antragsgegners darf er die Sache nicht vor Ablauf von zwei Wochen nach Zustellung der Unterrichtung verwerten.

(2) Die Versteigerung einer gepfändeten Sache durch eine andere Person als den Gerichtsvollzieher kann das Vollstreckungsgericht auf Antrag des Gläubigers oder des Schuldners anordnen.

### § 826 Anschlusspfändung

(1) Zur Pfändung bereits gepfändeter Sachen genügt die in das Protokoll aufzunehmende Erklärung des Gerichtsvollziehers, dass er die Sachen für seinen Auftraggeber pfände.

(2) Ist die erste Pfändung durch einen anderen Gerichtsvollzieher bewirkt, so ist diesem eine Abschrift des Protokolls zuzustellen.

(3) Der Schuldner ist von den weiteren Pfändungen in Kenntnis zu setzen.

### § 827 Verfahren bei mehrfacher Pfändung

(1) Auf den Gerichtsvollzieher, von dem die erste Pfändung bewirkt ist, geht der Antrag des zweiten Gläubigers kraft Gesetzes über, sofern nicht das Vollstreckungsgericht auf Antrag eines beteiligten Gläubigers oder des Schuldners anordnet, dass die Verrichtungen jenes Gerichtsvollziehers von einem anderen zu übernehmen seien. Die Versteigerung erfolgt für alle beteiligten Gläubiger.

(2) Ist der Erlös zur Deckung der Forderungen nicht ausreichend und verlangt der Gläubiger, für den die zweite oder eine spätere Pfändung erfolgt ist, ohne Zustimmung der übrigen beteiligten Gläubiger eine andere Verteilung als nach der Reihenfolge der Pfändungen, so hat der Gerichtsvollzieher die Sachlage unter Hinterlegung des Erlöses dem Vollstreckungsgericht anzuzeigen. Dieser Anzeige sind die auf das Verfahren sich beziehenden Dokumente beizufügen.

(3) In gleicher Weise ist zu verfahren, wenn die Pfändung für mehrere Gläubiger gleichzeitig bewirkt ist.

Untertitel 3
Zwangsvollstreckung in Forderungen und
andere Vermögensrechte

### § 828 Zuständigkeit des Vollstreckungsgerichts

(1) Die gerichtlichen Handlungen, welche die Zwangsvollstreckung in Forderungen und andere Vermögensrechte zum Gegenstand haben, erfolgen durch das Vollstreckungsgericht.

(2) Als Vollstreckungsgericht ist das Amtsgericht, bei dem der Schuldner im Inland seinen allgemeinen Gerichtsstand hat, und sonst das Amtsgericht zuständig, bei dem nach § 23 gegen den Schuldner Klage erhoben werden kann.

(3) Ist das angegangene Gericht nicht zuständig, gibt es die Sache auf Antrag des Gläubigers an das zuständige Gericht ab. Die Abgabe ist nicht bindend.

### § 829 Pfändung einer Geldforderung

(1) Soll eine Geldforderung gepfändet werden, so hat das Gericht dem Drittschuldner zu verbieten, an den Schuldner zu zahlen. Zugleich hat das Gericht an den Schuldner das Gebot zu erlassen, sich jeder Verfügung über die Forderung, insbesondere ihrer Einziehung, zu enthalten. Die Pfändung mehrerer Geldforderungen gegen verschiedene Drittschuldner soll auf Antrag des Gläubigers durch einheitlichen Beschluss ausgesprochen

werden, soweit dies für Zwecke der Vollstreckung geboten erscheint und kein Grund zu der Annahme besteht, dass schutzwürdige Interessen der Drittschuldner entgegenstehen.

(2) Der Gläubiger hat den Beschluss dem Drittschuldner zustellen zu lassen. Der Gerichtsvollzieher hat den Beschluss mit einer Abschrift der Zustellungsurkunde dem Schuldner sofort zuzustellen, sofern nicht eine öffentliche Zustellung erforderlich wird. An Stelle einer an den Schuldner im Ausland zu bewirkenden Zustellung erfolgt die Zustellung durch Aufgabe zur Post.

(3) Mit der Zustellung des Beschlusses an den Drittschuldner ist die Pfändung als bewirkt anzusehen.

(4) Das Bundesministerium der Justiz wird ermächtigt, durch Rechtsverordnung mit Zustimmung des Bundesrates Formulare für den Antrag auf Erlass eines Pfändungs- und Überweisungsbeschlusses einzuführen. Soweit nach Satz 1 Formulare eingeführt sind, muss sich der Antragsteller ihrer bedienen. Für Verfahren bei Gerichten, die die Verfahren elektronisch bearbeiten, und für Verfahren bei Gerichten, die die Verfahren nicht elektronisch bearbeiten, können unterschiedliche Formulare eingeführt werden.

### § 830 Pfändung einer Hypotheken-forderung

(1) Zur Pfändung einer Forderung, für die eine Hypothek besteht, ist außer dem Pfändungsbeschluss die Übergabe des Hypothekenbriefes an den Gläubiger erforderlich. Wird die Übergabe im Wege der Zwangsvollstreckung erwirkt, so gilt sie als erfolgt, wenn der Gerichtsvollzieher den Brief zum Zwecke der Ablieferung an den Gläubiger wegnimmt. Ist die Erteilung des Hypothekenbriefes ausgeschlossen, so ist die Eintragung der Pfändung in das Grundbuch erforderlich; die Eintragung erfolgt auf Grund des Pfändungsbeschlusses.

(2) Wird der Pfändungsbeschluss vor der Übergabe des Hypothekenbriefes oder der Eintragung der Pfändung dem Drittschuldner zugestellt, so gilt die Pfändung diesem gegenüber mit der Zustellung als bewirkt.

(3) Diese Vorschriften sind nicht anzuwenden, soweit es sich um die Pfändung der Ansprüche auf die im § 1159 des Bürgerlichen Gesetzbuchs bezeichneten Leistungen handelt. Das Gleiche gilt bei einer Sicherungshypothek im Falle des § 1187 des Bürgerlichen Gesetzbuchs von der Pfändung der Hauptforderung.

### § 830a Pfändung einer Schiffs-hypothekenforderung

(1) Zur Pfändung einer Forderung, für die eine Schiffshypothek besteht, ist die Eintragung der Pfändung in das Schiffsregister oder in das Schiffsbauregister erforderlich; die Eintragung erfolgt auf Grund des Pfändungsbeschlusses.

(2) Wird der Pfändungsbeschluss vor der Eintragung der Pfändung dem Drittschuldner zugestellt, so gilt die Pfändung diesem gegenüber mit der Zustellung als bewirkt.

(3) Diese Vorschriften sind nicht anzuwenden, soweit es sich um die Pfändung der Ansprüche auf die im § 53 des Gesetzes über Rechte an eingetragenen Schiffen und Schiffsbauwerken vom 15. November 1940 (RGBl. I S. 1499) bezeichneten Leistungen handelt. Das Gleiche gilt, wenn bei einer Schiffshypothek für eine Forderung aus einer Schuldverschreibung auf den Inhaber, aus einem Wechsel oder aus einem anderen durch Indossament übertragbaren Papier die Hauptforderung gepfändet wird.

### § 831 Pfändung indossabler Papiere

Die Pfändung von Forderungen aus Wechseln und anderen Papieren, die durch Indossament übertragen werden können, wird dadurch bewirkt, dass der Gerichtsvollzieher diese Papiere in Besitz nimmt.

### § 832 Pfändungsumfang bei fortlaufenden Bezügen

Das Pfandrecht, das durch die Pfändung einer Gehaltsforderung oder einer ähnlichen in fortlaufenden Bezügen bestehenden Forderung erworben wird, erstreckt sich auch auf die nach der Pfändung fällig werdenden Beträge.

### § 833 Pfändungsumfang bei Arbeits- und Diensteinkommen

(1) Durch die Pfändung eines Diensteinkommens wird auch das Einkommen betroffen, das der Schuldner infolge der Versetzung in ein anderes Amt, der Übertragung eines neuen Amtes oder einer Gehaltserhöhung zu beziehen hat. Diese Vorschrift ist auf den Fall der Änderung des Dienstherrn nicht anzuwenden.

(2) Endet das Arbeits- oder Dienstverhältnis und begründen Schuldner und Drittschuldner innerhalb von neun Monaten ein solches neu, so erstreckt sich die Pfändung auf die Forderung aus dem neuen Arbeits- oder Dienstverhältnis.

### § 834 Keine Anhörung des Schuldners

Vor der Pfändung ist der Schuldner über das Pfändungsgesuch nicht zu hören.

### § 835 Überweisung einer Geldforderung

(1) Die gepfändete Geldforderung ist dem Gläubiger nach seiner Wahl zur Einziehung oder an Zahlungs statt zum Nennwert zu überweisen.

(2) Im letzteren Fall geht die Forderung auf den Gläubiger mit der Wirkung über, dass er, soweit die Forderung besteht, wegen seiner Forderung an den Schuldner als befriedigt anzusehen ist.

(3) Die Vorschriften des § 829 Abs. 2, 3 sind auf die Überweisung entsprechend anzuwenden. Wird sie bei einem Geldinstitut gepfändetes Guthaben eines Schuldners, der eine natürliche Person ist, dem Gläubiger überwiesen, so darf erst zwei Wochen nach der Zustellung des Überweisungsbeschlusses an den Drittschuldner aus dem Guthaben an den Gläubiger geleistet oder der Betrag hinterlegt werden.

### § 836 Wirkung der Überweisung

(1) Die Überweisung ersetzt die förmlichen Erklärungen des Schuldners, von denen nach den Vorschriften des bürgerlichen Rechts die Berechtigung zur Einziehung der Forderung abhängig ist.

(2) Der Überweisungsbeschluss gilt, auch wenn er mit Unrecht erlassen ist, zugunsten des Drittschuldners dem Schuldner gegenüber so lange als rechtsbeständig, bis er aufgehoben wird und die Aufhebung zur Kenntnis des Drittschuldners gelangt.

(3) Der Schuldner ist verpflichtet, dem Gläubiger die zur Geltendmachung der Forderung nötige Auskunft zu erteilen und ihm die über die Forderung vorhandenen Urkunden herauszugeben. Erteilt der Schuldner die Auskunft nicht, so ist er auf Antrag des Gläubigers verpflichtet, sie zu Protokoll zu geben und seine Angaben an Eides statt zu versichern. Die Herausgabe der Urkunden kann von dem Gläubiger im Wege der Zwangsvollstreckung erwirkt werden.

### § 837 Überweisung einer Hypothekenforderung

(1) Zur Überweisung einer gepfändeten Forderung, für die eine Hypothek besteht, genügt die Aushändigung des Überweisungsbeschlusses an den Gläubiger. Ist die Erteilung des Hypothekenbriefes ausgeschlossen, so ist zur Überweisung an Zahlungs statt die Eintragung der Überweisung in das Grundbuch erforderlich; die Eintragung erfolgt auf Grund des Überweisungsbeschlusses.

(2) Diese Vorschriften sind nicht anzuwenden, soweit es sich um die Überweisung der Ansprüche auf die im § 1159 des Bürgerlichen Gesetzbuchs bezeichneten Leistungen handelt. Das Gleiche gilt bei einer Sicherungshypothek im Falle des § 1187 des Bürgerlichen Gesetzbuchs von der Überweisung der Hauptforderung.

(3) Bei einer Sicherungshypothek der im § 1190 des Bürgerlichen Gesetzbuchs bezeichneten Art kann die Hauptforderung nach den allgemeinen Vorschriften gepfändet und überwiesen werden, wenn der Gläubiger die Überweisung der Forderung ohne die Hypothek an Zahlungs statt beantragt.

### § 837a Überweisung einer Schiffshypothekenforderung

(1) Zur Überweisung einer gepfändeten Forderung, für die eine Schiffshypothek besteht, genügt, wenn die Forderung zur Einziehung

überwiesen wird, die Aushändigung des Überweisungsbeschlusses an den Gläubiger. Zur Überweisung an Zahlungs statt ist die Eintragung der Überweisung in das Schiffsregister oder in das Schiffsbauregister erforderlich; die Eintragung erfolgt auf Grund des Überweisungsbeschlusses.

(2) Diese Vorschriften sind nicht anzuwenden, soweit es sich um die Überweisung der Ansprüche auf die im § 53 des Gesetzes über Rechte an eingetragenen Schiffen und Schiffsbauwerken vom 15. November 1940 (RGBl. I S. 1499) bezeichneten Leistungen handelt. Das Gleiche gilt, wenn bei einer Schiffshypothek für eine Forderung aus einer Schuldverschreibung auf den Inhaber, aus einem Wechsel oder aus einem anderen durch Indossament übertragbaren Papier die Hauptforderung überwiesen wird.

(3) Bei einer Schiffshypothek für einen Höchstbetrag (§ 75 des im Absatz 2 genannten Gesetzes) gilt § 837 Abs. 3 entsprechend.

### § 838 Einrede des Schuldners bei Faustpfand

Wird eine durch ein Pfandrecht an einer beweglichen Sache gesicherte Forderung überwiesen, so kann der Schuldner die Herausgabe des Pfandes an den Gläubiger verweigern, bis ihm Sicherheit für die Haftung geleistet wird, die für ihn aus einer Verletzung der dem Gläubiger dem Verpfänder gegenüber obliegenden Verpflichtungen entstehen kann.

### § 839 Überweisung bei Abwendungsbefugnis

Darf der Schuldner nach § 711 Satz 1, § 712 Abs. 1 Satz 1 die Vollstreckung durch Sicherheitsleistung oder Hinterlegung abwenden, so findet die Überweisung gepfändeter Geldforderungen nur zur Einziehung und nur mit der Wirkung statt, dass der Drittschuldner den Schuldbetrag zu hinterlegen hat.

### § 840 Erklärungspflicht des Drittschuldners

(1) Auf Verlangen des Gläubigers hat der Drittschuldner binnen zwei Wochen, von der Zustellung des Pfändungsbeschlusses an gerechnet, dem Gläubiger zu erklären:

1. ob und inwieweit er die Forderung als begründet anerkenne und Zahlung zu leisten bereit sei;
2. ob und welche Ansprüche andere Personen an die Forderung machen;
3. ob und wegen welcher Ansprüche die Forderung bereits für andere Gläubiger gepfändet sei.

(2) Die Aufforderung zur Abgabe dieser Erklärungen muss in die Zustellungsurkunde aufgenommen werden. Der Drittschuldner haftet dem Gläubiger für den aus der Nichterfüllung seiner Verpflichtung entstehenden Schaden.

(3) Die Erklärungen des Drittschuldners können bei Zustellung des Pfändungsbeschlusses oder innerhalb der im ersten Absatz bestimmten Frist an den Gerichtsvollzieher erfolgen. Im ersteren Fall sind sie in die Zustellungsurkunde aufzunehmen und von dem Drittschuldner zu unterschreiben.

### § 841 Pflicht zur Streitverkündung

Der Gläubiger, der die Forderung einklagt, ist verpflichtet, dem Schuldner gerichtlich den Streit zu verkünden, sofern nicht eine Zustellung im Ausland oder eine öffentliche Zustellung erforderlich wird.

### § 842 Schadenersatz bei verzögerter Beitreibung

Der Gläubiger, der die Beitreibung einer ihm zur Einziehung überwiesenen Forderung verzögert, haftet dem Schuldner für den daraus entstehenden Schaden.

### § 843 Verzicht des Pfandgläubigers

Der Gläubiger kann auf die durch Pfändung und Überweisung zur Einziehung erworbenen Rechte unbeschadet seines Anspruchs verzichten. Die Verzichtleistung erfolgt durch eine dem Schuldner zuzustellende Erklärung. Die Erklärung ist auch dem Drittschuldner zuzustellen.

### § 844 Andere Verwertungsart

(1) Ist die gepfändete Forderung bedingt oder betagt oder ist ihre Einziehung wegen der Abhängigkeit von einer Gegenleistung oder

aus anderen Gründen mit Schwierigkeiten verbunden, so kann das Gericht auf Antrag an Stelle der Überweisung eine andere Art der Verwertung anordnen.

(2) Vor dem Beschluss, durch welchen dem Antrag stattgegeben wird, ist der Gegner zu hören, sofern nicht eine Zustellung im Ausland oder eine öffentliche Zustellung erforderlich wird.

### § 845  Vorpfändung

(1) Schon vor der Pfändung kann der Gläubiger auf Grund eines vollstreckbaren Schuldtitels durch den Gerichtsvollzieher dem Drittschuldner und dem Schuldner die Benachrichtigung, dass die Pfändung bevorstehe, zustellen lassen mit der Aufforderung an den Drittschuldner, nicht an den Schuldner zu zahlen, und mit der Aufforderung an den Schuldner, sich jeder Verfügung über die Forderung, insbesondere ihrer Einziehung, zu enthalten. Der Gerichtsvollzieher hat die Benachrichtigung mit den Aufforderungen selbst anzufertigen, wenn er von dem Gläubiger hierzu ausdrücklich beauftragt worden ist. Der vorheriger Erteilung einer vollstreckbaren Ausfertigung und der Zustellung des Schuldtitels bedarf es nicht. An Stelle einer an den Schuldner im Ausland zu bewirkenden Zustellung erfolgt die Zustellung durch Aufgabe zur Post.

(2) Die Benachrichtigung an den Drittschuldner hat die Wirkung eines Arrestes (§ 930), sofern die Pfändung der Forderung innerhalb eines Monats bewirkt wird. Die Frist beginnt mit dem Tag, an dem die Benachrichtigung zugestellt ist.

### § 846  Zwangsvollstreckung in Herausgabeansprüche

Die Zwangsvollstreckung in Ansprüche, welche die Herausgabe oder Leistung körperlicher Sachen zum Gegenstand haben, erfolgt nach den §§ 829 bis 845 unter Berücksichtigung der nachstehenden Vorschriften.

### § 847  Herausgabeanspruch auf eine bewegliche Sache

(1) Bei der Pfändung eines Anspruchs, der eine bewegliche körperliche Sache betrifft, ist anzuordnen, dass die Sache an einen vom Gläubiger zu beauftragenden Gerichtsvollzieher herauszugeben sei.

(2) Auf die Verwertung der Sache sind die Vorschriften über die Verwertung gepfändeter Sachen anzuwenden.

### § 847a  Herausgabeanspruch auf ein Schiff

(1) Bei der Pfändung eines Anspruchs, der ein eingetragenes Schiff betrifft, ist anzuordnen, dass das Schiff an einen vom Vollstreckungsgericht zu bestellenden Treuhänder herauszugeben ist.

(2) Ist der Anspruch auf Übertragung des Eigentums gerichtet, so vertritt der Treuhänder den Schuldner bei der Übertragung des Eigentums. Mit dem Übergang des Eigentums auf den Schuldner erlangt der Gläubiger eine Schiffshypothek für seine Forderung. Der Treuhänder hat die Eintragung der Schiffshypothek in das Schiffsregister zu bewilligen.

(3) Die Zwangsvollstreckung in das Schiff wird nach den für die Zwangsvollstreckung in unbewegliche Sachen geltenden Vorschriften bewirkt.

(4) Die vorstehenden Vorschriften gelten entsprechend, wenn der Anspruch ein Schiffsbauwerk betrifft, das im Schiffsbauregister eingetragen ist oder in dieses Register eingetragen werden kann.

### § 848  Herausgabeanspruch auf eine unbewegliche Sache

(1) Bei Pfändung eines Anspruchs, der eine unbewegliche Sache betrifft, ist anzuordnen, dass die Sache an einen auf Antrag des Gläubigers vom Amtsgericht der belegenen Sache zu bestellenden Sequester herauszugeben sei.

(2) Ist der Anspruch auf Übertragung des Eigentums gerichtet, so hat die Auflassung an den Sequester als Vertreter des Schuldners zu erfolgen. Mit dem Übergang des Eigentums auf den Schuldner erlangt der Gläubiger eine Sicherungshypothek für seine Forderung. Der Sequester hat die Eintragung der Sicherungshypothek zu bewilligen.

(3) Die Zwangsvollstreckung in die herausgegebene Sache wird nach den für die

Zwangsvollstreckung in unbewegliche Sachen geltenden Vorschriften bewirkt.

### § 849  Keine Überweisung an Zahlungs statt

Eine Überweisung der im § 846 bezeichneten Ansprüche an Zahlungs statt ist unzulässig.

### § 850  Pfändungsschutz für Arbeitseinkommen

(1) Arbeitseinkommen, das in Geld zahlbar ist, kann nur nach Maßgabe der §§ 850a bis 850i gepfändet werden.

(2) Arbeitseinkommen im Sinne dieser Vorschrift sind die Dienst- und Versorgungsbezüge der Beamten, Arbeits- und Dienstlöhne, Ruhegelder und ähnliche nach dem einstweiligen oder dauernden Ausscheiden aus dem Dienst- oder Arbeitsverhältnis gewährte fortlaufende Einkünfte, ferner Hinterbliebenenbezüge sowie sonstige Vergütungen für Dienstleistungen aller Art, die die Erwerbstätigkeit des Schuldners vollständig oder zu einem wesentlichen Teil in Anspruch nehmen.

(3) Arbeitseinkommen sind auch die folgenden Bezüge, soweit sie in Geld zahlbar sind:

a) Bezüge, die ein Arbeitnehmer zum Ausgleich für Wettbewerbsbeschränkungen für die Zeit nach Beendigung seines Dienstverhältnisses beanspruchen kann;

b) Renten, die auf Grund von Versicherungsverträgen gewährt werden, wenn diese Verträge zur Versorgung des Versicherungsnehmers oder seiner unterhaltsberechtigten Angehörigen eingegangen sind.

(4) Die Pfändung des in Geld zahlbaren Arbeitseinkommens erfasst alle Vergütungen, die dem Schuldner aus der Arbeits- oder Dienstleistung zustehen, ohne Rücksicht auf ihre Benennung oder Berechnungsart.

### § 850a  Unpfändbare Bezüge

Unpfändbar sind

1. zur Hälfte die für die Leistung von Mehrarbeitsstunden gezahlten Teile des Arbeitseinkommens;

2. die für die Dauer eines Urlaubs über das Arbeitseinkommen hinaus gewährten Bezüge, Zuwendungen aus Anlass eines besonderen Betriebsereignisses und Treugelder, soweit sie den Rahmen des Üblichen nicht übersteigen;

3. Aufwandsentschädigungen, Auslösungsgelder und sonstige soziale Zulagen für auswärtige Beschäftigungen, das Entgelt für selbstgestelltes Arbeitsmaterial, Gefahrenzulagen sowie Schmutz- und Erschwerniszulagen, soweit diese Bezüge den Rahmen des Üblichen nicht übersteigen;

4. Weihnachtsvergütungen bis zum Betrag der Hälfte des monatlichen Arbeitseinkommens, höchstens aber bis zum Betrag von 500 Euro;

5. Heirats- und Geburtsbeihilfen, sofern die Vollstreckung wegen anderer als der aus Anlass der Heirat oder der Geburt entstandenen Ansprüche betrieben wird;

6. Erziehungsgelder, Studienbeihilfen und ähnliche Bezüge;

7. Sterbe- und Gnadenbezüge aus Arbeits- oder Dienstverhältnissen;

8. Blindenzulagen.

### § 850b  Bedingt pfändbare Bezüge

(1) Unpfändbar sind ferner

1. Renten, die wegen einer Verletzung des Körpers oder der Gesundheit zu entrichten sind;

2. Unterhaltsrenten, die auf gesetzlicher Vorschrift beruhen, sowie die wegen Entziehung einer solchen Forderung zu entrichtenden Renten;

3. fortlaufende Einkünfte, die ein Schuldner aus Stiftungen oder sonst auf Grund der Fürsorge und Freigebigkeit eines Dritten oder auf Grund eines Altenteils oder Auszugsvertrags bezieht;

4. Bezüge aus Witwen-, Waisen-, Hilfs- und Krankenkassen, die ausschließlich oder zu einem wesentlichen Teil zu Unterstützungszwecken gewährt werden, ferner Ansprüche aus Lebensversicherungen, die nur auf den Todesfall des Versicherungsnehmers abgeschlossen sind, wenn die

Versicherungssumme 3579 Euro nicht übersteigt.

(2) Diese Bezüge können nach den für Arbeitseinkommen geltenden Vorschriften gepfändet werden, wenn die Vollstreckung in das sonstige bewegliche Vermögen des Schuldners zu einer vollständigen Befriedigung des Gläubigers nicht geführt hat oder voraussichtlich nicht führen wird und wenn nach den Umständen des Falles, insbesondere nach der Art des beizutreibenden Anspruchs und der Höhe der Bezüge, die Pfändung der Billigkeit entspricht.

(3) Das Vollstreckungsgericht soll vor seiner Entscheidung die Beteiligten hören.

### § 850c Pfändungsgrenzen für Arbeitseinkommen

(1) Arbeitseinkommen ist unpfändbar, wenn es, je nach dem Zeitraum, für den es gezahlt wird, nicht mehr als

930 Euro [1]) monatlich,
217,50 Euro [2]) wöchentlich oder
43,50 Euro [3]) täglich

beträgt.

Gewährt der Schuldner auf Grund einer gesetzlichen Verpflichtung seinem Ehegatten, einem früheren Ehegatten, seinem Lebenspartner, einem früheren Lebenspartner oder einem Verwandten oder nach §§ 1615l, 1615n des Bürgerlichen Gesetzbuchs einem Elternteil Unterhalt, so erhöht sich der Betrag, bis zu dessen Höhe Arbeitseinkommen unpfändbar ist, auf bis zu

2060 Euro [4]) monatlich,
478,50 Euro [5]) wöchentlich oder
96,50 Euro [6]) täglich,

und zwar um

350 Euro [7]) monatlich,
81 Euro [8]) wöchentlich oder
17 Euro [9]) täglich

für die erste Person, der Unterhalt gewährt wird, und um je

195 Euro [10]) monatlich,
45 Euro [11]) wöchentlich oder
9 Euro [12]) täglich

für die zweite bis fünfte Person.

(2) Übersteigt das Arbeitseinkommen den Betrag, bis zu dessen Höhe es je nach der Zahl der Personen, denen der Schuldner Unterhalt gewährt, nach Absatz 1 unpfändbar ist, so ist es hinsichtlich des überschießenden Betrages zu einem Teil unpfändbar, und zwar in Höhe von drei Zehnteln, wenn der Schuldner keiner der in Absatz 1 genannten Personen Unterhalt gewährt, zwei weiteren Zehnteln für die erste Person, der Unterhalt gewährt wird, und je einem weiteren Zehntel für die zweite bis fünfte Person. Der Teil des Arbeitseinkommens, der 2851 Euro [13]) monatlich (658 Euro [14]) wöchentlich, 131,58 Euro [15]) täglich) übersteigt, bleibt bei der Berechnung des unpfändbaren Betrages unberücksichtigt.

(2a) Die unpfändbaren Beträge nach Absatz 1 und Absatz 2 Satz 2 ändern sich jeweils zum 1. Juli eines jeden zweiten Jahres, erstmalig zum 1. Juli 2003, entsprechend der im Vergleich zum jeweiligen Vorjahreszeitraum sich ergebenden prozentualen Entwicklung des Grundfreibetrages nach § 32a Abs. 1 Nr. 1 des Einkommensteuergesetzes; der Berechnung ist die am 1. Januar des jeweiligen Jahres geltende Fassung des § 32a Abs. 1 Nr. 1 des Einkommensteuergesetzes zugrunde zu legen. Das Bundesministerium der Justiz gibt die maßgebenden Beträge rechtzeitig im Bundesgesetzblatt bekannt.

(3) Bei der Berechnung des nach Absatz 2 pfändbaren Teils des Arbeitseinkommens ist das Arbeitseinkommen, gegebenenfalls nach Abzug des nach Absatz 2 Satz 2 pfändbaren Betrages, wie aus der Tabelle ersichtlich, die diesem Gesetz als Anlage beigefügt ist, nach unten abzurunden, und zwar bei Auszahlung für Monate auf einen durch 10 Euro, bei Auszahlung für Wochen auf einen durch 2,50 Euro oder bei Auszahlung für Tage auf einen durch 50 Cent teilbaren Betrag. Im Pfändungsbeschluss genügt die Bezugnahme auf die Tabelle.

(4) Hat eine Person, welcher der Schuldner auf Grund gesetzlicher Verpflichtung Unterhalt gewährt, eigene Einkünfte, so kann das Vollstreckungsgericht auf Antrag des Gläubigers nach billigem Ermessen bestimmen, dass diese Person bei der Berechnung des unpfändbaren Teils des Arbeitseinkommens

**3**

**3**

ganz oder teilweise unberücksichtigt bleibt; soll die Person nur teilweise berücksichtigt werden, so ist Absatz 3 Satz 2 nicht anzuwenden.

**Redaktionelle Anmerkung:**

Die unpfändbaren Beträge nach Absatz 1 und Absatz 2 Satz 2 sind durch Bekanntmachung zu § 850c der Zivilprozessordnung (Pfändungsfreigrenzenbekanntmachung 2005) vom 25. Februar 2005 (BGBl. I S. 493) geändert worden:

[1]) 985,15 Euro; [2]) 226,72 Euro; [3]) 45,34 Euro; [4]) 2182,15 Euro; [5]) 502,20 Euro; [6]) 100,44 Euro; [7]) 370,76 Euro; [8]) 85,32 Euro; [9]) 17,06 Euro; [10]) 206,56 Euro; [11]) 47,54 Euro; [12]) 9,51 Euro; [13]) 3020,06 Euro; [14]) 695,03 Euro; [15]) 139,01 Euro.

Diese Beträge bleiben gemäß Bekanntmachung zu § 850c der Zivilprozessordnung (Pfändungsfreigrenzenbekanntmachung 2007) vom 22. Januar 2007 (BGBl. I S. 64) für den Zeitraum vom 1. Juli 2007 bis zum 30. Juni 2009 unverändert.

## § 850d Pfändbarkeit bei Unterhaltsansprüchen

(1) Wegen der Unterhaltsansprüche, die kraft Gesetzes einem Verwandten, dem Ehegatten, einem früheren Ehegatten, dem Lebenspartner, einem früheren Lebenspartner oder nach §§ 1615l, 1615n des Bürgerlichen Gesetzbuchs einem Elternteil zustehen, sind das Arbeitseinkommen und die in § 850a Nr. 1, 2 und 4 genannten Bezüge ohne die in § 850c bezeichneten Beschränkungen pfändbar. Dem Schuldner ist jedoch so viel zu belassen, als er für seinen notwendigen Unterhalt und zur Erfüllung seiner laufenden gesetzlichen Unterhaltspflichten gegenüber den dem Gläubiger vorgehenden Berechtigten oder zur gleichmäßigen Befriedigung der dem Gläubiger gleichstehenden Berechtigten bedarf; von den in § 850a Nr. 1, 2 und 4 genannten Bezügen hat ihm mindestens die Hälfte des nach § 850a unpfändbaren Betrages zu verbleiben. Der dem Schuldner hiernach verbleibende Teil seines Arbeitseinkommens darf den Betrag nicht übersteigen, der ihm nach den Vorschriften des § 850c gegenüber nicht bevorrechtigten Gläubigern zu verbleiben hätte. Für die Pfändung wegen der Rückstände, die länger als ein Jahr vor dem Antrag auf Erlass des Pfändungsbeschlusses fällig geworden sind, gelten die Vorschriften dieses Absatzes insoweit nicht, als nach Lage

der Verhältnisse nicht anzunehmen ist, dass der Schuldner sich seiner Zahlungspflicht absichtlich entzogen hat.

(2) Mehrere nach Absatz 1 Berechtigte sind mit ihren Ansprüchen in der Reihenfolge nach § 1609 des Bürgerlichen Gesetzbuchs und § 16 des Lebenspartnerschaftsgesetzes zu berücksichtigen, wobei mehrere gleich nahe Berechtigte untereinander den gleichen Rang haben.

(3) Bei der Vollstreckung wegen der in Absatz 1 bezeichneten Ansprüche sowie der aus Anlass einer Verletzung des Körpers oder der Gesundheit zu zahlenden Renten kann zugleich mit der Pfändung wegen fälliger Ansprüche auch künftig fällig werdendes Arbeitseinkommen wegen der dann jeweils fällig werdenden Ansprüche gepfändet und überwiesen werden.

## § 850e Berechnung des pfändbaren Arbeitseinkommens

Für die Berechnung des pfändbaren Arbeitseinkommens gilt Folgendes:

1. Nicht mitzurechnen sind die nach § 850a der Pfändung entzogenen Bezüge, ferner Beträge, die unmittelbar auf Grund steuerrechtlicher oder sozialrechtlicher Vorschriften zur Erfüllung gesetzlicher Verpflichtungen des Schuldners abzuführen sind. Diesen Beträgen stehen gleich die auf den Auszahlungszeitraum entfallenden Beträge, die der Schuldner

   a) nach den Vorschriften der Sozialversicherungsgesetze zur Weiterversicherung entrichtet oder

   b) an eine Ersatzkasse oder an ein Unternehmen der privaten Krankenversicherung leistet, soweit sie den Rahmen des Üblichen nicht übersteigen.

2. Mehrere Arbeitseinkommen sind auf Antrag vom Vollstreckungsgericht bei der Pfändung zusammenzurechnen. Der unpfändbare Grundbetrag ist in erster Linie dem Arbeitseinkommen zu entnehmen, das die wesentliche Grundlage der Lebenshaltung des Schuldners bildet.

2a. Mit Arbeitseinkommen sind auf Antrag auch Ansprüche auf laufende Geldleistungen nach dem Sozialgesetzbuch zusammenzurechnen, soweit diese der Pfändung unterworfen sind. Der unpfändbare Grundbetrag ist, soweit die Pfändung nicht wegen gesetzlicher Unterhaltsansprüche erfolgt, in erster Linie den laufenden Geldleistungen nach dem Sozialgesetzbuch zu entnehmen. Ansprüche auf Geldleistungen für Kinder dürfen mit Arbeitseinkommen nur zusammengerechnet werden, soweit sie nach § 76 des Einkommensteuergesetzes oder nach § 54 Abs. 5 des Ersten Buches Sozialgesetzbuch gepfändet werden können.

3. Erhält der Schuldner neben seinem in Geld zahlbaren Einkommen auch Naturalleistungen, so sind Geld- und Naturalleistungen zusammenzurechnen. In diesem Fall ist der in Geld zahlbare Betrag insoweit pfändbar, als der nach § 850c unpfändbare Teil des Gesamteinkommens durch den Wert der dem Schuldner verbleibenden Naturalleistungen gedeckt ist.

4. Trifft eine Pfändung, eine Abtretung oder eine sonstige Verfügung wegen eines der in § 850d bezeichneten Ansprüche mit einer Pfändung wegen eines sonstigen Anspruchs zusammen, so sind auf die Unterhaltsansprüche zunächst die gemäß § 850d der Pfändung in erweitertem Umfang unterliegenden Teile des Arbeitseinkommens zu verrechnen. Die Verrechnung nimmt auf Antrag eines Beteiligten das Vollstreckungsgericht vor. Der Drittschuldner kann, solange ihm eine Entscheidung des Vollstreckungsgerichts nicht zugestellt ist, nach dem Inhalt der ihm bekannten Pfändungsbeschlüsse, Abtretungen und sonstigen Verfügungen mit befreiender Wirkung leisten.

### § 850f  Änderung des unpfändbaren Betrages

(1) Das Vollstreckungsgericht kann dem Schuldner auf Antrag von dem nach den Bestimmungen der §§ 850c, 850d und 850i pfändbaren Teil seines Arbeitseinkommens einen Teil belassen, wenn

a) der Schuldner nachweist, dass bei Anwendung der Pfändungsfreigrenzen entspre-

chend der Anlage zu diesem Gesetz (zu § 850c) der notwendige Lebensunterhalt im Sinne des Dritten und Elften Kapitels des Zwölften Buches Sozialgesetzbuch oder nach Kapitel 3 Abschnitt 2 des Zweiten Buches Sozialgesetzbuch für sich und für die Personen, denen er Unterhalt zu gewähren hat, nicht gedeckt ist,

b) besondere Bedürfnisse des Schuldners aus persönlichen oder beruflichen Gründen oder

c) der besondere Umfang der gesetzlichen Unterhaltspflichten des Schuldners, insbesondere die Zahl der Unterhaltsberechtigten, dies erfordern

und überwiegende Belange des Gläubigers nicht entgegenstehen.

(2) Wird die Zwangsvollstreckung wegen einer Forderung aus einer vorsätzlich begangenen unerlaubten Handlung betrieben, so kann das Vollstreckungsgericht auf Antrag des Gläubigers den pfändbaren Teil des Arbeitseinkommens ohne Rücksicht auf die in § 850c vorgesehenen Beschränkungen bestimmen; dem Schuldner ist jedoch so viel zu belassen, wie er für seinen notwendigen Unterhalt und zur Erfüllung seiner laufenden gesetzlichen Unterhaltspflichten bedarf.

(3) Wird die Zwangsvollstreckung wegen anderer als der in Absatz 2 und in § 850d bezeichneten Forderungen betrieben, so kann das Vollstreckungsgericht in den Fällen, in denen sich das Arbeitseinkommen des Schuldners auf mehr als monatlich 2815 Euro [1]) (wöchentlich 641 Euro [2]), täglich 123,50 Euro [3])) beläuft, über die Beträge hinaus, die nach § 850c pfändbar wären, auf Antrag des Gläubigers die Pfändbarkeit unter Berücksichtigung der Belange des Gläubigers und des Schuldners nach freiem Ermessen festsetzen. Dem Schuldner ist jedoch mindestens so viel zu belassen, wie sich bei einem Arbeitseinkommen von monatlich 2815 Euro [1]) (wöchentlich 641 Euro [2]), täglich 123,50 Euro [3])) aus § 850c ergeben würde. Die Beträge nach den Sätzen 1 und 2 werden entsprechend der in § 850c Abs. 2a getroffenen Regelung jeweils zum 1. Juli eines jeden zweiten Jahres, erstmalig zum 1. Juli 2003, geändert.

**3**

**Redaktionelle Anmerkung:**
Die Beträge haben sich infolge der Bekanntmachung zu § 850c der Zivilprozessordnung
(Pfändungsfreigrenzenbekanntmachung 2005)
vom 25. Februar 2005 (BGBl. I S. 493) geändert:
[1]) 2985 Euro; [2]) 678,70 Euro; [3]) 131,25 Euro.
Diese Beträge bleiben gemäß Bekanntmachung
zu § 850c der Zivilprozessordnung (Pfändungsfreigrenzenbekanntmachung 2007) vom 22. Januar 2007 (BGBl. I S. 64) für den Zeitraum vom
1. Juli 2007 bis zum 30. Juni 2009 unverändert.

### § 850g Änderung der Unpfändbarkeits-
    voraussetzungen

Ändern sich die Voraussetzungen für die Bemessung des unpfändbaren Teils des Arbeitseinkommens, so hat das Vollstreckungsgericht auf Antrag des Schuldners oder des
Gläubigers den Pfändungsbeschluss entsprechend zu ändern. Antragsberechtigt ist auch
ein Dritter, dem der Schuldner kraft Gesetzes
Unterhalt zu gewähren hat. Der Drittschuldner kann nach dem Inhalt des früheren Pfändungsbeschlusses mit befreiender Wirkung
leisten, bis ihm der Änderungsbeschluss zugestellt wird.

### § 850h Verschleiertes Arbeits-
    einkommen

(1) Hat sich der Empfänger der vom Schuldner
geleisteten Arbeiten oder Dienste verpflichtet, Leistungen an einen Dritten zu bewirken,
die nach Lage der Verhältnisse ganz oder
teilweise eine Vergütung für die Leistung des
Schuldners darstellen, so kann der Anspruch
des Drittberechtigten insoweit auf Grund des
Schuldtitels gegen den Schuldner gepfändet
werden, wie wenn der Anspruch dem Schuldner zustände. Die Pfändung des Vergütungs-
anspruchs des Schuldners umfasst ohne weiteres den Anspruch des Drittberechtigten.
Der Pfändungsbeschluss ist dem Drittberechtigten ebenso wie dem Schuldner zuzustellen.

(2) Leistet der Schuldner einem Dritten in
einem ständigen Verhältnis Arbeiten oder
Dienste, die nach Art und Umfang üblicher-
weise vergütet werden, unentgeltlich oder
gegen eine unverhältnismäßig geringe Vergütung, so gilt im Verhältnis des Gläubigers
zu dem Empfänger der Arbeits- und Dienstleistungen eine angemessene Vergütung als

geschuldet. Bei der Prüfung, ob diese Voraussetzungen vorliegen, sowie bei der Bemessung der Vergütung ist auf alle Umstände des
Einzelfalles, insbesondere die Art der Arbeits-
und Dienstleistung, die verwandtschaftlichen
oder sonstigen Beziehungen zwischen dem
Dienstberechtigten und dem Dienstverpflich-
teten und die wirtschaftliche Leistungsfähig-
keit des Dienstberechtigten Rücksicht zu nehmen.

### § 850i Pfändungsschutz bei sonstigen
    Vergütungen

(1) Ist eine nicht wiederkehrend zahlbare Vergütung für persönlich geleistete Arbeiten
oder Dienste gepfändet, so hat das Gericht
dem Schuldner auf Antrag so viel zu belassen,
als er während eines angemessenen Zeit-
raums für seinen notwendigen Unterhalt und
den seines Ehegatten, eines früheren Ehegatten, seines Lebenspartners, eines früheren
Lebenspartners, seiner unterhaltsberechtigten Verwandten oder eines Elternteils nach
§§ 1615l, 1615n des Bürgerlichen Gesetzbuchs bedarf. Bei der Entscheidung sind die
wirtschaftlichen Verhältnisse des Schuldners,
insbesondere seine sonstigen Verdienstmög-
lichkeiten, frei zu würdigen. Dem Schuldner
ist nicht mehr zu belassen, als ihm nach freier
Schätzung des Gerichts verbleiben würde,
wenn sein Arbeitseinkommen aus laufendem
Arbeits- oder Dienstlohn bestände. Der Antrag des Schuldners ist insoweit abzulehnen,
als überwiegende Belange des Gläubigers
entgegenstehen.

(2) Die Vorschriften des Absatzes 1 gelten
entsprechend für Vergütungen, die für die
Gewährung von Wohngelegenheit oder eine
sonstige Sachbenutzung geschuldet werden,
wenn die Vergütung zu einem nicht unwe-
sentlichen Teil als Entgelt für neben der Sachbenutzung gewährte Dienstleistungen anzusehen ist.

(3) Die Vorschriften des § 27 des Heimarbeits-
gesetzes vom 14. März 1951 (BGBl. I S. 191)
bleiben unberührt.

(4) Die Bestimmungen der Versicherungs-,
Versorgungs- und sonstigen gesetzlichen Vorschriften über die Pfändung von Ansprüchen
bestimmter Art bleiben unberührt.

### § 850k Pfändungsschutz für Kontoguthaben aus Arbeitseinkommen

(1) Werden wiederkehrende Einkünfte der in den §§ 850 bis 850b oder § 851c bezeichneten Art auf das Konto des Schuldners bei einem Geldinstitut überwiesen, so ist eine Pfändung des Guthabens auf Antrag des Schuldners vom Vollstreckungsgericht insoweit aufzuheben, als das Guthaben dem der Pfändung nicht unterworfenen Teil der Einkünfte für die Zeit von der Pfändung bis zu dem nächsten Zahlungstermin entspricht.

(2) Das Vollstreckungsgericht hebt die Pfändung des Guthabens für den Teil vorab auf, dessen der Schuldner bis zum nächsten Zahlungstermin dringend bedarf, um seinen notwendigen Unterhalt zu bestreiten und seine laufenden gesetzlichen Unterhaltspflichten gegenüber den dem Gläubiger vorgehenden Berechtigten zu erfüllen oder die dem Gläubiger gleichstehenden Unterhaltsberechtigten gleichmäßig zu befriedigen. Der vorab freigegebene Teil des Guthabens darf den Betrag nicht übersteigen, den der Schuldner voraussichtlich nach Absatz 1 zu belassen ist. Der Schuldner hat glaubhaft zu machen, dass wiederkehrende Einkünfte der in den §§ 850 bis 850b oder § 851c bezeichneten Art auf das Konto überwiesen worden sind und dass die Voraussetzungen des Satzes 1 vorliegen. Die Anhörung des Gläubigers unterbleibt, wenn der damit verbundene Aufschub dem Schuldner nicht zuzumuten ist.

(3) Im Übrigen ist das Vollstreckungsgericht befugt, die in § 732 Abs. 2 bezeichneten Anordnungen zu erlassen.

### § 851 Nicht übertragbare Forderungen

(1) Eine Forderung ist in Ermangelung besonderer Vorschriften der Pfändung nur insoweit unterworfen, als sie übertragbar ist.

(2) Eine nach § 399 des Bürgerlichen Gesetzbuchs nicht übertragbare Forderung kann insoweit gepfändet und zur Einziehung überwiesen werden, als der geschuldete Gegenstand der Pfändung unterworfen ist.

### § 851a Pfändungsschutz für Landwirte

(1) Die Pfändung von Forderungen, die einem die Landwirtschaft betreibenden Schuldner aus dem Verkauf von landwirtschaftlichen Erzeugnissen zustehen, ist auf seinen Antrag vom Vollstreckungsgericht insoweit aufzuheben, als die Einkünfte zum Unterhalt des Schuldners, seiner Familie und seiner Arbeitnehmer oder zur Aufrechterhaltung einer geordneten Wirtschaftsführung unentbehrlich sind.

(2) Die Pfändung soll unterbleiben, wenn offenkundig ist, dass die Voraussetzungen für die Aufhebung der Zwangsvollstreckung nach Absatz 1 vorliegen.

### § 851b Pfändungsschutz bei Miet- und Pachtzinsen

(1) Die Pfändung von Miete und Pacht ist auf Antrag des Schuldners vom Vollstreckungsgericht insoweit aufzuheben, als diese Einkünfte für den Schuldner zur laufenden Unterhaltung des Grundstücks, zur Vornahme notwendiger Instandsetzungsarbeiten und zur Befriedigung von Ansprüchen unentbehrlich sind, die bei einer Zwangsvollstreckung in das Grundstück dem Anspruch des Gläubigers nach § 10 des Gesetzes über die Zwangsversteigerung und die Zwangsverwaltung vorgehen würden. Das Gleiche gilt von der Pfändung von Barmitteln und Guthaben, die aus Miet- oder Pachtzahlungen herrühren und zu den in Satz 1 bezeichneten Zwecken unentbehrlich sind.

(2) Die Vorschriften des § 813b Abs. 2, 3 und Abs. 5 Satz 1 und 2 gelten entsprechend. Die Pfändung soll unterbleiben, wenn offenkundig ist, dass die Voraussetzungen für die Aufhebung der Zwangsvollstreckung nach Absatz 1 vorliegen.

### § 851c Pfändungsschutz bei Altersrenten

(1) Ansprüche auf Leistungen, die auf Grund von Verträgen gewährt werden, dürfen nur wie Arbeitseinkommen gepfändet werden, wenn

1. die Leistung in regelmäßigen Zeitabständen lebenslang und nicht vor Vollendung des 60. Lebensjahres oder nur bei Eintritt der Berufsunfähigkeit gewährt wird,

2. über die Ansprüche aus dem Vertrag nicht verfügt werden darf,

3. die Bestimmung von Dritten mit Ausnahme von Hinterbliebenen als Berechtigte ausgeschlossen ist und

4. die Zahlung einer Kapitalleistung, ausgenommen eine Zahlung für den Todesfall, nicht vereinbart wurde.

(2) Um dem Schuldner den Aufbau einer angemessenen Alterssicherung zu ermöglichen, kann er unter Berücksichtigung der Entwicklung auf dem Kapitalmarkt, des Sterblichkeitsrisikos und der Höhe der Pfändungsfreigrenze, nach seinem Lebensalter gestaffelt, jährlich einen bestimmten Betrag unpfändbar auf der Grundlage eines in Absatz 1 bezeichneten Vertrags bis zu einer Gesamtsumme von 238 000 Euro ansammeln. Der Schuldner darf vom 18. bis zum vollendeten 29. Lebensjahr 2000 Euro, vom 30. bis zum vollendeten 39. Lebensjahr 4000 Euro, vom 40. bis zum vollendeten 47. Lebensjahr 4500 Euro, vom 48. bis zum vollendeten 53. Lebensjahr 6000 Euro, vom 54. bis zum vollendeten 59. Lebensjahr 8000 Euro und vom 60. bis zum vollendeten 65. Lebensjahr 9000 Euro jährlich ansammeln. Übersteigt der Rückkaufwert der Alterssicherung den unpfändbaren Betrag, sind drei Zehntel des überschießenden Betrags unpfändbar. Satz 3 gilt nicht für den Teil des Rückkaufwerts, der den dreifachen Wert des in Satz 1 genannten Betrags übersteigt.

(3) § 850e Nr. 2 und 2a gilt entsprechend.

### § 851d  Pfändungsschutz bei steuerlich gefördertem Altersvorsorgevermögen

Monatliche Leistungen in Form einer lebenslangen Rente oder monatlicher Ratenzahlungen im Rahmen eines Auszahlungsplans nach § 1 Abs. 1 Satz 1 Nr. 4 des Altersvorsorgeverträge-Zertifizierungsgesetzes aus steuerlich gefördertem Altersvorsorgevermögen sind wie Arbeitseinkommen pfändbar.

### § 852  Beschränkt pfändbare Forderungen

(1) Der Pflichtteilsanspruch ist der Pfändung nur unterworfen, wenn er durch Vertrag anerkannt oder rechtshängig geworden ist.

(2) Das Gleiche gilt für den nach § 528 des Bürgerlichen Gesetzbuchs dem Schenker zustehenden Anspruch auf Herausgabe des Geschenkes sowie für den Anspruch eines Ehegatten auf den Ausgleich des Zugewinns.

### § 853  Mehrfache Pfändung einer Geldforderung

Ist eine Geldforderung für mehrere Gläubiger gepfändet, so ist der Drittschuldner berechtigt und auf Verlangen eines Gläubigers, dem die Forderung überwiesen wurde, verpflichtet, unter Anzeige der Sachlage und unter Aushändigung der ihm zugestellten Beschlüsse an das Amtsgericht, dessen Beschluss ihm zuerst zugestellt ist, den Schuldbetrag zu hinterlegen.

### § 854  Mehrfache Pfändung eines Anspruchs auf bewegliche Sachen

(1) Ist ein Anspruch, der eine bewegliche körperliche Sache betrifft, für mehrere Gläubiger gepfändet, so ist der Drittschuldner berechtigt und auf Verlangen eines Gläubigers, dem der Anspruch überwiesen wurde, verpflichtet, die Sache unter Anzeige der Sachlage und unter Aushändigung der ihm zugestellten Beschlüsse dem Gerichtsvollzieher herauszugeben, der nach dem ihm zuerst zugestellten Beschluss zur Empfangnahme der Sache ermächtigt ist. Hat der Gläubiger einen solchen Gerichtsvollzieher nicht bezeichnet, so wird dieser auf Antrag des Drittschuldners von dem Amtsgericht des Ortes ernannt, wo die Sache herauszugeben ist.

(2) Ist der Erlös zur Deckung der Forderungen nicht ausreichend und verlangt die Gläubiger, für den die zweite oder eine spätere Pfändung erfolgt ist, ohne Zustimmung der übrigen beteiligten Gläubiger eine andere Verteilung als nach der Reihenfolge der Pfändungen, so hat der Gerichtsvollzieher die Sachlage unter Hinterlegung des Erlöses dem Amtsgericht anzuzeigen, dessen Beschluss dem Drittschuldner zuerst zugestellt ist. Dieser Anzeige sind die Dokumente beizufügen, die sich auf das Verfahren beziehen.

(3) In gleicher Weise ist zu verfahren, wenn die Pfändung für mehrere Gläubiger gleichzeitig bewirkt ist.

### § 855 Mehrfache Pfändung eines Anspruchs auf eine unbewegliche Sache

Betrifft der Anspruch eine unbewegliche Sache, so ist der Drittschuldner berechtigt und auf Verlangen eines Gläubigers, dem der Anspruch überwiesen wurde, verpflichtet, die Sache unter Anzeige der Sachlage und unter Aushändigung der ihm zugestellten Beschlüsse an den von dem Amtsgericht der belegenen Sache ernannten oder auf seinen Antrag zu ernennenden Sequester herauszugeben.

### § 855a Mehrfache Pfändung eines Anspruchs auf ein Schiff

(1) Betrifft der Anspruch ein eingetragenes Schiff, so ist der Drittschuldner berechtigt und auf Verlangen eines Gläubigers, dem der Anspruch überwiesen wurde, verpflichtet, das Schiff unter Anzeige der Sachlage und unter Aushändigung der Beschlüsse dem Treuhänder herauszugeben, der in dem ihm zuerst zugestellten Beschluss bestellt ist.

(2) Absatz 1 gilt sinngemäß, wenn der Anspruch ein Schiffsbauwerk betrifft, das im Schiffsbauregister eingetragen ist oder in dieses Register eingetragen werden kann.

### § 856 Klage bei mehrfacher Pfändung

(1) Jeder Gläubiger, dem der Anspruch überwiesen wurde, ist berechtigt, gegen den Drittschuldner Klage auf Erfüllung der nach den Vorschriften der §§ 853 bis 855 diesem obliegenden Verpflichtungen zu erheben.

(2) Jeder Gläubiger, für den der Anspruch gepfändet ist, kann sich dem Kläger in jeder Lage des Rechtsstreits als Streitgenosse anschließen.

(3) Der Drittschuldner hat bei dem Prozessgericht zu beantragen, dass die Gläubiger, welche die Klage nicht erhoben und dem Kläger sich nicht angeschlossen haben, zum Termin zur mündlichen Verhandlung geladen werden.

(4) Die Entscheidung, die in dem Rechtsstreit über den in der Klage erhobenen Anspruch erlassen wird, ist für und gegen sämtliche Gläubiger wirksam.

(5) Der Drittschuldner kann sich gegenüber einem Gläubiger auf die ihm günstige Entscheidung nicht berufen, wenn der Gläubiger zum Termin zur mündlichen Verhandlung nicht geladen worden ist.

### § 857 Zwangsvollstreckung in andere Vermögensrechte

(1) Für die Zwangsvollstreckung in andere Vermögensrechte, die nicht Gegenstand der Zwangsvollstreckung in das unbewegliche Vermögen sind, gelten die vorstehenden Vorschriften entsprechend.

(2) Ist ein Drittschuldner nicht vorhanden, so ist die Pfändung mit dem Zeitpunkt als bewirkt anzusehen, in welchem dem Schuldner das Gebot, sich jeder Verfügung über das Recht zu enthalten, zugestellt ist.

(3) Ein unveräußerliches Recht ist in Ermangelung besonderer Vorschriften der Pfändung insoweit unterworfen, als die Ausübung einem anderen überlassen werden kann.

(4) Das Gericht kann bei der Zwangsvollstreckung in unveräußerliche Rechte, deren Ausübung einem anderen überlassen werden kann, besondere Anordnungen erlassen. Es kann insbesondere bei der Zwangsvollstreckung in Nutzungsrechte eine Verwaltung anordnen; in diesem Falle wird die Pfändung durch Übergabe der zu benutzenden Sache an den Verwalter bewirkt, sofern sie nicht durch Zustellung des Beschlusses bereits vorher bewirkt ist.

(5) Ist die Veräußerung des Rechtes selbst zulässig, so kann auch diese Veräußerung von dem Gericht angeordnet werden.

(6) Auf die Zwangsvollstreckung in eine Reallast, eine Grundschuld oder eine Rentenschuld sind die Vorschriften über die Zwangsvollstreckung in eine Forderung, für die eine Hypothek besteht, entsprechend anzuwenden.

(7) Die Vorschrift des § 845 Abs. 1 Satz 2 ist nicht anzuwenden.

### § 858 Zwangsvollstreckung in Schiffspart

(1) Für die Zwangsvollstreckung in die Schiffspart (§§ 489 ff. des Handelsgesetz-

3

buchs) gilt § 857 mit folgenden Abweichungen:

(2) Als Vollstreckungsgericht ist das Amtsgericht zuständig, bei dem das Register für das Schiff geführt wird.

(3) Die Pfändung bedarf der Eintragung in das Schiffsregister; die Eintragung erfolgt auf Grund des Pfändungsbeschlusses. Der Pfändungsbeschluss soll dem Korrespondentreeder zugestellt werden; wird der Beschluss diesem vor der Eintragung zugestellt, so gilt die Pfändung ihm gegenüber mit der Zustellung als bewirkt.

(4) Verwertet wird die gepfändete Schiffspart im Wege der Veräußerung. Dem Antrag auf Anordnung der Veräußerung ist ein Auszug aus dem Schiffsregister beizufügen, der alle das Schiff und die Schiffspart betreffenden Eintragungen enthält; der Auszug darf nicht älter als eine Woche sein.

(5) Ergibt der Auszug aus dem Schiffsregister, dass die Schiffspart mit einem Pfandrecht belastet ist, das einem andern als dem betreibenden Gläubiger zusteht, so ist die Hinterlegung der Erlöses anzuordnen. Der Erlös wird in diesem Fall nach den Vorschriften der §§ 873 bis 882 verteilt; Forderungen, für die ein Pfandrecht an der Schiffspart eingetragen ist, sind nach dem Inhalt des Schiffsregisters in den Teilungsplan aufzunehmen.

### § 859 Pfändung von Gesamthandanteilen

(1) Der Anteil eines Gesellschafters an dem Gesellschaftsvermögen einer nach § 705 des Bürgerlichen Gesetzbuchs eingegangenen Gesellschaft ist der Pfändung unterworfen. Der Anteil eines Gesellschafters an den einzelnen zu dem Gesellschaftsvermögen gehörenden Gegenständen ist der Pfändung nicht unterworfen.

(2) Die gleichen Vorschriften gelten für den Anteil eines Miterben an dem Nachlass und an den einzelnen Nachlassgegenständen.

### § 860 Pfändung von Gesamtgutanteilen

(1) Bei dem Güterstand der Gütergemeinschaft ist der Anteil eines Ehegatten an dem Gesamtgut und an den einzelnen dazu gehörenden Gegenständen der Pfändung nicht unterworfen. Das Gleiche gilt bei der fortgesetzten Gütergemeinschaft von den Anteilen des überlebenden Ehegatten und der Abkömmlinge.

(2) Nach der Beendigung der Gemeinschaft ist der Anteil an dem Gesamtgut zugunsten der Gläubiger des Anteilsberechtigten der Pfändung unterworfen.

### §§ 861 und 862 (weggefallen)

### § 863 Pfändungsbeschränkungen bei Erbschaftsnutzungen

(1) Ist der Schuldner als Erbe nach § 2338 des Bürgerlichen Gesetzbuchs durch die Einsetzung eines Nacherben beschränkt, so sind die Nutzungen der Erbschaft der Pfändung nicht unterworfen, soweit sie zur Erfüllung der dem Schuldner, seinem Ehegatten, seinem früheren Ehegatten, seinem Lebenspartner, einem früheren Lebenspartner oder seinen Verwandten gegenüber gesetzlich obliegenden Unterhaltspflicht und zur Bestreitung seines standesmäßigen Unterhalts erforderlich sind. Das Gleiche gilt, wenn der Schuldner nach § 2338 des Bürgerlichen Gesetzbuchs durch die Ernennung eines Testamentsvollstreckers beschränkt ist, für seinen Anspruch auf den jährlichen Reinertrag.

(2) Die Pfändung ist unbeschränkt zulässig, wenn der Anspruch eines Nachlassgläubigers oder ein auch dem Nacherben oder dem Testamentsvollstrecker gegenüber wirksames Recht geltend gemacht wird.

(3) Diese Vorschriften gelten entsprechend, wenn der Anteil eines Abkömmlings an dem Gesamtgut der fortgesetzten Gütergemeinschaft nach § 1513 Abs. 2 des Bürgerlichen Gesetzbuchs einer Beschränkung der im Absatz 1 bezeichneten Art unterliegt.

Titel 2
Zwangsvollstreckung in das unbewegliche
Vermögen

### § 864 Gegenstand der Immobiliarvollstreckung

(1) Der Zwangsvollstreckung in das unbewegliche Vermögen unterliegen außer den Grundstücken die Berechtigungen, für welche die sich auf Grundstücke beziehenden Vorschriften gelten, die im Schiffsregister eingetragenen Schiffe und die Schiffsbauwerke, die im Schiffsbauregister eingetragen sind oder in dieses Register eingetragen werden können.

(2) Die Zwangsvollstreckung in den Bruchteil eines Grundstücks, einer Berechtigung der im Absatz 1 bezeichneten Art oder eines Schiffes oder Schiffsbauwerks ist nur zulässig, wenn der Bruchteil in dem Anteil eines Miteigentümers besteht oder wenn sich der Anspruch des Gläubigers auf ein Recht gründet, mit dem der Bruchteil als solcher belastet ist.

### § 865 Verhältnis zur Mobiliarvollstreckung

(1) Die Zwangsvollstreckung in das unbewegliche Vermögen umfasst auch die Gegenstände, auf die sich bei Grundstücken und Berechtigungen die Hypothek, bei Schiffen oder Schiffsbauwerken die Schiffshypothek erstreckt.

(2) Diese Gegenstände können, soweit sie Zubehör sind, nicht gepfändet werden. Im Übrigen unterliegen sie der Zwangsvollstreckung in das bewegliche Vermögen, solange nicht ihre Beschlagnahme im Wege der Zwangsvollstreckung in das unbewegliche Vermögen erfolgt ist.

### § 866 Arten der Vollstreckung

(1) Die Zwangsvollstreckung in ein Grundstück erfolgt durch Eintragung einer Sicherungshypothek für die Forderung, durch Zwangsversteigerung und durch Zwangsverwaltung.

(2) Der Gläubiger kann verlangen, dass eine dieser Maßregeln allein oder neben den übrigen ausgeführt werde.

(3) Eine Sicherungshypothek (Absatz 1) darf nur für einen Betrag von mehr als 750 Euro eingetragen werden; Zinsen bleiben dabei unberücksichtigt, soweit sie als Nebenforderung geltend gemacht sind. Auf Grund mehrerer demselben Gläubiger zustehender Schuldtitel kann eine einheitliche Sicherungshypothek eingetragen werden.

### § 867 Zwangshypothek

(1) Die Sicherungshypothek wird auf Antrag des Gläubigers in das Grundbuch eingetragen; die Eintragung ist auf dem vollstreckbaren Titel zu vermerken. Mit der Eintragung entsteht die Hypothek. Das Grundstück haftet auch für die dem Schuldner zur Last fallenden Kosten der Eintragung.

(2) Sollen mehrere Grundstücke des Schuldners mit der Hypothek belastet werden, so ist der Betrag der Forderung auf die einzelnen Grundstücke zu verteilen. Die Größe der Teile bestimmt der Gläubiger; für die Teile gilt § 866 Abs. 3 Satz 1 entsprechend.

(3) Zur Befriedigung aus dem Grundstück durch Zwangsversteigerung genügt der vollstreckbare Titel, auf dem die Eintragung vermerkt ist.

### § 868 Erwerb der Zwangshypothek durch den Eigentümer

(1) Wird durch eine vollstreckbare Entscheidung die zu vollstreckende Entscheidung oder ihre vorläufige Vollstreckbarkeit aufgehoben oder die Zwangsvollstreckung für unzulässig erklärt oder deren Einstellung angeordnet, so erwirbt der Eigentümer des Grundstücks die Hypothek.

(2) Das Gleiche gilt, wenn durch eine gerichtliche Entscheidung die einstweilige Einstellung der Vollstreckung und zugleich die Aufhebung der erfolgten Vollstreckungsmaßregeln angeordnet wird oder wenn die zur Abwendung der Vollstreckung nachgelassene Sicherheitsleistung oder Hinterlegung erfolgt.

### § 869 Zwangsversteigerung und Zwangsverwaltung

Die Zwangsversteigerung und die Zwangsverwaltung werden durch ein besonderes Gesetz geregelt.

**3**

**3**

### § 870 Grundstücksgleiche Rechte

Auf die Zwangsvollstreckung in eine Berechtigung, für welche die sich auf Grundstücke beziehenden Vorschriften gelten, sind die Vorschriften über die Zwangsvollstreckung in Grundstücke entsprechend anzuwenden.

### § 870a Zwangsvollstreckung in ein Schiff oder Schiffsbauwerk

(1) Die Zwangsvollstreckung in ein eingetragenes Schiff oder in ein Schiffsbauwerk, das im Schiffsbauregister eingetragen ist oder in dieses Register eingetragen werden kann, erfolgt durch Eintragung einer Schiffshypothek für die Forderung oder durch Zwangsversteigerung.

(2) § 866 Abs. 2, 3, § 867 gelten entsprechend.

(3) Wird durch eine vollstreckbare Entscheidung, die zu vollstreckende Entscheidung oder ihre vorläufige Vollstreckbarkeit aufgehoben oder die Zwangsvollstreckung für unzulässig erklärt oder deren Einstellung angeordnet, so erlischt die Schiffshypothek; § 57 Abs. 3 des Gesetzes über Rechte an eingetragenen Schiffen und Schiffsbauwerken vom 15. November 1940 (RGBl. I S. 1499) ist anzuwenden. Das Gleiche gilt, wenn durch eine gerichtliche Entscheidung die einstweilige Einstellung der Zwangsvollstreckung und zugleich die Aufhebung der erfolgten Vollstreckungsmaßregeln angeordnet wird oder wenn die zur Abwendung der Vollstreckung nachgelassene Sicherheitsleistung oder Hinterlegung erfolgt.

### § 871 Landesrechtlicher Vorbehalt bei Eisenbahnen

Unberührt bleiben die landesgesetzlichen Vorschriften, nach denen, wenn ein anderer als der Eigentümer einer Eisenbahn oder Kleinbahn den Betrieb der Bahn kraft eigenen Nutzungsrechts ausübt, das Nutzungsrecht und gewisse dem Betriebe gewidmete Gegenstände in Ansehung der Zwangsvollstreckung zum unbeweglichen Vermögen gehören und die Zwangsvollstreckung abweichend von den Vorschriften des Bundesrechts geregelt ist.

Titel 3
Verteilungsverfahren

### § 872 Voraussetzungen

Das Verteilungsverfahren tritt ein, wenn bei der Zwangsvollstreckung in das bewegliche Vermögen ein Geldbetrag hinterlegt ist, der zur Befriedigung der beteiligten Gläubiger nicht hinreicht.

### § 873 Aufforderung des Verteilungsgerichts

Das zuständige Amtsgericht (§§ 827, 853, 854) hat nach Eingang der Anzeige über die Sachlage an jeden der beteiligten Gläubiger die Aufforderung zu erlassen, binnen zwei Wochen eine Berechnung der Forderung an Kapital, Zinsen, Kosten und sonstigen Nebenforderungen einzureichen.

### § 874 Teilungsplan

(1) Nach Ablauf der zweiwöchigen Fristen wird von dem Gericht ein Teilungsplan angefertigt.

(2) Der Betrag der Kosten des Verfahrens ist von dem Bestand der Masse vorweg in Abzug zu bringen.

(3) Die Forderung eines Gläubigers, der bis zur Anfertigung des Teilungsplans der an ihn gerichteten Aufforderung nicht nachgekommen ist, wird nach der Anzeige und deren Unterlagen berechnet. Eine nachträgliche Ergänzung der Forderung findet nicht statt.

### § 875 Terminsbestimmung

(1) Das Gericht hat zur Erklärung über den Teilungsplan sowie zur Ausführung der Verteilung einen Termin zu bestimmen. Der Teilungsplan muss spätestens drei Tage vor dem Termin auf der Geschäftsstelle zur Einsicht der Beteiligten niedergelegt werden.

(2) Die Ladung des Schuldners zu dem Termin ist nicht erforderlich, wenn sie durch Zustellung im Ausland oder durch öffentliche Zustellung erfolgen müsste.

## § 876 Termin zur Erklärung und Ausführung

Wird in dem Termin ein Widerspruch gegen den Plan nicht erhoben, so ist dieser zur Ausführung zu bringen. Erfolgt ein Widerspruch, so hat sich jeder dabei beteiligte Gläubiger sofort zu erklären. Wird der Widerspruch von den Beteiligten als begründet anerkannt oder kommt anderweit eine Einigung zustande, so ist der Plan demgemäß zu berichtigen. Wenn ein Widerspruch sich nicht erledigt, so wird der Plan insoweit ausgeführt, als er durch den Widerspruch nicht betroffen wird.

## § 877 Säumnisfolgen

(1) Gegen einen Gläubiger, der in dem Termin weder erschienen ist noch vor dem Termin bei dem Gericht Widerspruch erhoben hat, wird angenommen, dass er mit der Ausführung des Planes einverstanden sei.

(2) Ist ein in dem Termin nicht erschienener Gläubiger bei dem Widerspruch beteiligt, den ein anderer Gläubiger erhoben hat, so wird angenommen, dass er diesen Widerspruch nicht als begründet anerkenne.

## § 878 Widerspruchsklage

(1) Der widersprechende Gläubiger muss ohne vorherige Aufforderung binnen einer Frist von einem Monat, die mit dem Terminstag beginnt, dem Gericht nachweisen, dass er gegen die beteiligten Gläubiger Klage erhoben habe. Nach fruchtlosem Ablauf dieser Frist wird die Ausführung des Planes ohne Rücksicht auf den Widerspruch angeordnet.

(2) Die Befugnis des Gläubigers, der dem Plan widersprochen hat, ein besseres Recht gegen den Gläubiger, der einen Geldbetrag nach dem Plan erhalten hat, im Wege der Klage geltend zu machen, wird durch die Versäumung der Frist und durch die Ausführung des Planes nicht ausgeschlossen.

## § 879 Zuständigkeit für die Widerspruchsklage

(1) Die Klage ist bei dem Verteilungsgericht und, wenn der Streitgegenstand zur Zuständigkeit der Amtsgerichte nicht gehört, bei dem Landgericht zu erheben, in dessen Bezirk das Verteilungsgericht seinen Sitz hat.

(2) Das Landgericht ist für sämtliche Klagen zuständig, wenn seine Zuständigkeit nach dem Inhalt der erhobenen und in dem Termin nicht zur Erledigung gelangten Widersprüche auch nur bei einer Klage begründet ist, sofern nicht die sämtlichen beteiligten Gläubiger vereinbaren, dass das Verteilungsgericht über alle Widersprüche entscheiden solle.

## § 880 Inhalt des Urteils

In dem Urteil, durch das über einen erhobenen Widerspruch entschieden wird, ist zugleich zu bestimmen, an welche Gläubiger und in welchen Beträgen der streitige Teil der Masse auszuzahlen sei. Wird dies nicht für angemessen erachtet, so ist die Anfertigung eines neuen Planes und ein anderweites Verteilungsverfahren in dem Urteil anzuordnen.

## § 881 Versäumnisurteil

Das Versäumnisurteil gegen einen widersprechenden Gläubiger ist dahin zu erlassen, dass der Widerspruch als zurückgenommen anzusehen sei.

## § 882 Verfahren nach dem Urteil

Auf Grund des erlassenen Urteils wird die Auszahlung oder das anderweitige Verteilungsverfahren von dem Verteilungsgericht angeordnet.

Titel 4
Zwangsvollstreckung gegen juristische
Personen des öffentlichen Rechts

## § 882a Zwangsvollstreckung wegen einer Geldforderung

(1) Die Zwangsvollstreckung gegen den Bund oder ein Land wegen einer Geldforderung darf, soweit nicht dingliche Rechte verfolgt werden, erst vier Wochen nach dem Zeitpunkt beginnen, in dem der Gläubiger seine Absicht, die Zwangsvollstreckung zu betreiben, der zur Vertretung des Schuldners berufenen Behörde und, sofern die Zwangsvollstreckung in ein von einer anderen Behörde

**3**

**3**

verwaltetes Vermögen erfolgen soll, auch dem zuständigen Minister der Finanzen angezeigt hat. Dem Gläubiger ist auf Verlangen der Empfang der Anzeige zu bescheinigen. Soweit in solchen Fällen die Zwangsvollstreckung durch den Gerichtsvollzieher zu erfolgen hat, ist der Gerichtsvollzieher auf Antrag des Gläubigers vom Vollstreckungsgericht zu bestimmen.

(2) Die Zwangsvollstreckung ist unzulässig in Sachen, die für die Erfüllung öffentlicher Aufgaben des Schuldners unentbehrlich sind oder deren Veräußerung ein öffentliches Interesse entgegensteht. Darüber, ob die Voraussetzungen des Satzes 1 vorliegen, ist im Streitfall nach § 766 zu entscheiden. Vor der Entscheidung ist der zuständige Minister zu hören.

(3) Die Vorschriften der Absätze 1 und 2 sind auf die Zwangsvollstreckung gegen Körperschaften, Anstalten und Stiftungen des öffentlichen Rechtes mit der Maßgabe anzuwenden, dass an die Stelle der Behörde im Sinne des Absatzes 1 die gesetzlichen Vertreter treten. Für öffentlich-rechtliche Bank- und Kreditanstalten gelten die Beschränkungen der Absätze 1 und 2 nicht.

(4) (weggefallen)

(5) Der Ankündigung der Zwangsvollstreckung und der Einhaltung einer Wartefrist nach Maßgabe der Absätze 1 und 3 bedarf es nicht, wenn es sich um den Vollzug einer einstweiligen Verfügung handelt.

### Abschnitt 3
### Zwangsvollstreckung zur Erwirkung der Herausgabe von Sachen und zur Erwirkung von Handlungen oder Unterlassungen

### § 883 Herausgabe bestimmter beweglicher Sachen

(1) Hat der Schuldner eine bewegliche Sache oder eine Menge bestimmter beweglicher Sachen herauszugeben, so sind sie von dem Gerichtsvollzieher ihm wegzunehmen und dem Gläubiger zu übergeben.

(2) Wird die herauszugebende Sache nicht vorgefunden, so ist der Schuldner verpflich-

tet, auf Antrag des Gläubigers zu Protokoll an Eides statt zu versichern, dass er die Sache nicht besitze, auch nicht wisse, wo die Sache sich befinde.

(3) Das Gericht kann eine der Sachlage entsprechende Änderung der eidesstattlichen Versicherung beschließen.

(4) Die Vorschriften der §§ 478 bis 480, 483 gelten entsprechend.

### § 884 Leistung einer bestimmten Menge vertretbarer Sachen

Hat der Schuldner eine bestimmte Menge vertretbarer Sachen oder Wertpapiere zu leisten, so gilt die Vorschrift des § 883 Abs. 1 entsprechend.

### § 885 Herausgabe von Grundstücken oder Schiffen

(1) Hat der Schuldner eine unbewegliche Sache oder ein eingetragenes Schiff oder Schiffsbauwerk herauszugeben, zu überlassen oder zu räumen, so hat der Gerichtsvollzieher den Schuldner aus dem Besitz zu setzen und den Gläubiger in den Besitz einzuweisen. Der Gerichtsvollzieher hat den Schuldner aufzufordern, eine Anschrift zum Zweck von Zustellungen oder einen Zustellungsbevollmächtigten zu benennen. Bei einer einstweiligen Anordnung nach dem § 620 Nr. 7, 9 oder dem § 621g Satz 1, soweit Gegenstand des Verfahrens Regelungen nach der Verordnung über die Behandlung der Ehewohnung und des Hausrats sind, ist die mehrfache Vollziehung während der Geltungsdauer möglich. Einer erneuten Zustellung an den Schuldner bedarf es nicht.

(2) Bewegliche Sachen, die nicht Gegenstand der Zwangsvollstreckung sind, werden von dem Gerichtsvollzieher weggeschafft und dem Schuldner oder, wenn dieser abwesend ist, einem Bevollmächtigten des Schuldners oder einer zu seiner Familie gehörigen oder in dieser Familie dienenden erwachsenen Person übergeben oder zur Verfügung gestellt.

(3) Ist weder der Schuldner noch eine der bezeichneten Personen anwesend, so hat der Gerichtsvollzieher die Sachen auf Kosten des Schuldners in das Pfandlokal zu schaffen oder

anderweit in Verwahrung zu bringen. Unpfändbare Sachen und solche Sachen, bei denen ein Verwertungserlös nicht zu erwarten ist, sind auf Verlangen des Schuldners ohne weiteres herauszugeben.

(4) Fordert der Schuldner nicht binnen einer Frist von zwei Monaten nach der Räumung ab oder fordert er ab, ohne die Kosten zu zahlen, verkauft der Gerichtsvollzieher die Sachen und hinterlegt den Erlös; Absatz 3 Satz 2 bleibt unberührt. Sachen, die nicht verwertet werden können, sollen vernichtet werden.

### § 886 Herausgabe bei Gewahrsam eines Dritten

Befindet sich eine herauszugebende Sache im Gewahrsam eines Dritten, so ist dem Gläubiger auf dessen Antrag der Anspruch des Schuldners auf Herausgabe der Sache nach den Vorschriften zu überweisen, welche die Pfändung und Überweisung einer Geldforderung betreffen.

### § 887 Vertretbare Handlungen

(1) Erfüllt der Schuldner die Verpflichtung nicht, eine Handlung vorzunehmen, deren Vornahme durch einen Dritten erfolgen kann, so ist der Gläubiger von dem Prozessgericht des ersten Rechtszuges auf Antrag zu ermächtigen, auf Kosten des Schuldners die Handlung vorzunehmen zu lassen.

(2) Der Gläubiger kann zugleich beantragen, den Schuldner zur Vorauszahlung der Kosten zu verurteilen, die durch die Vornahme der Handlung entstehen werden, unbeschadet des Rechts auf eine Nachforderung, wenn die Vornahme der Handlung einen größeren Kostenaufwand verursacht.

(3) Auf die Zwangsvollstreckung zur Erwirkung der Herausgabe oder Leistung von Sachen sind die vorstehenden Vorschriften nicht anzuwenden.

### § 888 Nicht vertretbare Handlungen

(1) Kann eine Handlung durch einen Dritten nicht vorgenommen werden, so ist, wenn sie ausschließlich von dem Willen des Schuldners abhängt, auf Antrag von dem Prozessgericht des ersten Rechtszuges zu erkennen, dass der

Schuldner zur Vornahme der Handlung durch Zwangsgeld und für den Fall, dass dieses nicht beigetrieben werden kann, durch Zwangshaft oder durch Zwangshaft anzuhalten sei. Das einzelne Zwangsgeld darf den Betrag von 25 000 Euro nicht übersteigen. Für die Zwangshaft gelten die Vorschriften des Vierten Abschnitts über die Haft entsprechend.

(2) Eine Androhung der Zwangsmittel findet nicht statt.

(3) Diese Vorschriften kommen im Falle der Verurteilung zur Eingehung einer Ehe, im Falle der Verurteilung zur Herstellung des ehelichen Lebens und im Falle der Verurteilung zur Leistung von Diensten aus einem Dienstvertrag nicht zur Anwendung.

### § 888a Keine Handlungsvollstreckung bei Entschädigungspflicht

Ist im Falle des § 510b der Beklagte zur Zahlung einer Entschädigung verurteilt, so ist die Zwangsvollstreckung auf Grund der Vorschriften der §§ 887, 888 ausgeschlossen.

### § 889 Eidesstattliche Versicherung nach bürgerlichem Recht

(1) Ist der Schuldner auf Grund der Vorschriften des bürgerlichen Rechts zur Abgabe einer eidesstattlichen Versicherung verurteilt, so wird die Versicherung vor dem Amtsgericht als Vollstreckungsgericht abgegeben, in dessen Bezirk der Schuldner im Inland seinen Wohnsitz oder in Ermangelung eines solchen seinen Aufenthaltsort hat, sonst vor dem Amtsgericht als Vollstreckungsgericht, in dessen Bezirk das Prozessgericht des ersten Rechtszuges seinen Sitz hat. Die Vorschriften der §§ 478 bis 480, 483 gelten entsprechend.

(2) Erscheint der Schuldner in dem zur Abgabe der eidesstattlichen Versicherung bestimmten Termin nicht oder verweigert er die Abgabe der eidesstattlichen Versicherung, so verfährt das Vollstreckungsgericht nach § 888.

### § 890 Erzwingung von Unterlassungen und Duldungen

(1) Handelt der Schuldner der Verpflichtung zuwider, eine Handlung zu unterlassen oder

**3**

die Vornahme einer Handlung zu dulden, so ist er wegen einer jeden Zuwiderhandlung auf Antrag des Gläubigers von dem Prozessgericht des ersten Rechtszuges zu einem Ordnungsgeld und für den Fall, dass dieses nicht beigetrieben werden kann, zur Ordnungshaft oder zur Ordnungshaft bis zu sechs Monaten zu verurteilen. Das einzelne Ordnungsgeld darf den Betrag von 250 000 Euro, die Ordnungshaft insgesamt zwei Jahre nicht übersteigen.

(2) Der Verurteilung muss eine entsprechende Androhung vorausgehen, die, wenn sie in dem die Verpflichtung aussprechenden Urteil nicht enthalten ist, auf Antrag von dem Prozessgericht des ersten Rechtszuges erlassen wird.

(3) Auch kann der Schuldner auf Antrag des Gläubigers zur Bestellung einer Sicherheit für den durch fernere Zuwiderhandlungen entstehenden Schaden auf bestimmte Zeit verurteilt werden.

### § 891  Verfahren; Anhörung des Schuldners; Kostenentscheidung

Die nach den §§ 887 bis 890 zu erlassenden Entscheidungen ergehen durch Beschluss. Vor der Entscheidung ist der Schuldner zu hören. Für die Kostenentscheidung gelten die §§ 91 bis 93, 95 bis 100, 106, 107 entsprechend.

### § 892  Widerstand des Schuldners

Leistet der Schuldner Widerstand gegen die Vornahme einer Handlung, die er nach den Vorschriften der §§ 887, 890 zu dulden hat, so kann der Gläubiger zur Beseitigung des Widerstandes einen Gerichtsvollzieher zuziehen, der nach den Vorschriften des § 758 Abs. 3 und des § 759 zu verfahren hat.

### § 892a  Unmittelbarer Zwang in Verfahren nach dem Gewaltschutzgesetz

Handelt der Schuldner einer Verpflichtung aus einer Anordnung nach § 1 des Gewaltschutzgesetzes zuwider, eine Handlung zu unterlassen, kann der Gläubiger zur Beseitigung einer jeden andauernden Zuwiderhandlung einen Gerichtsvollzieher zuziehen. Der

Gerichtsvollzieher hat nach § 758 Abs. 3 und § 759 zu verfahren. §§ 890 und 891 bleiben daneben anwendbar.

### § 893  Klage auf Leistung des Interesses

(1) Durch die Vorschriften dieses Abschnitts wird das Recht des Gläubigers nicht berührt, die Leistung des Interesses zu verlangen.

(2) Den Anspruch auf Leistung des Interesses hat der Gläubiger im Wege der Klage bei dem Prozessgericht des ersten Rechtszuges geltend zu machen.

### § 894  Fiktion der Abgabe einer Willenserklärung

(1) Ist der Schuldner zur Abgabe einer Willenserklärung verurteilt, so gilt die Erklärung als abgegeben, sobald das Urteil die Rechtskraft erlangt hat. Ist die Willenserklärung von einer Gegenleistung abhängig gemacht, so tritt diese Wirkung ein, sobald nach den Vorschriften der §§ 726, 730 eine vollstreckbare Ausfertigung des rechtskräftigen Urteils erteilt ist.

(2) Die Vorschrift des ersten Absatzes ist im Falle der Verurteilung zur Eingehung einer Ehe nicht anzuwenden.

### § 895  Willenserklärung zwecks Eintragung bei vorläufig vollstreckbarem Urteil

Ist durch ein vorläufig vollstreckbares Urteil der Schuldner zur Abgabe einer Willenserklärung verurteilt, auf Grund deren eine Eintragung in das Grundbuch, das Schiffsregister oder das Schiffsbauregister erfolgen soll, so gilt die Eintragung einer Vormerkung oder eines Widerspruchs als bewilligt. Die Vormerkung oder der Widerspruch erlischt, wenn das Urteil durch eine vollstreckbare Entscheidung aufgehoben wird.

### § 896  Erteilung von Urkunden an Gläubiger

Soll auf Grund eines Urteils, das eine Willenserklärung des Schuldners ersetzt, eine Eintragung in ein öffentliches Buch oder Register vorgenommen werden, so kann der Gläubiger an Stelle des Schuldners die Erteilung der im § 792 bezeichneten Urkunden verlangen, soweit er dieser Urkunden zur Herbeiführung der Eintragung bedarf.

### § 897 Übereignung; Verschaffung von Grundpfandrechten

(1) Ist der Schuldner zur Übertragung des Eigentums oder zur Bestellung eines Rechts an einer beweglichen Sache verurteilt, so gilt die Übergabe der Sache als erfolgt, wenn der Gerichtsvollzieher die Sache zum Zwecke der Ablieferung an den Gläubiger wegnimmt.

(2) Das Gleiche gilt, wenn der Schuldner zur Bestellung einer Hypothek, Grundschuld oder Rentenschuld oder zur Abtretung oder Belastung einer Hypothekenforderung, Grundschuld oder Rentenschuld verurteilt ist, für die Übergabe des Hypotheken-, Grundschuld- oder Rentenschuldbriefs.

### § 898 Gutgläubiger Erwerb

Auf einen Erwerb, der sich nach den §§ 894, 897 vollzieht, sind die Vorschriften des bürgerlichen Rechts zugunsten derjenigen, die Rechte von einem Nichtberechtigten herleiten, anzuwenden.

### Abschnitt 4
### Eidesstattliche Versicherung und Haft

### § 899 Zuständigkeit

(1) Für die Abnahme der eidesstattlichen Versicherung in den Fällen der §§ 807, 836 und 883 ist der Gerichtsvollzieher bei dem Amtsgericht zuständig, in dessen Bezirk der Schuldner im Zeitpunkt der Auftragserteilung seinen Wohnsitz oder in Ermangelung eines solchen seinen Aufenthaltsort hat.

(2) Ist das angegebene Gericht nicht zuständig, gibt es die Sache auf Antrag des Gläubigers an das zuständige Gericht ab. Die Abgabe ist nicht bindend.

### § 900 Verfahren zur Abnahme der eidesstattlichen Versicherung

(1) Das Verfahren beginnt mit dem Antrag des Gläubigers zur Bestimmung eines Termins zur Abgabe der eidesstattlichen Versicherung. Der Gerichtsvollzieher hat für die Ladung des Schuldners zu dem Termin

Sorge zu tragen. Er hat ihm die Ladung zuzustellen, auch wenn dieser einen Prozessbevollmächtigten bestellt hat; einer Mitteilung an den Prozessbevollmächtigten bedarf es nicht. Dem Gläubiger ist die Terminsbestimmung nach Maßgabe des § 357 Abs. 2 mitzuteilen.

(2) Der Gerichtsvollzieher kann die eidesstattliche Versicherung abweichend von Absatz 1 sofort abnehmen, wenn die Voraussetzungen des § 807 Abs. 1 vorliegen. Der Schuldner und der Gläubiger können der sofortigen Abnahme widersprechen. In diesem Fall setzt der Gerichtsvollzieher einen Termin und den Ort zur Abnahme der eidesstattlichen Versicherung fest. Der Termin soll nicht vor Ablauf von zwei Wochen und nicht über vier Wochen hinaus angesetzt werden. Für die Ladung des Schuldners und die Benachrichtigung des Gläubigers gilt Absatz 1 entsprechend.

(3) Macht der Schuldner glaubhaft, dass er die Forderung des Gläubigers binnen einer Frist von sechs Monaten tilgen werde, so setzt der Gerichtsvollzieher den Termin zur Abgabe der eidesstattlichen Versicherung abweichend von Absatz 2 unverzüglich nach Ablauf dieser Frist an oder vertagt bis zu sechs Monaten und zieht Teilbeträge ein, wenn der Gläubiger hiermit einverstanden ist. Weist der Schuldner in dem neuen Termin nach, dass er die Forderung mindestens zu drei Vierteln getilgt hat, so kann der Gerichtsvollzieher den Termin nochmals bis zu zwei Monaten vertagen.

(4) Bestreitet der Schuldner im Termin die Verpflichtung zur Abgabe der eidesstattlichen Versicherung, so hat das Gericht durch Beschluss zu entscheiden. Die Abgabe der eidesstattlichen Versicherung erfolgt nach dem Eintritt der Rechtskraft der Entscheidung; das Vollstreckungsgericht kann jedoch die Abgabe der eidesstattlichen Versicherung vor Eintritt der Rechtskraft anordnen, wenn bereits ein früherer Widerspruch rechtskräftig verworfen ist, wenn nach Vertagung nach Absatz 3 der Widerspruch auf Tatsachen gestützt wird, die zur Zeit des ersten Antrags auf Vertagung bereits eingetreten waren, oder wenn der Schuldner den Widerspruch

**3**

auf Einwendungen stützt, die den Anspruch selbst betreffen.

(5) Der Gerichtsvollzieher hat die von ihm abgenommene eidesstattliche Versicherung unverzüglich bei dem Vollstreckungsgericht zu hinterlegen und dem Gläubiger eine Abschrift zuzuleiten.

## § 901 Erlass eines Haftbefehls

Gegen den Schuldner, der in dem zur Abgabe der eidesstattlichen Versicherung bestimmten Termin nicht erscheint oder die Abgabe der eidesstattlichen Versicherung ohne Grund verweigert, hat das Gericht zur Erzwingung der Abgabe auf Antrag einen Haftbefehl zu erlassen. In dem Haftbefehl sind der Gläubiger, der Schuldner und der Grund der Verhaftung zu bezeichnen. Einer Zustellung des Haftbefehls vor seiner Vollziehung bedarf es nicht.

## § 902 Eidesstattliche Versicherung des Verhafteten

(1) Der verhaftete Schuldner kann zu jeder Zeit bei dem zuständigen Gerichtsvollzieher des Amtsgerichts des Haftortes verlangen, ihm die eidesstattliche Versicherung abzunehmen. Dem Verlangen ist ohne Verzug stattzugeben. Dem Gläubiger ist die Teilnahme zu ermöglichen, wenn er dies beantragt hat und die Versicherung gleichwohl ohne Verzug abgenommen werden kann.

(2) Nach Abgabe der eidesstattlichen Versicherung wird der Schuldner aus der Haft entlassen und der Gläubiger hiervon in Kenntnis gesetzt.

(3) Kann der Schuldner vollständige Angaben nicht machen, weil er die dazu notwendigen Unterlagen nicht bei sich hat, so kann der Gerichtsvollzieher einen neuen Termin bestimmen und die Vollziehung des Haftbefehls bis zu diesem Termin aussetzen. § 900 Abs. 1 Satz 2 bis 4 gilt entsprechend.

## § 903 Wiederholte eidesstattliche Versicherung

Ein Schuldner, der die in § 807 dieses Gesetzes oder in § 284 der Abgabenordnung bezeichnete eidesstattliche Versicherung abgegeben hat, ist, wenn die Abgabe der eides-

stattlichen Versicherung in dem Schuldnerverzeichnis noch nicht gelöscht ist, in den ersten drei Jahren nach ihrer Abgabe zur nochmaligen eidesstattlichen Versicherung einem Gläubiger gegenüber nur verpflichtet, wenn glaubhaft gemacht wird, dass der Schuldner später Vermögen erworben hat oder dass ein bisher bestehendes Arbeitsverhältnis mit dem Schuldner aufgelöst ist. Der in § 807 Abs. 1 genannten Voraussetzungen bedarf es nicht.

## § 904 Unzulässigkeit der Haft

Die Haft ist unstatthaft:

1. gegen Mitglieder des Bundestages, eines Landtages oder einer zweiten Kammer während der Tagung, sofern nicht die Versammlung die Vollstreckung genehmigt;
2. (weggefallen)
3. gegen den Kapitän, die Schiffsmannschaft und alle übrigen auf einem Seeschiff angestellten Personen, wenn sich das Schiff auf der Reise befindet und nicht in einem Hafen liegt.

## § 905 Haftunterbrechung

Die Haft wird unterbrochen:

1. gegen Mitglieder des Bundestages, eines Landtages oder einer zweiten Kammer für die Dauer der Tagung, wenn die Versammlung die Freilassung verlangt;
2. (weggefallen)

## § 906 Haftaufschub

Gegen einen Schuldner, dessen Gesundheit durch die Vollstreckung der Haft einer nahen und erheblichen Gefahr ausgesetzt wird, darf, solange dieser Zustand dauert, die Haft nicht vollstreckt werden.

## § 907 (weggefallen)

## § 908 (weggefallen)

## § 909 Verhaftung

(1) Die Verhaftung des Schuldners erfolgt durch einen Gerichtsvollzieher. Dem Schuldner ist der Haftbefehl bei der Verhaftung in beglaubigter Abschrift zu übergeben.

(2) Die Vollziehung des Haftbefehls ist unstatthaft, wenn seit dem Tage, an dem der Haftbefehl erlassen wurde, drei Jahre vergangen sind.

### § 910 Anzeige vor der Verhaftung

Vor der Verhaftung eines Beamten, eines Geistlichen oder eines Lehrers an öffentlichen Unterrichtsanstalten ist der vorgesetzten Dienstbehörde von dem Gerichtsvollzieher Anzeige zu machen. Die Verhaftung darf erst erfolgen, nachdem die vorgesetzte Behörde für die dienstliche Vertretung des Schuldners gesorgt hat. Die Behörde ist verpflichtet, ohne Verzug die erforderlichen Anordnungen zu treffen und den Gerichtsvollzieher hiervon in Kenntnis zu setzen.

### § 911 Erneuerung der Haft nach Entlassung

Gegen den Schuldner, der ohne sein Zutun auf Antrag des Gläubigers aus der Haft entlassen ist, findet auf Antrag desselben Gläubigers eine Erneuerung der Haft nicht statt.

### § 912 (weggefallen)

### § 913 Haftdauer

Die Haft darf die Dauer von sechs Monaten nicht übersteigen. Nach Ablauf der sechs Monate wird der Schuldner von Amts wegen aus der Haft entlassen.

### § 914 Wiederholte Verhaftung

(1) Ein Schuldner, gegen den wegen Verweigerung der Abgabe der eidesstattlichen Versicherung nach § 807 dieses Gesetzes oder nach § 284 der Abgabenordnung eine Haft von sechs Monaten vollstreckt ist, kann auch auf Antrag eines anderen Gläubigers von neuem zur Abgabe einer solchen eidesstattlichen Versicherung durch Haft nur angehalten werden, wenn glaubhaft gemacht wird, dass der Schuldner später Vermögen erworben hat oder dass ein bisher bestehendes Arbeitsverhältnis mit dem Schuldner aufgelöst ist.

(2) Diese Vorschrift ist nicht anzuwenden, wenn seit der Beendigung der Haft drei Jahre verstrichen sind.

### § 915 Schuldnerverzeichnis

(1) Das Vollstreckungsgericht führt ein Verzeichnis der Personen, die in einem bei ihm anhängigen Verfahren die eidesstattliche Versicherung nach § 807 abgegeben haben oder gegen die nach § 901 die Haft angeordnet ist. In dieses Schuldnerverzeichnis sind auch die Personen aufzunehmen, die eine eidesstattliche Versicherung nach § 284 der Abgabenordnung oder vor einer Verwaltungsvollstreckungsbehörde abgegeben haben. Die Vollstreckung einer Haft ist in dem Verzeichnis zu vermerken, wenn sie sechs Monate gedauert hat. Geburtsdaten der Personen sind, soweit bekannt, einzutragen.

(2) Wer die eidesstattliche Versicherung vor dem Gerichtsvollzieher eines anderen Amtsgerichts abgegeben hat, wird auch in das Verzeichnis dieses Gerichts eingetragen, wenn er im Zeitpunkt der Versicherung in dessen Bezirk seinen Wohnsitz hatte.

(3) Personenbezogene Informationen aus dem Schuldnerverzeichnis dürfen nur für Zwecke der Zwangsvollstreckung verwendet werden, sowie um gesetzliche Pflichten zur Prüfung der wirtschaftlichen Zuverlässigkeit zu erfüllen, um Voraussetzungen für die Gewährung von öffentlichen Leistungen zu prüfen oder um wirtschaftliche Nachteile abzuwenden, die daraus entstehen können, dass Schuldner ihren Zahlungsverpflichtungen nicht nachkommen, oder soweit dies zur Verfolgung von Straftaten erforderlich ist. Die Informationen dürfen nur für den Zweck verwendet werden, für den sie übermittelt worden sind. Nichtöffentliche Stellen sind darauf bei der Übermittlung hinzuweisen.

### § 915a Löschung

(1) Eine Eintragung im Schuldnerverzeichnis wird nach Ablauf von drei Jahren seit dem Ende des Jahres gelöscht, in dem die eidesstattliche Versicherung abgegeben, die Haft angeordnet oder die sechsmonatige Haftvollstreckung beendet worden ist. Im Falle des § 915 Abs. 2 ist die Eintragung auch im Verzeichnis des anderen Gerichtes zu löschen.

(2) Eine Eintragung im Schuldnerverzeichnis wird vorzeitig gelöscht, wenn

1. die Befriedigung des Gläubigers, der gegen den Schuldner das Verfahren zur Abnahme der eidesstattlichen Versicherung betrieben hat, nachgewiesen worden ist oder

2. der Wegfall des Eintragungsgrundes dem Vollstreckungsgericht bekannt geworden ist.

### § 915b  Auskunft; Löschungsfiktion

(1) Der Urkundsbeamte der Geschäftsstelle erteilt auf Antrag Auskunft, welche Angaben über eine bestimmte Person in dem Schuldnerverzeichnis eingetragen sind, wenn dargelegt wird, dass die Auskunft für einen der in § 915 Abs. 3 bezeichneten Zwecke erforderlich ist. Ist eine Eintragung vorhanden, so ist auch das Datum des in Absatz 2 genannten Ereignisses mitzuteilen.

(2) Sind seit dem Tage der Abgabe der eidesstattlichen Versicherung, der Anordnung der Haft oder der Beendigung der sechsmonatigen Haftvollstreckung drei Jahre verstrichen, so gilt die entsprechende Eintragung als gelöscht.

### § 915c  Ausschluss der Beschwerde

Gegen Entscheidungen über Eintragungen, Löschungen und Auskunftsersuchen findet die Beschwerde nicht statt.

### § 915d  Erteilung von Abdrucken

(1) Aus dem Schuldnerverzeichnis können nach Maßgabe des § 915e auf Antrag Abdrucke zum laufenden Bezug erteilt werden, auch durch Übermittlung in einer nur maschinell lesbaren Form. Bei der Übermittlung in einer nur maschinell lesbaren Form gelten die von der Landesjustizverwaltung festgelegten Datenübertragungsregeln.

(2) Die Abdrucke sind vertraulich zu behandeln und dürfen Dritten nicht zugänglich gemacht werden.

(3) Nach der Beendigung des laufenden Bezugs sind die Abdrucke unverzüglich zu vernichten; Auskünfte dürfen nicht mehr erteilt werden.

### § 915e  Empfänger von Abdrucken; Auskünfte aus Abdrucken; Listen; Datenschutz

(1) Abdrucke erhalten

a) Industrie- und Handelskammern sowie Körperschaften des öffentlichen Rechts, in denen Angehörige eines Berufes kraft Gesetzes zusammengeschlossen sind (Kammern),

b) Antragsteller, die Abdrucke zur Errichtung und Führung zentraler bundesweiter oder regionaler Schuldnerverzeichnisse verwenden, oder

c) Antragsteller, deren berechtigtem Interesse durch Einzelauskünfte, insbesondere aus einem Verzeichnis nach Buchstabe a, oder durch den Bezug von Listen (§ 915f) nicht hinreichend Rechnung getragen werden kann.

(2) Die Kammern dürfen ihren Mitgliedern oder den Mitgliedern einer anderen Kammer Auskünfte erteilen. Andere Bezieher von Abdrucken dürfen Auskünfte erteilen, soweit dies zu ihrer ordnungsgemäßen Tätigkeit gehört. § 915d gilt entsprechend. Die Auskünfte dürfen auch im automatisierten Abrufverfahren erteilt werden, soweit diese Form der Datenübermittlung unter Berücksichtigung der schutzwürdigen Interessen der Betroffenen wegen der Vielzahl der Übermittlungen oder wegen ihrer besonderen Eilbedürftigkeit angemessen ist.

(3) Die Kammern dürfen die Abdrucke in Listen zusammenfassen oder hiermit Dritte beauftragen. Sie haben diese bei der Durchführung des Auftrages zu beaufsichtigen.

(4) In den Fällen des Absatzes 1 Satz 1 Buchstabe b und c gilt für nichtöffentliche Stellen § 38 des Bundesdatenschutzgesetzes mit der Maßgabe, dass die Aufsichtsbehörde auch die Verarbeitung und Nutzung dieser personenbezogenen Daten in oder aus Akten überwacht und auch überprüfen kann, wenn ihr keine hinreichenden Anhaltspunkte dafür vorliegen, dass eine Vorschrift über den Datenschutz verletzt ist. Entsprechendes gilt für nichtöffentliche Stellen, die von den in Absatz 1 genannten Stellen Auskünfte erhalten haben.

## § 915f Überlassung von Listen; Datenschutz

(1) Die nach § 915e Abs. 3 erstellten Listen dürfen den Mitgliedern von Kammern auf Antrag zum laufenden Bezug überlassen werden. Für den Bezug der Listen gelten die §§ 915d und 915e Abs. 1 Buchstabe c entsprechend.

(2) Die Bezieher der Listen dürfen Auskünfte nur jemanden erteilen, dessen Belange sie kraft Gesetzes oder Vertrags wahrzunehmen haben.

(3) Listen sind unverzüglich zu vernichten, soweit sie durch neue ersetzt werden.

(4) § 915e Abs. 4 gilt entsprechend.

## § 915g Löschung in Abdrucken, Listen und Aufzeichnungen

(1) Für Abdrucke, Listen und Aufzeichnungen über eine Eintragung im Schuldnerverzeichnis, die auf der Verarbeitung von Abdrucken oder Listen oder auf Auskünften über Eintragungen im Schuldnerverzeichnis beruhen, gilt § 915a Abs. 1 entsprechend.

(2) Über vorzeitige Löschungen (§ 915a Abs. 2) sind die Bezieher von Abdrucken innerhalb eines Monats zu unterrichten. Sie unterrichten unverzüglich die Bezieher von Listen (§ 915f Abs. 1 Satz 1). In den auf Grund der Abdrucke und Listen erstellten Aufzeichnungen sind die Eintragungen unverzüglich zu löschen.

## § 915h Verordnungsermächtigungen

(1) Das Bundesministerium der Justiz wird ermächtigt, durch Rechtsverordnung mit Zustimmung des Bundesrates

1. Vorschriften über den Inhalt des Schuldnerverzeichnisses, über den Bezug von Abdrucken nach den §§ 915d, 915e und das Bewilligungsverfahren sowie den Bezug von Listen nach § 915f Abs. 1 zu erlassen,

2. Einzelheiten der Einrichtung und Ausgestaltung automatisierter Abrufverfahren nach § 915e Abs. 2 Satz 4, insbesondere der Protokollierung der Abrufe für Zwecke der Datenschutzkontrolle, zu regeln,

3. die Erteilung und Aufbewahrung von Abdrucken aus dem Schuldnerverzeichnis,

die Anfertigung, Verwendung und Weitergabe von Listen, die Mitteilung und den Vollzug von Löschungen und den Ausschluss vom Bezug von Abdrucken und Listen näher zu regeln, um die ordnungsgemäße Behandlung der Mitteilungen, den Schutz vor unbefugter Verwendung und die rechtzeitige Löschung von Eintragungen sicherzustellen,

4. zur Durchsetzung der Vernichtungs- und Löschungspflichten im Falle des Widerrufs der Bewilligung die Verhängung von Zwangsgeldern vorzusehen; das einzelne Zwangsgeld darf den Betrag von 25 000 Euro nicht übersteigen.

(2) Die Landesregierungen werden ermächtigt, durch Rechtsverordnung zu bestimmen, dass

1. anstelle des Schuldnerverzeichnisses bei den einzelnen Vollstreckungsgerichten oder neben diesen ein zentrales Schuldnerverzeichnis für die Bezirke mehrerer Amtsgerichte bei einem Amtsgericht geführt wird und die betroffenen Vollstreckungsgerichte diesem Amtsgericht die erforderlichen Daten mitzuteilen haben;

2. bei solchen Verzeichnissen automatisierte Abrufverfahren eingeführt werden, soweit dies unter Berücksichtigung der schutzwürdigen Belange des betroffenen Schuldners und der beteiligten Stellen angemessen ist; die Rechtsverordnung hat Maßnahmen zur Datenschutzkontrolle und Datensicherung vorzusehen.

Sie werden ermächtigt, diese Befugnisse auf die Landesjustizverwaltungen zu übertragen.

## Abschnitt 5
## Arrest und einstweilige Verfügung

### § 916 Arrestanspruch

(1) Der Arrest findet zur Sicherung der Zwangsvollstreckung in das bewegliche oder unbewegliche Vermögen wegen einer Geldforderung oder wegen eines Anspruchs statt, der in eine Geldforderung übergehen kann.

(2) Die Zulässigkeit des Arrestes wird nicht dadurch ausgeschlossen, dass der Anspruch betagt oder bedingt ist, es sei denn, dass der

bedingte Anspruch wegen der entfernten Möglichkeit des Eintritts der Bedingung einen gegenwärtigen Vermögenswert nicht hat.

### § 917 Arrestgrund bei dinglichem Arrest

(1) Der dingliche Arrest findet statt, wenn zu besorgen ist, dass ohne dessen Verhängung die Vollstreckung des Urteils vereitelt oder wesentlich erschwert werden würde.

(2) Als ein zureichender Arrestgrund ist es anzusehen, wenn das Urteil im Ausland vollstreckt werden müsste und die Gegenseitigkeit nicht verbürgt ist.

### § 918 Arrestgrund bei persönlichem Arrest

Der persönliche Sicherheitsarrest findet nur statt, wenn er erforderlich ist, um die gefährdete Zwangsvollstreckung in das Vermögen des Schuldners zu sichern.

### § 919 Arrestgericht

Für die Anordnung des Arrestes ist sowohl das Gericht der Hauptsache als das Amtsgericht zuständig, in dessen Bezirk der mit Arrest zu belegende Gegenstand oder die in ihrer persönlichen Freiheit zu beschränkende Person sich befindet.

### § 920 Arrestgesuch

(1) Das Gesuch soll die Bezeichnung des Anspruchs unter Angabe des Geldbetrages oder des Geldwertes sowie die Bezeichnung des Arrestgrundes enthalten.

(2) Der Anspruch und der Arrestgrund sind glaubhaft zu machen.

(3) Das Gesuch kann vor der Geschäftsstelle zu Protokoll erklärt werden.

### § 921 Entscheidung über das Arrestgesuch

Das Gericht kann, auch wenn der Anspruch oder der Arrestgrund nicht glaubhaft gemacht ist, den Arrest anordnen, sofern wegen der dem Gegner drohenden Nachteile Sicherheit geleistet wird. Es kann die Anordnung des Arrestes von einer Sicherheitsleistung abhängig machen, selbst wenn der An-

spruch und der Arrestgrund glaubhaft gemacht sind.

### § 922 Arresturteil und Arrestbeschluss

(1) Die Entscheidung über das Gesuch ergeht im Falle einer mündlichen Verhandlung durch Endurteil, andernfalls durch Beschluss. Die Entscheidung, durch die der Arrest angeordnet wird, ist zu begründen, wenn sie im Ausland geltend gemacht werden soll.

(2) Den Beschluss, durch den ein Arrest angeordnet wird, hat die Partei, die den Arrest erwirkt hat, zustellen zu lassen.

(3) Der Beschluss, durch den das Arrestgesuch zurückgewiesen oder vorherige Sicherheitsleistung für erforderlich erklärt wird, ist dem Gegner nicht mitzuteilen.

### § 923 Abwendungsbefugnis

In dem Arrestbefehl ist ein Geldbetrag festzustellen, durch dessen Hinterlegung die Vollziehung des Arrestes gehemmt und der Schuldner zu dem Antrag auf Aufhebung des vollzogenen Arrestes berechtigt wird.

### § 924 Widerspruch

(1) Gegen den Beschluss, durch den ein Arrest angeordnet wird, findet Widerspruch statt.

(2) Die widersprechende Partei hat in dem Widerspruch die Gründe darzulegen, die sie für die Aufhebung des Arrestes geltend machen will. Das Gericht hat Termin zur mündlichen Verhandlung von Amts wegen zu bestimmen. Ist das Arrestgericht ein Amtsgericht, so ist der Widerspruch unter Angabe der Gründe, die für die Aufhebung des Arrestes geltend gemacht werden sollen, schriftlich oder zum Protokoll der Geschäftsstelle zu erheben.

(3) Durch Erhebung des Widerspruchs wird die Vollziehung des Arrestes nicht gehemmt. Das Gericht kann aber eine einstweilige Anordnung nach § 707 treffen; § 707 Abs. 1 Satz 2 ist nicht anzuwenden.

### § 925 Entscheidung nach Widerspruch

(1) Wird Widerspruch erhoben, so ist über die Rechtmäßigkeit des Arrestes durch Endurteil zu entscheiden.

(2) Das Gericht kann den Arrest ganz oder teilweise bestätigen, abändern oder aufheben, auch die Bestätigung, Abänderung oder Aufhebung von einer Sicherheitsleistung abhängig machen.

### § 926 Anordnung der Klageerhebung

(1) Ist die Hauptsache nicht anhängig, so hat das Arrestgericht auf Antrag ohne mündliche Verhandlung anzuordnen, dass die Partei, die den Arrestbefehl erwirkt hat, binnen einer zu bestimmenden Frist Klage zu erheben habe.

(2) Wird dieser Anordnung nicht Folge geleistet, so ist auf Antrag die Aufhebung des Arrestes durch Endurteil auszusprechen.

### § 927 Aufhebung wegen veränderter Umstände

(1) Auch nach der Bestätigung des Arrestes kann wegen veränderter Umstände, insbesondere wegen Erledigung des Arrestgrundes oder auf Grund des Erbietens zur Sicherheitsleistung, die Aufhebung des Arrestes beantragt werden.

(2) Die Entscheidung ist durch Endurteil zu erlassen; sie ergeht durch das Gericht, das den Arrest angeordnet hat, und wenn die Hauptsache anhängig ist, durch das Gericht der Hauptsache.

### § 928 Vollziehung des Arrestes

Auf die Vollziehung des Arrestes sind die Vorschriften über die Zwangsvollstreckung entsprechend anzuwenden, soweit nicht die nachfolgenden Paragraphen abweichende Vorschriften enthalten.

### § 929 Vollstreckungsklausel; Vollziehungsfrist

(1) Arrestbefehle bedürfen der Vollstreckungsklausel nur, wenn die Vollziehung für einen anderen als den in dem Befehl bezeichneten Gläubiger oder gegen einen anderen als den in dem Befehl bezeichneten Schuldner erfolgen soll.

(2) Die Vollziehung des Arrestbefehls ist unstatthaft, wenn seit dem Tag, an dem der Befehl verkündet oder der Partei, auf deren Gesuch er erging, zugestellt ist, ein Monat verstrichen ist.

(3) Die Vollziehung ist vor der Zustellung des Arrestbefehls an den Schuldner zulässig. Sie ist jedoch ohne Wirkung, wenn die Zustellung nicht innerhalb einer Woche nach der Vollziehung und vor Ablauf der für diese im vorhergehenden Absatz bestimmten Frist erfolgt.

### § 930 Vollziehung in bewegliches Vermögen und Forderungen

(1) Die Vollziehung des Arrestes in bewegliches Vermögen wird durch Pfändung bewirkt. Die Pfändung erfolgt nach denselben Grundsätzen wie jede andere Pfändung und begründet ein Pfandrecht mit den im § 804 bestimmten Wirkungen. Für die Pfändung einer Forderung ist das Arrestgericht als Vollstreckungsgericht zuständig.

(2) Gepfändetes Geld und ein im Verteilungsverfahren auf den Gläubiger fallender Betrag des Erlöses werden hinterlegt.

(3) Das Vollstreckungsgericht kann auf Antrag anordnen, dass eine bewegliche körperliche Sache, wenn sie der Gefahr einer beträchtlichen Wertverringerung ausgesetzt ist oder wenn ihre Aufbewahrung unverhältnismäßige Kosten verursachen würde, versteigert und der Erlös hinterlegt werde.

### § 931 Vollziehung in eingetragenes Schiff oder Schiffsbauwerk

(1) Die Vollziehung des Arrestes in ein eingetragenes Schiff oder Schiffsbauwerk wird durch Pfändung nach den Vorschriften über die Pfändung beweglicher Sachen mit folgenden Abweichungen bewirkt:

(2) Die Pfändung begründet ein Pfandrecht an dem gepfändeten Schiff oder Schiffsbauwerk; das Pfandrecht gewährt dem Gläubiger im Verhältnis zu anderen Rechten dieselben Rechte wie eine Schiffshypothek.

(3) Die Pfändung wird auf Antrag des Gläubigers vom Arrestgericht als Vollstreckungsgericht angeordnet; das Gericht hat zugleich das Registergericht um die Eintragung einer Vormerkung zur Sicherung des Arrestpfandrechts in das Schiffsregister oder Schiffsbauregister zu ersuchen; die Vormerkung erlischt, wenn die Vollziehung des Arrestes unstatthaft wird.

**3**

**3**

(4) Der Gerichtsvollzieher hat bei der Vornahme der Pfändung das Schiff oder Schiffsbauwerk in Bewachung und Verwahrung zu nehmen.

(5) Ist zur Zeit der Arrestvollziehung die Zwangsversteigerung des Schiffes oder Schiffsbauwerks eingeleitet, so gilt die in diesem Verfahren erfolgte Beschlagnahme des Schiffes oder Schiffsbauwerks als erste Pfändung im Sinne des § 826; die Abschrift des Pfändungsprotokolls ist dem Vollstreckungsgericht einzureichen.

(6) Das Arrestpfandrecht wird auf Antrag des Gläubigers in das Schiffsregister oder Schiffsbauregister eingetragen; der nach § 923 festgestellte Geldbetrag ist als der Höchstbetrag zu bezeichnen, für den das Schiff oder Schiffsbauwerk haftet. Im Übrigen gelten der § 867 Abs. 1 und 2 und der § 870a Abs. 3 entsprechend, soweit nicht vorstehend etwas anderes bestimmt ist.

### § 932 Arresthypothek

(1) Die Vollziehung des Arrestes in ein Grundstück oder in eine Berechtigung, für welche die sich auf Grundstücke beziehenden Vorschriften gelten, erfolgt durch Eintragung einer Sicherungshypothek für die Forderung; der nach § 923 festgestellte Geldbetrag ist als der Höchstbetrag zu bezeichnen, für den das Grundstück oder die Berechtigung haftet. Ein Anspruch nach § 1179a oder § 1179b des Bürgerlichen Gesetzbuchs steht dem Gläubiger oder im Grundbuch eingetragenen Gläubiger der Sicherungshypothek nicht zu.

(2) Im Übrigen gelten die Vorschriften des § 866 Abs. 3 Satz 1, des § 867 Abs. 1 und 2 und des § 868.

(3) Der Antrag auf Eintragung der Hypothek gilt im Sinne des § 929 Abs. 2, 3 als Vollziehung des Arrestbefehls.

### § 933 Vollziehung des persönlichen Arrestes

Die Vollziehung des persönlichen Sicherheitsarrestes richtet sich, wenn sie durch Haft erfolgt, nach den Vorschriften der §§ 901, 904 bis 913 und, wenn sie durch sonstige Beschränkung der persönlichen Freiheit erfolgt, nach den vom Arrestgericht zu treffen-den besonderen Anordnungen, für welche die Beschränkungen der Haft maßgebend sind. In den Haftbefehl ist der nach § 923 festgestellte Geldbetrag aufzunehmen.

### § 934 Aufhebung der Arrestvollziehung

(1) Wird der in dem Arrestbefehl festgestellte Geldbetrag hinterlegt, so wird der vollzogene Arrest von dem Vollstreckungsgericht aufgehoben.

(2) Das Vollstreckungsgericht kann die Aufhebung des Arrestes auch anordnen, wenn die Fortdauer besondere Aufwendungen erfordert und die Partei, auf deren Gesuch der Arrest verhängt wurde, den nötigen Geldbetrag nicht vorschießt.

(3) Die in diesem Paragraphen erwähnten Entscheidungen ergehen durch Beschluss.

(4) Gegen den Beschluss, durch den der Arrest aufgehoben wird, findet sofortige Beschwerde statt.

### § 935 Einstweilige Verfügung bezüglich Streitgegenstand

Einstweilige Verfügungen in Bezug auf den Streitgegenstand sind zulässig, wenn zu besorgen ist, dass durch eine Veränderung des bestehenden Zustandes die Verwirklichung des Rechts einer Partei vereitelt oder wesentlich erschwert werden könnte.

### § 936 Anwendung der Arrest-vorschriften

Auf die Anordnung einstweiliger Verfügungen und das weitere Verfahren sind die Vorschriften über die Anordnung von Arresten und über das Arrestverfahren entsprechend anzuwenden, soweit nicht die nachfolgenden Paragraphen abweichende Vorschriften enthalten.

### § 937 Zuständiges Gericht

(1) Für den Erlass einstweiliger Verfügungen ist das Gericht der Hauptsache zuständig.

(2) Die Entscheidung kann in dringenden Fällen sowie dann, wenn der Antrag auf Erlass einer einstweiligen Verfügung zurückzuweisen ist, ohne mündliche Verhandlung ergehen.

## § 938 Inhalt der einstweiligen Verfügung

(1) Das Gericht bestimmt nach freiem Ermessen, welche Anordnungen zur Erreichung des Zweckes erforderlich sind.

(2) Die einstweilige Verfügung kann auch in einer Sequestration sowie darin bestehen, dass dem Gegner eine Handlung geboten oder verboten, insbesondere die Veräußerung, Belastung oder Verpfändung eines Grundstücks oder eines eingetragenen Schiffes oder Schiffsbauwerks untersagt wird.

## § 939 Aufhebung gegen Sicherheitsleistung

Nur unter besonderen Umständen kann die Aufhebung einer einstweiligen Verfügung gegen Sicherheitsleistung gestattet werden.

## § 940 Einstweilige Verfügung zur Regelung eines einstweiligen Zustandes

Einstweilige Verfügungen sind auch zum Zwecke der Regelung eines einstweiligen Zustandes in Bezug auf ein streitiges Rechtsverhältnis zulässig, sofern diese Regelung, insbesondere bei dauernden Rechtsverhältnissen zur Abwendung wesentlicher Nachteile oder zur Verhinderung drohender Gewalt oder aus anderen Gründen nötig erscheint.

## § 940a Räumung von Wohnraum

Die Räumung von Wohnraum darf durch einstweilige Verfügung nur wegen verbotener Eigenmacht oder bei einer konkreten Gefahr für Leib oder Leben angeordnet werden.

## § 941 Ersuchen um Eintragungen im Grundbuch usw.

Hat auf Grund der einstweiligen Verfügung eine Eintragung in das Grundbuch, das Schiffsregister oder das Schiffsbauregister zu erfolgen, so ist das Gericht befugt, das Grundbuchamt oder die Registerbehörde um die Eintragung zu ersuchen.

## § 942 Zuständigkeit des Amtsgerichts der belegenen Sache

(1) In dringenden Fällen kann das Amtsgericht, in dessen Bezirk sich der Streitgegen-

stand befindet, eine einstweilige Verfügung erlassen unter Bestimmung einer Frist, innerhalb der die Ladung des Gegners zur mündlichen Verhandlung über die Rechtmäßigkeit der einstweiligen Verfügung bei dem Gericht der Hauptsache zu beantragen ist.

(2) Die einstweilige Verfügung, auf Grund deren eine Vormerkung oder ein Widerspruch gegen die Richtigkeit des Grundbuchs, des Schiffsregisters oder des Schiffsbauregisters eingetragen werden soll, kann von dem Amtsgericht erlassen werden, in dessen Bezirk das Grundstück belegen ist oder der Heimathafen oder der Heimatort des Schiffes oder der Bauort des Schiffsbauwerks sich befindet, auch wenn der Fall nicht für dringlich erachtet wird; liegt der Heimathafen des Schiffes nicht im Inland, so kann die einstweilige Verfügung vom Amtsgericht in Hamburg erlassen werden. Die Bestimmung der im Absatz 1 bezeichneten Frist hat nur auf Antrag des Gegners zu erfolgen.

(3) Nach fruchtlosem Ablauf der Frist hat das Amtsgericht auf Antrag die erlassene Verfügung aufzuheben.

(4) Die in diesem Paragraphen erwähnten Entscheidungen des Amtsgerichts ergehen durch Beschluss.

## § 943 Gericht der Hauptsache

(1) Als Gericht der Hauptsache im Sinne der Vorschriften dieses Abschnitts ist das Gericht des ersten Rechtszuges und, wenn die Hauptsache in der Berufungsinstanz anhängig ist, das Berufungsgericht anzusehen.

(2) Das Gericht der Hauptsache ist für die nach § 109 zu treffenden Anordnungen ausschließlich zuständig, wenn die Hauptsache anhängig ist oder anhängig gewesen ist.

## § 944 Entscheidung des Vorsitzenden bei Dringlichkeit

In dringenden Fällen kann der Vorsitzende über die in diesem Abschnitt erwähnten Gesuche, sofern deren Erledigung eine mündliche Verhandlung nicht erfordert, anstatt des Gerichts entscheiden.

### § 945  Schadensersatzpflicht

Erweist sich die Anordnung eines Arrestes oder einer einstweiligen Verfügung als von Anfang an ungerechtfertigt oder wird die angeordnete Maßregel auf Grund des § 926 Abs. 2 oder des § 942 Abs. 3 aufgehoben, so ist die Partei, welche die Anordnung erwirkt hat, verpflichtet, dem Gegner den Schaden zu ersetzen, der ihm aus der Vollziehung der angeordneten Maßregel oder dadurch entsteht, dass er Sicherheit leistet, um die Vollziehung abzuwenden oder die Aufhebung der Maßregel zu erwirken.

**3**

**4**

# Stichwortverzeichnis

Die Seitenangaben in fetter Schrift beziehen sich auf die Kommentierung (Seiten 9 – 38), die mageren Seitenzahlen auf die gesetzlichen Grundlagen (Seiten 39 – 150).

**4**

**4**

**4**

**4**